新能源汽车专业系列教材

新能源汽车动力蓄电池与驱动电机系统结构原理及检修

周 旭 石未华 编著

本书全面系统地介绍了新能源汽车动力蓄电池（包括燃料电池、电容器和飞轮电池等）与驱动电机系统的结构组成、工作和控制原理及检修方法。

本书采用三个情境教学模式，讲述了新能源汽车所使用的动力蓄电池的种类；动力蓄电池系统的结构、工作原理及检修，动力蓄电池控制系统的组成、控制策略和检修；新能源汽车充电系统组成部件、工作原理及检修；新能源汽车驱动电机的种类、结构、工作原理及控制方法，新能源汽车驱动电机控制系统的组成、作用、工作原理、控制策略及检修等内容。本书理论知识包括共性知识和个性知识，个性知识采用保有量较多的具体车型为例，便于读者将共性知识应用到具体车型中。

本书可作为职业院校新能源汽车相关专业教学用书，也可作为新能源汽车维修技术人员、管理人员的参考用书。

本书配套课件授课教师可在 www.cmpedu.com 注册后免费下载。

图书在版编目（CIP）数据

新能源汽车动力蓄电池与驱动电机系统结构原理及检修 / 周旭，石未华编著. —北京：机械工业出版社，2021.3（2023.2 重印）
新能源汽车专业系列教材
ISBN 978-7-111-67537-2

Ⅰ. ①新… Ⅱ. ①周… ②石… Ⅲ. ①新能源—汽车—蓄电池—高等职业教育—教材 ②新能源—汽车—驱动机构—控制系统—车辆修理—高等职业教育—教材 Ⅳ. ① U469.703

中国版本图书馆 CIP 数据核字（2021）第 030575 号

机械工业出版社（北京市百万庄大街 22 号　邮政编码 100037）
策划编辑：母云红　责任编辑：母云红　张亚秋
责任校对：郑　婕　封面设计：马精明
责任印制：常天培
北京机工印刷厂有限公司印刷
2023 年 2 月第 1 版第 5 次印刷
184mm×260mm ·15.25 印张 · 362 千字
标准书号：ISBN 978-7-111-67537-2
定价：49.90 元

电话服务　　　　　　　　网络服务
客服电话：010-88361066　　机　工　官　网：www.cmpbook.com
　　　　　010-88379833　　机　工　官　博：weibo.com/cmp1952
　　　　　010-68326294　　金　书　网：www.golden-book.com
封底无防伪标均为盗版　　　机工教育服务网：www.cmpedu.com

前　言

随着汽车产业的高速发展，汽车带来的环境污染、能源短缺等问题日益突出，各国政府及汽车产业界均积极应对，纷纷提出各自汽车产业的发展战略，因此，新能源汽车成为21世纪汽车工业的发展热点。2018年以来，我国新能源汽车已迈入百万辆市场时代，截至2020年7月，累计销售新能源汽车超过450万辆，占全球市场的50%以上。目前，潜力巨大的新能源汽车市场已经形成，新市场需要大量的新技术人员。根据教育部、人力资源和社会保障部、工业和信息化部联合印发的《制造业人才发展规划指南》指出，2015年节能与新能源汽车人才总量在17万人；预计到2020年，节能与新能源汽车人才总量将达85万人，缺口68万人。目前，我国职业院校肩负着培养新能源汽车技术技能人才的历史重任。

新能源汽车技术对于汽车职业教育来说是一个全新的领域，为满足新能源汽车市场对新能源汽车技术技能人才的需求以及职业院校新能源汽车相关专业的教学要求，突出职业教育的特点，我们针对市场上新能源汽车在动力蓄电池系统和驱动电机控制系统的具体应用，组织编写了本书。本书在理论知识内容上遵循"够用、实用"的原则，对于目前在新能源汽车中淘汰的电池等内容不再进行讲解，同时兼顾新能源汽车动力蓄电池、驱动电机系统的发展方向，充分体现职业性、技术性和应用性的职业教育特色。

本书基于目前主流的新能源汽车动力蓄电池和驱动电机技术，详细讲解动力蓄电池的种类、结构和工作原理及检修，动力蓄电池控制系统组成、控制策略及检修，高压系统结构、原理及检修，驱动电机结构、工作原理及检修，电机控制系统结构、工作原理、控制策略及检修等。本书可作为职业技术学校新能源汽车技术专业学生以及其他汽车相关专业新能源汽车动力蓄电池和电机课程的教材，还可供新能源汽车售后服务人员参考。

本书采用情境教学模式，根据市场上新能源汽车的实际结构以及未来发展趋势，深入浅出地讲解了新能源汽车动力蓄电池和驱动电机相关知识。全书共分三个学习情境，学习情境 1 主要讲解新能源汽车动力蓄电池的种类、性能指标、要求以及各种新能源汽车常用动力蓄电池的结构、工作原理及检修方法；学习情境 2 主要讲解新能源汽车充电系统的各高压部件的组成、慢充充电、快充充电的充电策略及检修方法；学习情境 3 主要讲解新能源汽车驱动电机的种类、结构、工作原理、控制方法，新能源汽车驱动电机控制系统的组成、作用、工作原理、控制策略及检修方法。在讲述各种电机控制时，根据职业院校学生基础理论的掌握程度，同时电机控制尚处于不断发展阶段，采用简练的语言、图文并茂的方式阐述电机控制方式，以达到通俗易懂的目的，在保证学生掌握电机控制方法的同时，降低学习难度。另外，为方便读者学习典型车型相关知识和检修技能，本书采用了大量原厂电路图、原理图，请读者对照国家标准学习使用。

本书由辽宁装备制造职业技术学院周旭、石未华编写，由周旭负责统稿。其中学习情境 2 和学习情境 3 由周旭编写，学习情境 1 由石未华编写。

由于作者水平有限，书中难免有错漏和不当之处，敬请读者批评指正。

作　者

目 录

前言

学习情境 1　新能源汽车动力蓄电池结构原理与检修

学习单元 1.1　新能源汽车动力蓄电池认知 ·················· 1
- 1.1.1　电池的分类 ·· 1
- 1.1.2　电池的性能指标 ·· 3
- 1.1.3　新能源汽车对动力蓄电池的要求 ······································ 7
- 1.1.4　新能源汽车动力蓄电池 ·· 9
- 1.1.5　新能源汽车高压安全认知 ·· 41
  - 情境小结 ··· 53
  - 维修工单 1.1 ··· 55
  - 课后习题 ··· 56

学习单元 1.2　纯电动汽车动力蓄电池及其管理系统结构原理与检修 ·················· 57
- 1.2.1　纯电动汽车动力蓄电池系统 ·· 57
- 1.2.2　动力蓄电池管理及控制策略 ·· 64
- 1.2.3　纯电动汽车动力蓄电池及管理系统的检修 ···················· 83
  - 情境小结 ··· 90
  - 维修工单 1.2 ··· 92
  - 课后习题 ··· 93

学习情境 2　新能源汽车充电系统结构原理与检修

学习单元 2.1　高压控制盒结构原理与检修 ·················· 94
- 2.1.1　高压控制盒的作用、结构与原理 ···································· 94
- 2.1.2　高压控制盒的检修 ·· 100

情境小结 …………………………………………… 102
维修工单 2.1 …………………………………………… 103
课后习题 …………………………………………… 104

学习单元 2.2　DC/DC 变换器结构原理与检修 ……… 104

2.2.1　DC/DC 变换器的作用、结构与原理 …………… 105
2.2.2　DC/DC 变换器的检修 ………………………… 108
　　情境小结 …………………………………………… 110
　　维修工单 2.2 …………………………………………… 111
　　课后习题 …………………………………………… 112

学习单元 2.3　车载充电机结构原理与检修 ………………… 112

2.3.1　车载充电机的作用、结构与原理 ……………… 113
2.3.2　车载充电机的检修 ……………………………… 118
　　情境小结 …………………………………………… 120
　　维修工单 2.3 …………………………………………… 121
　　课后习题 …………………………………………… 122

学习单元 2.4　充电系统结构原理与检修 …………………… 122

2.4.1　慢充系统 ………………………………………… 123
2.4.2　快充系统 ………………………………………… 128
2.4.3　充电系统的检修 ………………………………… 133
　　情境小结 …………………………………………… 135
　　维修工单 2.4 …………………………………………… 136
　　课后习题 …………………………………………… 137

学习情境 3　新能源汽车驱动电机及控制系统结构原理与检修

学习单元 3.1　新能源汽车驱动电机结构原理与检修 …… 138

3.1.1　驱动电机概述 …………………………………… 138
3.1.2　有刷直流电机 …………………………………… 141
3.1.3　无刷直流电机 …………………………………… 151

3.1.4	交流异步电机	158
3.1.5	永磁同步电机	167
3.1.6	开关磁阻电机	174
3.1.7	新能源汽车驱动电机的检修	180
	情境小结	189
	维修工单 3.1	190
	课后习题	191

学习单元 3.2　新能源汽车驱动电机控制系统结构原理与检修 192

3.2.1	新能源汽车驱动电机控制系统概述	192
3.2.2	新能源汽车电机控制器	204
3.2.3	新能源汽车电机控制系统的检修	221
	情境小结	230
	维修工单 3.2	231
	课后习题	232

参考文献 233

学习情境 1

新能源汽车动力蓄电池结构原理与检修

学习单元 1.1　新能源汽车动力蓄电池认知

【情境导入】

一客户来到某纯电动汽车 4S 店进行车辆维修，经过故障诊断后，师傅让徒工先对动力蓄电池进行高压下电，你知道应该如何安全规范地进行纯电动汽车高压下电吗？

【学习导航】

新能源汽车的动力蓄电池相当于传统能源（汽油或柴油）汽车的油箱，是新能源汽车的动力源，是能量的储存装置，同时也是制约新能源汽车尤其是纯电动汽车发展的关键因素。目前，要使新能源汽车具有市场竞争力，就要开发出能量密度高、功率密度高、使用寿命长、成本低的高效节能电池。接下来本单元将要讲述的内容是新能源汽车动力蓄电池相关知识。

【学习目标】

1. 能够正确理解动力蓄电池各项性能指标。
2. 应知新能源汽车对动力蓄电池的要求。
3. 应知镍氢蓄电池的结构、工作原理及应用。
4. 应知锂离子蓄电池的种类、结构、工作原理及应用。
5. 应知燃料电池的种类及工作原理。
6. 应知超级电容器及飞轮电池的工作原理。
7. 能够安全规范地进行纯电动汽车动力蓄电池系统的检查。
8. 能够按照规范完成新能源汽车高压下电操作。
9. 养成团队协作、严谨细致、专注负责的工作态度。

1.1.1　电池的分类

电池可以分为化学电池、物理电池和生物电池三大类。

1. 化学电池

化学电池利用物质的化学反应产生电能。化学电池有多种分类方法。

（1）按工作性质分类

化学电池按工作性质分为原电池、蓄电池、燃料电池和储备电池。

1）原电池。原电池又称一次电池，是指电池放电后不能用简单的充电方法使活性物质复原而继续使用的电池，如锌-二氧化锰干电池、锂锰电池、锌空气电池和一次锌银电池等。

2）蓄电池。蓄电池又称二次电池，是指电池在放电后可通过充电的方法使活性物质复原而继续使用的电池，这种电池充放电可以达到数十次到上千次循环，如铅酸蓄电池、镍镉蓄电池、镍氢蓄电池和锂离子蓄电池等。

3）燃料电池。燃料电池又称连续电池，是指参加反应的活性物质从电池外部连续不断地输入电池，电池就连续不断地工作而提供电能，如质子交换膜燃料电池、碱性燃料电池、磷酸燃料电池、熔融碳酸盐燃料电池、固体氧化物燃料电池和再生型燃料电池等。

4）储备电池。储备电池是指电池正负极与电解质在储存期间不直接接触，使用前注入电解液或者使用其他方法使电解液与正负极接触，此后电池进入待放电状态，如镁电池、热电池等。

（2）按电解质分类

化学电池按电解质可分为酸性电池、碱性电池、中性电池、有机电解质电池、非水无机电解质电池和固体电解质电池等。

（3）按电池特性分类

化学电池按电池的特性可分为高容量电池、密封电池、高功率电池、免维护电池和防爆电池等。

（4）按正负极材料分类

化学电池按正负极材料可分为锌系列电池（如锌锰电池、锌银电池）、镍系列电池（如镍镉蓄电池、镍氢蓄电池）、铅系列电池（如铅酸蓄电池）、锂系列电池等。

2. 物理电池

物理电池是利用光、热、物理吸附等物理能量转化为电能的电池，如太阳能电池、超级电容器、飞轮电池等。

（1）太阳能电池

太阳能电池又称太阳能芯片或光电池，是一种利用太阳光产生电能的光电半导体薄片。太阳能电池是通过光电效应或者光化学效应直接把光能转换成电能的装置，以光电效应工作的晶硅太阳能电池目前为主流，而以光化学效应工作的薄膜太阳能电池还处于起步阶段。

（2）超级电容器

超级电容器是指介于传统电容器和充电电池之间的一种新型储能装置，它既具有电容器快速充放电的特性，同时又具有电池的储能特性。

（3）飞轮电池

飞轮电池是当飞轮以一定角速度旋转时，它就具有一定的动能，然后把动能转换成电能的装置。

3. 生物电池

生物电池是利用生物化学反应产生电能的电池，如微生物电池、酶电池、生物太阳能电池等。

（1）微生物电池

微生物电池是一种利用微生物将有机物中的化学能直接转化成电能的装置。

人们利用微生物的生命活动产生的所谓"电极活性物质"作为电池燃料，然后通过类似于燃料电池的办法，把化学能转换成电能，成为微生物电池。目前，微生物电池还处在试验研究的阶段，但它预示着不久的将来，将给人类提供更多的能源。

（2）酶电池

酶电池是以酶为基础的生物电池。酶电池通常使用葡萄糖作为反应原料。葡萄糖在葡萄糖氧化酶和辅酶的作用下失去电子被氧化成葡萄糖酸，电子由介质运送至阳极，在经外电路到阴极。过氧化氢得到电子，并在氧化酶的作用下还原成水。

（3）生物太阳能电池

目前太阳能电池中的光伏系统仍存在很多问题。例如，在其生产、加工过程中产生的有毒副产品导致了许多长期问题；此外，在光照不足区域（北部地区）其运作效率很低。但如果光伏系统以生物为介质，那么上述问题都将得到一定程度的解决。

生物太阳能电池是利用生物光伏替代传统光伏系统的新型电池。生物光伏是将自然的光合作用应用于太阳能发电的新兴技术。相比于硅制成的太阳能电池，使用生物材料制成的太阳能电池捕获光能更具优势，其生产成本更低，且具有自我修复、自我复制和可生物降解功能，更加可持续。这种电池的制造过程是对环境无害的，此外，它还适用于光照直射不足的地方。目前，以苔藓、藻青菌等为介质的生物太阳能电池处于研发阶段。

目前为止，在新能源汽车中，镍氢蓄电池、锂离子蓄电池主要应用在插电式混合动力汽车中，锂离子蓄电池广泛应用在纯电动汽车上，燃料电池汽车主要采用质子交换膜燃料电池。

在物理电池领域中，超级电容器在纯电动汽车和插电式混合动力汽车上应用前景较好，但仍处于研发阶段。以氢为燃料的燃料电池和氧化物燃料电池的研发已经进入重要发展阶段。生物燃料电池在车用动力中应用前景也十分广阔。

1.1.2 电池的性能指标

电池作为新能源汽车的储能装置，在新能源汽车上发挥着非常重要的作用，要评定电池的实际效应，主要是看电池的性能指标。电池的性能指标主要有电压、容量、荷电状态、内阻、能量、功率、充电效率、放电深度、自放电、放电倍率、记忆效应、使用寿命等。电池种类不同，其性能指标也有差异。

1. 电压

电压有端电压、开路电压、额定电压、放电电压、充电终止电压和放电终止电压等。

（1）端电压

电池的端电压是指电池正极和负极之间的电位差。

（2）开路电压

电池在开路状态下的端电压称为开路电压，即电池在没有负载情况下的端电压。蓄电池充满电时的开路电压，因蓄电池正、负极与电解质的材料而异。表1-1为常见的几种锂离子蓄电池的开路电压。

表 1-1　常见的几种锂离子蓄电池的开路电压

蓄电池种类	开路电压/V
磷酸铁锂蓄电池	3.7
锰酸锂蓄电池	3.8
钴酸锂蓄电池	3.8
钛酸锂蓄电池	3
三元锂蓄电池	4.15

（3）额定电压

额定电压是指电池在标准规定条件下工作时应达到的电压，镍镉蓄电池和镍氢蓄电池的额定电压为1.2V，锂离子蓄电池的额定电压为3.6V。

（4）放电电压

放电电压指电池接上负载后处于放电状态的端电压。

（5）充电终止电压

充电终止电压是指蓄电池正常充电时允许达到的最高电压。蓄电池充足电时，极板上的活性物质已达到饱和状态，再继续充电，蓄电池的电压也不会上升。在蓄电池充满电后，若还继续充电，即为过充电，过充电可能导致蓄电池内压升高、鼓包变形、漏液等情况发生，蓄电池的性能会显著降低或损坏。

过充电的最直接表现是蓄电池明显发热，因为蓄电池已经饱和，继续给蓄电池充电，蓄电池也难以再提高电压，能量就会以热的形式散发出来。对于锂离子蓄电池而言，过量的锂离子嵌入负极晶体内，会使蓄电池永久性损伤。这是电池错误使用方式中的一种。

（6）放电终止电压

放电终止电压是指电池在一定标准所规定的放电条件下放电时，允许达到的最低电压。如果电压低于放电终止电压后电池继续放电，电池两端电压会迅速下降，形成深度放电。这样，极板上形成的生成物在正常充电时就不易再恢复，从而影响电池寿命。放电终止电压和放电率有关，放电电流直接影响放电终止电压。在规定的放电终止电压下，放电电流越大，电池的容量越小。

以锂离子蓄电池为例，如果电压低于放电终止电压后继续放电，电池两端的电压会迅速下降，造成过放电，负极碳晶格会塌落，导致极板上的活性物质在正常充电时就不易再恢复。这同样是电池错误使用方式中的一种。

表1-2是常见蓄电池的充电终止电压和放电终止电压。

表 1-2　常见蓄电池的充电终止电压和放电终止电压

蓄电池种类	充电终止电压/V	放电终止电压/V
镍镉蓄电池	1.75～1.8	1.0～1.1
镍氢蓄电池	1.5	1.0
锂离子蓄电池	4.25	3.0

2. 容量

电池在一定的放电条件下所能释放出的总容量称为电池的容量。电池容量的常见单位为安时（A·h）。电池的容量可以分为理论容量、实际容量和额定容量等。

（1）理论容量

理论容量是指假设活性物质完全被利用，蓄电池可释放的容量值。

（2）实际容量

实际容量是指电池在一定条件下所能输出的电量，其值小于理论容量。

实际容量反映了电池实际储存电量的大小，实际容量越大，电动汽车的续驶里程就越长。在使用过程中，电池的实际容量会逐渐衰减。国家标准规定：新出厂的电池实际容量大于额定容量值为合格电池。

（3）额定容量

额定容量是指在规定条件下测得的并由制造商标明的电池容量值。

3. 荷电状态

荷电状态（State of Charge，SOC）是指当前蓄电池中按照规定放电条件可以释放的容量占可用容量的百分比。它反映电池容量的变化。SOC 为 100% 表示电池处于充满状态。随着电池放电，电池的电荷数逐渐减少，此时可以用 SOC 来表示电池中电荷的变化状况。一般，电池荷电状态高效区为 50%~80%。

4. 内阻

电池的内阻是指电流流过电池内部时所受到的阻力，即蓄电池中电解质、正负极群、隔膜等电阻的总和。电池内阻越大，电池自身消耗掉的能量越多，电池的使用效率越低。内阻很大的电池在充电时发热严重，使电池的温度急剧上升，对电池和充电器的影响很大。随着电池使用次数增多，由于电解液的消耗及电池内部化学物质活性降低，电池内阻会有不同程度的升高。

5. 能量

电池的能量是指在一定放电标准下，电池所能输出的电能，单位是 W·h 或 kW·h。它影响电动汽车的行驶距离。

（1）理论能量

理论能量是电池的理论容量与额定电压的乘积，指一定标准所规定的放电条件下，电池所输出的能量。

（2）实际能量

实际能量是电池实际容量与平均工作电压的乘积，表示在一定条件下电池所能输出的能量。

（3）能量密度

从蓄电池单位质量和单位体积所获取的电能，用 W·h/kg、W·h/L 来表示，也称作比能量。

能量密度有理论能量密度和实际能量密度之分。理论能量密度是指 1kg 或 1L 电池反应物质完全放电时理论上所能输出的能量；实际能量密度是指 1kg 或 1L 电池反应物质所能输出的实际能量。由于各种因素的影响，电池的实际能量密度远小于理论能量密度。

电池的能量密度是综合性指标，它反映了电池的质量水平。其物理意义是电池的单位质量所具有的有效电能量。电池的能量密度影响电动汽车的整车质量和续驶里程。在相同整车质量下的不同电动汽车，采用能量密度越大的电池，其续驶里程越长。该指标是评价电动汽车动力蓄电池性能优劣的重要指标。

（4）质量能量密度

质量能量密度是从蓄电池的单位质量所获取的电能，又称作比能量或质量比能量，单位是 W·h/kg。常用质量能量密度来比较不同的电池能量。

（5）体积能量密度

体积能量密度是从蓄电池单位体积所获取的电能，又称作体积比能量，单位是 W·h/L。体积比能量主要影响动力蓄电池的布置空间。

6. 功率

电池的功率是指电池在一定放电标准下，单位时间内所输出能量的大小，单位为 W 或 kW。电池的功率决定了电动汽车的加速性能和爬坡能力。

（1）功率密度

从蓄电池的单位质量或单位体积所获取的输出功率称为功率密度，也称为比功率，单位为 W/kg、W/L。

如果一个电池的功率密度较大，则表明在单位时间内单位质量或体积中输出的能量较多，即表示此电池能以较大的电流放电。因此，电池的功率密度也是电池性能优劣的重要指标之一。

（2）质量功率密度

从蓄电池的单位质量所获取的输出功率称为质量功率密度，也称作质量比功率，单位为 W/kg。

（3）体积功率密度

从蓄电池的单位体积所获取的输出功率称为体积功率密度，也称作体积比功率，单位为 W/L。

7. 充电效率

充电效率是库仑效率与能量效率的总称。库仑效率是指放电时从蓄电池中释放的容量与同循环过程中充电能量的比值。能量效率是指放电时从蓄电池中释放的能量与同循环过程中充电能量的比值。

8. 放电深度

放电深度（Depth of Discharge，DOD）表示蓄电池放电状态的参数，等于实际放电容量与可用容量的百分比。对于蓄电池来说，功率密度与蓄电池的放电深度密切相关。因此，在表示蓄电池功率密度时还要指出蓄电池的放电深度。

9. 自放电

自放电是蓄电池内部自发的或不期望的化学反应造成可用容量自动减少的现象。

电池在储存期间，虽然没有放出电量，但是在电池内部总是存在着自放电现象。即使是干储存，也会由于密封不严，进入水分、空气及二氧化碳等物质，使处于热力学不稳定状态的部分正极和负极活性物质构成微电池腐蚀机理，自行发生氧化还原反应而白白消耗掉。如果是湿储存，更是如此。

长期处在电解液中的活性物质也是不稳定的。负极活性物质大多是化学性能活跃的金属，都会发生阳极自溶。在酸性溶液中，负极金属不稳定，在碱性溶液及中性溶液中也并不十分稳定。

10. 放电倍率

电池放电电流的大小常用放电倍率 C 表示，即电池的放电倍率用放电时间或以一定的放电电流放完额定容量所需的小时数来表示。放电时间越短，放电倍率越高，则放电电流越大。

放电倍率等于放电电流与额定容量的比值。根据放电倍率的大小，可分成低倍率（小于 0.5C）、中倍率（0.5C～3.5C）、高倍率（3.5C～7.0C）、超高倍率（大于 7.0C）。

例如：某电池的额定容量为 20A·h，以 0.2C 放电，则放电电流 = 0.2×20 = 4A，即放电倍率 = 4A/20A·h = 0.2C，则放完 20A·h 的额定容量需要 20A·h/4A = 5h。

11. 记忆效应

蓄电池经过长时间浅充电/浅放电循环后，进行深放电时，表现出明显的容量损失和放电电压下降，经数次完全充电/放电循环后，电池特性即可恢复，这种现象称为电池记忆效应。镍镉蓄电池具有该现象，目前新能源汽车所用的镍氢蓄电池、锂离子蓄电池不具有记忆效应。

12. 使用寿命

使用寿命是描述电池可使用时间的通用术语，可以表示为工作循环数和时间。

电池的使用寿命包括使用期限和使用周期。

使用期限是指电池可供使用的时间，包括电池的存放时间。电池的存放时间有"干储存使用寿命"和"湿储存使用寿命"两个概念。这两个概念仅针对电池自放电大小而言，并非电池的实际使用期限。对于蓄电池来说，在使用期限中目前常用湿储存使用寿命，它是衡量蓄电池性能的重要参数之一。它是指电池加入了电解液后开始进行充放电循环直至充放电循环寿命终止的时间（包括充放电循环过程中电池处于放电态湿储存的时间）。湿储存使用寿命越长，电池性能越好。在目前常用的电池中，镍镉蓄电池的湿储存使用寿命为 2～3 年，铅酸蓄电池为 3～5 年，镍氢蓄电池为 5～8 年，锂离子蓄电池为 5～8 年。

使用周期是指电池可供重复使用的次数，即充放电循环寿命。其为衡量蓄电池性能的一个重要参数。蓄电池经受一次充电和放电，称为一次循环。在一定的充放电标准下，电池容量降至某一规定值之前，电池能耐受的充放电次数，称为蓄电池的充放电循环寿命。充放电循环寿命越长，蓄电池的性能越好。在目前常用的蓄电池中，镍镉蓄电池的充放电循环寿命为 500～800 次，镍氢蓄电池为 500～1000 次，铅酸蓄电池为 200～500 次，锂离子蓄电池为 600～1000 次。

1.1.3 新能源汽车对动力蓄电池的要求

1. 纯电动汽车对动力蓄电池的要求

动力蓄电池是纯电动汽车最为常见的能量储存装置，也是目前制约纯电动汽车发展的关键因素。它是整车的动力来源，直接影响纯电动汽车的续驶里程，甚至影响整车质量与成本。纯电动汽车对动力蓄电池的具体要求如下：

1）能量密度高。为了提高纯电动汽车的续驶里程，要求纯电动汽车上的动力蓄电池尽可能储存多的能量。但纯电动汽车又不能太重，其安装空间也有限，这就要求动力蓄电池具有高的能量密度。

2）功率密度大。为了能使纯电动汽车在加速行驶能力、爬坡能力和负载行驶能力等方面能与燃油汽车相竞争，就要求动力蓄电池具有高的功率密度。

3）循环寿命长。循环寿命越长，则动力蓄电池在正常使用周期内支撑纯电动汽车行驶的里程数就越多，有助于降低车辆使用期内的运行成本。

4）均匀一致性好。对于纯电动汽车而言，蓄电池组的工作电压大多在数百伏，这就要求至少有几十到上百节单体蓄电池串联。为达到设计容量要求，有时甚至需要更多的蓄电池组并联。蓄电池组的使用性能会受到性能最差的某些单体蓄电池的制约，因此，设计上要求各单体蓄电池在容量、内阻、功率特性和循环特性等方面具有高度的均匀一致性。

5）工作温度范围广。纯电动汽车作为一种交通工具，要求动力蓄电池既要在北方冬天极冷的气温下，又要在南方夏天炎热环境中长期稳定地工作。在最恶劣的气候条件下，电池的工作温度要从-40℃变化到60℃，甚至80℃。因此，要求动力蓄电池应当具有良好的高低温特性。

6）安全性好。能够有效避免因泄漏、断路、撞击、颠簸等引起的起火或爆炸等危险事故发生，确保纯电动汽车在正常行驶或非正常行驶过程中的安全。

7）价格低廉。包括材料来源丰富、电池制造成本低，以降低整车成本，提高纯电动汽车的市场竞争力。

8）绿色、环保。要求制作电池的材料与环境友好、无二次污染，并可再生利用。

2. 混合动力汽车对动力蓄电池的要求

与纯电动汽车不同，混合动力汽车电池连续工作时间短，对电池容量要求不高，而对功率要求较高。另外，混合动力汽车电池 SOC 工作范围在 50% 左右，波动一般不超过20%。这是因为混合动力汽车要求电池留有足够的余量，以保证车辆制动、滑行以及怠速等情况下可以充分回收能量，并不致使电池过充电后寿命降低，甚至损坏电池。

由于混合动力汽车构成方式不同，串联式、并联式和混联式混合动力汽车对电池的要求又有差别。

串联式混合动力汽车完全由电机驱动，内燃机-发电机总成与蓄电池组一起提供电机需要的电能，蓄电池 SOC 处于较高的水平，对蓄电池的要求与纯电动汽车相似，但容量要小一些。

并联式和混联式混合动力汽车内燃机和电机都可直接对车轮提供驱动力，整车的驾驶需求可以由不同的动力组合来满足。动力蓄电池的容量可以更小，但是蓄电池组瞬时提供的功率要满足汽车加速或爬坡要求，蓄电池的最大放电倍率有时可能高到 20C 以上。

不同构成的混合动力汽车由于工作环境、汽车结构、工作模式的复杂性，对混合动力汽车用动力蓄电池提出统一的要求是比较困难的，但一些典型、共性的要求可以归纳如下：

1）蓄电池的峰值功率要大，能短时大功率充放电。

2）循环寿命要长，达到 1000 次以上的深度循环放电和 40 万次以上的浅度循环放电。

3）蓄电池的 SOC 应尽可能保持在 50%~85%。

插电式混合动力汽车对动力蓄电池的要求要兼顾纯电动和混合动力两种模式。插电式混合动力汽车在设计上既要实现在城市里以纯电动汽车模式行驶，又要实现在高速公路上以混合动力汽车模式行驶。目前我国对插电式混合动力汽车的期望是能以纯电动工作模式行驶几十甚至上百千米，而且期望蓄电池在低荷电状态时也能提供很高的功率水平。具体要求归纳如下：

1）在深度放电的情况下，仍然有较长的循环寿命。

2）在低 SOC 状态下，能实现大功率电能输出，以使车辆在动力蓄电池深度放电时仍能保持其良好的加速性能。

3）在高 SOC 状态下，能接受充电，以确保其制动能量回馈的效率不受 SOC 状态的影响。

4）在保持高 SOC 状态的情况下，可延长其使用寿命。

5）能量密度要高，以减小蓄电池组的质量和体积。

6）安全性要好。

1.1.4 新能源汽车动力蓄电池

在 2012 年 6 月 28 日国务院印发的《节能与新能源汽车产业发展规划（2012—2020 年）》通知中，对新能源汽车进行了定义，将我国新能源汽车规定为三种类型，即纯电动汽车、插电式混合动力汽车和燃料电池电动汽车。这三种新能源汽车所使用电池的发展方向主要是镍氢蓄电池、锂离子蓄电池、燃料电池、超级电容器和飞轮电池等。

铅酸蓄电池是现在大部分电动自行车的动力源，低成本是其最大的优势。不过，因为铅酸蓄电池能量密度低，从而带来了体积大、容量小等问题，无法满足一辆汽车对于自重的控制、驱动力的消耗，乃至每年超过 1 万千米行程的使用寿命，所以无法大规模用于量产车上，最终被汽车厂商淘汰。

镍镉蓄电池由于其内部含有大量的金属镉，对环境污染较严重；同时，镍镉蓄电池具有很强的电池记忆效应，因此，最终在新能源汽车电池中也被淘汰。

1.1.4.1 镍氢蓄电池

镍氢蓄电池（Ni-MH）属于碱性电池，是 20 世纪 90 年代发展起来具有高能量、长寿命、无记忆效应、无污染的蓄电池，因此被称为"绿色电池"。

1. 镍氢蓄电池的结构

镍氢蓄电池与镍镉蓄电池（Ni-Cd）有许多相同的性能，但由于无镉，因此不存在重金属污染问题，其批量生产的成本约为铅酸蓄电池的四倍。镍氢蓄电池单体额定电压为 1.2V。

镍氢蓄电池主要由正极、负极、隔膜、电解液等组成，如图 1-1 所示。

镍氢蓄电池的正极是活性物质氢氧化镍，负极是储氢合金，用氢氧化钾作为电解液，在正负极之间有隔膜，极板有发泡体和烧结体两种。发泡体极板由于工作电压不稳定、自放电严重、易老化等原因现已基本淘汰。烧结体极板本身就是活性物质，不需要进行活性处理，也不需要进行预充电，电压平衡、稳定，因低温放电性能好、不易老化和寿命长等优点而得到广泛应用。正负极上的活性物质在金属铂的催化作用下，完成充电和放电的可逆反应。

镍氢蓄电池的正极氢氧化镍决定了电池的容量，负极储氢合金决定了大电流或高温工作时，电池充放电的稳定性。

储氢合金是一种能与氢反应生成金属氢化物的物质，但它与一般金属氢化物有明显的差异，即储氢合金必须具备高度的反应可逆性，而且此可逆循环的次数必须足够多；同时，必须在适当的温度、压力下大量可逆地吸收和释放氢。

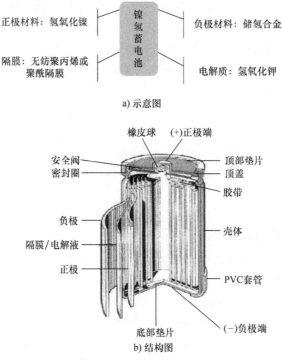

图 1-1 镍氢蓄电池结构

目前，用于镍氢蓄电池负极储氢材料的金属氢化物主要分为两大类：AB_5 型混合稀土和 AB_2 型储氢合金。最常见的是 AB_5 这一类，A 是稀土元素的混合物或者再加上钛（Ti），B 是镍（Ni）、钴（Co）、锰（Mn）或者铝（Al）。而一些高容量电池的电极则主要由 AB_2 构成，这里的 A 是钛（Ti）或者钒（V），B 是锆（Zr）或镍（Ni）再加上一些铬（Cr）、钴（Co）、铁（Fe）或锰（Mn）。所有这些化合物起的作用都是相同的，即可逆地形成金属氢化物。电池充电时，氢氧化钾（KOH）电解液中的氢离子（H^+）得到电子变为氢气（H_2）被释放出来，这些化合物吸收释放出的氢气，以保持电池内部的压力和体积。当电池放电时，这些氢离子便会经由相反的过程而回到原来的地方。镍氢蓄电池的负极材料见表 1-3。

表 1-3 镍氢蓄电池的负极材料

类型	组成成分	电化学理论容量	吸氢量
AB_5 型混合稀土	富镧（La）混合稀土和富铈（Ce）混合稀土，这两种混合稀土的非稀土杂质主要是铁（Fe）、硅（Si）、硫（S）、磷（P）等，最常用的为 $LaNi_5$	375mA·h/kg	1.3%
AB_2 型储氢合金	$ZrCr_2$、$ZrMn_2$、ZrV_2 及钛系储氢合金 $TiMn_2$、$TiCr_2$ 等	482mA·h/kg	1.8%

2. 镍氢蓄电池的工作原理

镍氢蓄电池正极的活性物质在放电时为 NiOOH，充电时为 $Ni(OH)_2$。负极的活性物质在放电时为 MH（此时产生的氢气被储氢合金 M 所吸收），充电时为 M（储氢合金）。电解液为 KOH。镍氢蓄电池充放电反应机理可以由图 1-2 所示来说明。

充放电时镍氢蓄电池化学反应方程如下：

充电时：

正极反应：$Ni(OH)_2 + OH^- - e^- \rightarrow NiOOH + H_2O$
负极反应：$M + H_2O + e^- \rightarrow MH + OH^-$
总反应：$M + Ni(OH)_2 \rightarrow MH + NiOOH$
放电时：
正极反应：$NiOOH + H_2O + e^- \rightarrow Ni(OH)_2 + OH^-$
负极反应：$MH + OH^- - e^- \rightarrow M + H_2O$
总反应：$MH + NiOOH \rightarrow M + Ni(OH)_2$

以上式中 M 为储氢合金，MH 为吸附了氢原子的储氢合金。

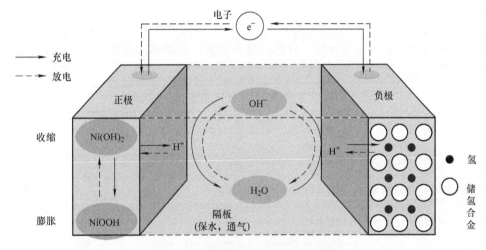

图 1-2　镍氢蓄电池工作原理示意图

目前镍氢蓄电池所能达到的性能指标是，单体蓄电池的额定电压为 1.2V，能量密度为 55~70W·h/kg，功率密度为 160W/kg 以上，快速充电时间从 SOC40% 充到 80% 为 15min，工作温度为 -30~55℃，循环使用寿命超过 1000 次（放电深度为 100%）。

3. 镍氢蓄电池的特点

镍氢蓄电池与铅酸蓄电池相比，镍氢蓄电池除了具有能量密度高、质量轻、体积小、循环寿命长的特点以外，还具有以下优点：

1）功率密度高。目前商业化的镍氢蓄电池功率密度能达到 1350W/kg。

2）循环次数多。目前应用在新能源汽车上的镍氢蓄电池，80% 放电深度循环次数可以达到 1000 次以上，为铅酸蓄电池的 3 倍以上，100% 放电深度循环次数也在 500 次以上，在混合动力汽车中可使用 5 年以上。

3）无污染。镍氢蓄电池不含铅、镉等对人体有害的金属，是 21 世纪"绿色环保电源"。

4）耐过充过放。

5）无记忆效应。

6）使用温度范围宽。正常使用温度范围为 -30~55℃，储存温度范围为 -40~70℃。

7）安全可靠。短路、挤压、针刺、安全阀工作能力、跌落、加热、耐振动等安全性、可靠性试验中均无爆炸、燃烧现象。

4. 镍氢蓄电池的应用

世界上最早的两款商业化混合动力汽车丰田普锐斯（Prius）和本田 Insight 配备的都是

镍氢蓄电池。世界上较早的两款商业化电动汽车丰田 RAV4 EV 和本田 EV Plus 配备的也是镍氢蓄电池。目前镍氢蓄电池主要应用于丰田普锐斯第三代、一汽丰田卡罗拉双擎及广汽丰田雷凌、凯美瑞双擎等混合动力汽车上。国产品牌中,长安和吉利两家都倾向于镍氢蓄电池。

目前,市场上主要使用的镍氢动力蓄电池分为两种:

1)方形电池,内部由 6 个单体蓄电池(又叫电芯)串联而成,一个蓄电池模块的额定电压为 7.2V。

2)圆柱形电池,常规的组成方式是串联成电池棒,然后根据要求组合成不同额定电压的蓄电池模块。

两种电池均串联成 201.6V 的动力蓄电池时,从结构尺寸上比较来看,圆柱形电池更节省空间;但从电池性能方面来比较,方形电池内阻更小,功率密度更高。表 1-4 为常见混合动力汽车用镍氢动力蓄电池性能参数。

表 1-4 常见混合动力汽车用镍氢蓄电池性能参数

车型	电池类型	单体蓄电池个数	标称电压 /V	标称容量 /A·h	功率密度 /W·kg^{-1}
丰田普锐斯一代	圆柱形	240	288.0	6.0	>1100
丰田普锐斯二代	方形	228	273.6	6.5	>1200
丰田普锐斯三代	方形	168	201.6	6.5	>1200
广州本田思域	圆柱形	120	144.0	6.5	>1100
长安志翔	圆柱形	120	144.0	6.0	—
福特	圆柱形	250	300.0	6.5	>1100

如图 1-3 所示,丰田各混合动力车型所采用的镍氢蓄电池总成位于行李舱内。其所用的镍氢动力蓄电池中蓄电池模块均由 6 个电芯串联组成。然后根据所需电压将蓄电池模块进行串联。例如,丰田普锐斯三代、卡罗拉双擎、雷凌双擎等均由 28 个蓄电池模块串联成额定电压为 201.6V 的镍氢动力蓄电池;而凯美瑞双擎则由 34 个蓄电池模块串联成额定电压为 244.8V 的镍氢动力蓄电池。图 1-4 所示为凯美瑞双擎动力蓄电池的结构。

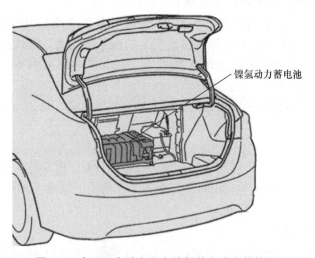

图 1-3 丰田混合动力汽车镍氢蓄电池安装位置

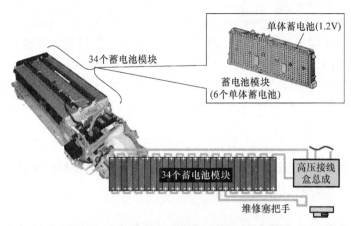

图 1-4 丰田凯美瑞双擎动力蓄电池的结构

1.1.4.2 锂离子蓄电池

锂离子蓄电池是 1990 年由日本索尼公司首先推向市场的新型高能蓄电池，是目前世界上最新一代的充电电池。与其他蓄电池比较，锂离子蓄电池具有电压高、能量密度高、充放电寿命长、无记忆效应、无污染、快速充电、自放电率低、工作温度范围宽和安全可靠等优点，它已成为新能源汽车较为理想的动力蓄电池。

1. 锂离子蓄电池的类型

（1）按外型分类

按照锂离子蓄电池外形，可以分为方形锂离子蓄电池和圆柱形锂离子蓄电池。

（2）按正极材料分类

按照锂离子蓄电池正极材料不同，新能源汽车用锂离子蓄电池主要分为钴酸锂蓄电池、锰酸锂蓄电池、三元锂蓄电池和磷酸铁锂蓄电池。

2. 锂离子蓄电池的结构

锂离子蓄电池由正极、负极、隔膜、电解液、安全阀和壳体等组成。圆柱形锂离子蓄电池结构如图 1-5 所示。

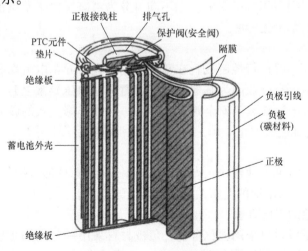

图 1-5 圆柱形锂离子蓄电池的结构

注：PTC 是 Positive Temperature Coefficient 的缩写，即正温度系数，泛指正温度系数很大的半导体材料或元器件。

（1）正极

正极物质在钴酸锂电池中以钴酸锂（$LiCoO_2$）为主要材料，在锰酸锂蓄电池中以锰酸锂（$LiMn_2O_2$）为主要材料，在三元锂蓄电池中以镍钴锰酸锂（$Li(NiCoMn)O_2$）或镍钴铝酸锂（$Li(NiCoAl)O_2$）为主要材料，在磷酸铁锂蓄电池中以磷酸铁锂（$LiFePO_4$）为主要材料。在正极活性物质中再加入导电剂、树脂黏合剂，并涂覆在铝基体上，呈细薄层分布。

（2）负极

负极活性物质是为石墨或近似于石墨结构的碳材料与黏合剂的混合物，再加上有机溶剂调和制成糊状，并涂覆在铜基上，呈薄层状分布。

（3）隔膜

隔膜是锂离子蓄电池关键内层组件，是锂离子蓄电池防止热失控的主要措施之一。隔膜材料本身具有微孔结构，孔径一般在 0.03~0.12μm。目前隔膜主要采用聚乙烯（PE）、聚丙烯（PP）或它们的复合膜、三层镉膜（PP/PE/PP）。隔膜在吸收电解质状况下，可隔离正负极，以防止短路，同时允许锂离子穿过微孔，但不放电子通过。在锂离子蓄电池过充电时，锂离子蓄电池内部温度升高，隔膜通过闭孔来阻隔离子传导，防止热失控导致冒烟、燃烧或爆炸。

（4）电解液

电解液是以混合溶剂为主体的有机电解液，即溶有电解质锂盐的有机溶剂。有机溶剂是用来溶解电解质锂盐，要求具有高电容率，与锂离子有很好的相容性（即不阻碍离子移动的低黏度）。而且在锂离子蓄电池的工作温度范围内，必须呈液体状态，凝固点低，沸点高。有机溶剂对于活性物质具有良好的化学稳定性（即在充放电过程中发生的剧烈氧化还原反应中不受影响）。又因为使用单一溶剂很难满足上述严格要求，所以有机溶剂一般混合不同性质的几种溶剂来使用，例如，由碳酸二乙酯（DEC）、碳酸丙烯酯（PC）、碳酸乙烯酯（PC）等其中的几种混合组成。电解质锂盐主要有六氟磷酸锂（$LiPF_4$）、高氯酸锂（$LiClO_4$）等。

锂离子蓄电池根据所用电解质的状态不同可分为液态锂离子蓄电池、聚合物锂离子蓄电池和全固态锂离子蓄电池三种。

（5）安全阀

一般通过对外部电路进行控制或者在蓄电池内部设有异常电流切断的安全装置。即使如此，在使用过程中也有可能因为其他原因引起蓄电池内压异常上升，这样，通过安全阀释放气体，以防止蓄电池破裂。安全阀实际上是一次性非修复式的破裂膜，一旦进入工作状态，则会保护蓄电池使其停止工作，因此是蓄电池的最后保护手段。

（6）壳体

壳体分为钢壳（方形电池使用）、铝壳、镀镍铁壳（圆柱形电池使用）、铝塑膜（软包电池使用）等。另外，蓄电池的盖帽，也是蓄电池的正负极引出端。

3. 锂离子蓄电池的工作原理

锂离子蓄电池正极材料采用锂化合物，负极材料采用锂-碳层间化合物 Li_xC_6，电解液为有机溶液。典型的蓄电池体系如下：

$$(-)C|LiPF_6-EC+DEC|LiCoO_2(+)$$

式中 （-）C——石墨；

 LiCoO$_2$(+)——LiCoO$_2$ 正极材料；

  LiPF$_6$——电解质锂盐六氟磷酸锂；

EC + DEC ——碳酸乙烯酯和碳酸二乙酯的混合有机溶剂。

图 1-6 所示为锂离子蓄电池的工作原理，锂离子蓄电池实际上是一种锂离子浓度差电池，正负极电极由两种不同锂离子嵌入化合物组成。经过锂离子在正负电极间的往返嵌入和脱嵌形成电池的充电和放电过程。

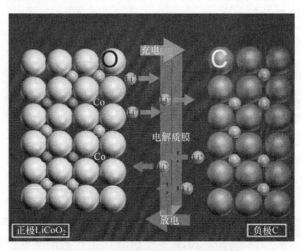

图 1-6　锂离子蓄电池的工作原理

充电时，晶状结构正极材料上的锂的化合物分离成锂离子和电子，电子通过外部充电电路吸附到负极上，正锂离子从正极脱嵌进入电解液，穿过隔膜上弯弯曲曲的小洞，嵌入到达晶状体结构的负极，与外部吸附过来的电子结合在一起。锂离子从正极脱嵌，经过电解液插入负极，负极处于富锂状态。

放电时，锂离子和电子同时行动，电子从负极经过外电路导体吸附到正极，锂离子从晶状体结构的负极脱出进入电解液，穿过隔膜上弯弯曲曲的小洞，嵌入正极晶体空隙，与外电路过来的电子结合在一起。

以 LiCoO$_2$ 为正极材料、石墨为负极材料的锂离子蓄电池，其正负极的电化学反应如下：

正极：LiCoO$_2$ → Li$_{1-x}$CoO$_2$ + xLi$^+$ + xe$^-$

负极：6C + xLi$^+$ + xe$^-$ → Li$_x$C$_6$

总反应：LiCoO$_2$ + 6C → Li$_{1-x}$CoO$_2$ + Li$_x$C$_6$

在锂离子蓄电池的充放电过程中，锂离子处于正极到负极再到正极的运动状态。因此，锂离子蓄电池充放电反应机理不是通过传统氧化还原反应来实现电子转移的，而是通过锂离子在晶状物质的晶格中嵌入和脱出，发生能量变化。在整个反应过程中，电解液不参与反应，只起到锂离子迁移载体的作用。在整个充放电过程中，锂离子蓄电池的两极就像一把摇椅，摇椅的两端为电池的两极，而锂离子就像运动员一样在摇椅上来回奔跑，因此锂离子蓄电池又叫摇椅式电池。

由于锂离子蓄电池只涉及锂离子而不涉及金属锂的充放电过程，从根本上解决了由于锂枝晶的产生而带来的电池循环性和安全性问题。

4. 锂离子蓄电池的特点

（1）优点

锂离子蓄电池有许多显著特点，它的优点主要如下：

1）工作电压高。锂离子蓄电池工作电压为 3.6V，是镍氢蓄电池工作电压的 3 倍。

2）能量密度高。锂离子蓄电池能量密度达到 150W·h/kg，是镍氢蓄电池的 1.5 倍。

3）循环寿命长。目前锂离子蓄电池循环寿命达到 1000 次以上，在低放电深度下可达到几万次，超过了其他几种蓄电池。

4）自放电率低。锂离子蓄电池月自放电率仅为 6%～8%，远低于镍氢蓄电池（15%～20%）。

5）无记忆性。可以根据要求随时充电，而不会降低电池性能。

6）对环境无污染。锂离子蓄电池中不存在镉、铅、汞等对环境有污染的有害物质，是名副其实的"绿色电池"。

7）能够制造成任意形状。

8）可实现快速充电。

（2）缺点

锂离子蓄电池也有一些不足，主要表现如下：

1）成本高。成本高是目前锂离子蓄电池发展的主要瓶颈。2019 年我国锂离子单体蓄电池成本为 0.8～1.2 元/W·h。例如，2019 年宁德时代生产的磷酸铁锂蓄电池系统成本可达到 0.8 元/W·h，三元锂蓄电池可以达到 1～1.2 元/W·h。以 60.2kW·h 电量蓄电池为例，三元锂蓄电池成本为 6.02 万～7.2 万元。随着蓄电池技术的发展，我国计划到 2025 年单体蓄电池成本控制在 0.5 元/W·h。

2）单体蓄电池需要保护线路控制，成组蓄电池需要配套管理系统。

5. 锂离子蓄电池的充放电特性

（1）电压

在电压方面，锂离子蓄电池对充电终止电压的精度要求很高，一般误差不能超过额定电压的 1%。终止电压过高，会影响锂离子蓄电池的寿命，甚至造成过充电现象，对电池造成永久性损坏；终止电压过低，又会使充电不完全，电池的可使用时间变短。

（2）充电

在充电方面，锂离子蓄电池的充电率（充电电流）应根据电池生产厂家的建议选用。虽然有些电池充电率可达 2C，但常用的充电率为 0.5C～1C。在采用大电流对锂离子蓄电池充电时，因充电过程中电池内部的电化学反应会产生热量，所以有一定的能量损失，同时必须保持电池的温度以防过热损坏电池或产生爆炸。此外，对锂离子蓄电池充电时，若全部用恒流充电，虽然可以在一定程度上缩短充电时间，但很难保证蓄电池充满；如果对充电结束控制不当，还会造成过充现象。

（3）放电

在放电方面，锂离子蓄电池的最大放电电流一般被限制在 2C～3C。更大的放电电流会使蓄电池发热严重，对蓄电池的组成物质造成损坏，影响蓄电池的使用寿命。同时，由于大电流放电时，蓄电池的部分能量转变成热能，因此电池的放电容量将会降低。在过放电

（低于3.0V）时，还会造成蓄电池失效。对于过放电的锂离子蓄电池，在充电前需要进行预处理，即采用小电流充电，这样会使蓄电池内部过放电的单元被重新激活。在蓄电池电压被充电到3.0V后再按正常方式充电，通常将这一阶段的充电称为预充电或涓流充电。

（4）充电温度

锂离子蓄电池的充电温度一般应该限制在 0～60℃。蓄电池充电温度过高，会损坏蓄电池并可能引起爆炸；充电温度过低，虽不会造成安全方面的问题，但很难将电池充满。由于充电过程中，蓄电池内部将有一部分热能产生，因此在大电流充电时，需要对电池进行温度检测，并且在超过设定温度时停止充电以保证安全。

6. 锂离子蓄电池的充电方法

锂离子蓄电池可以采用不同的充电方法，其中最简单的充电方法是恒压充电。采用恒压充电时，电池电压保持不变，而充电电流将逐渐降低。当充电电流降到低于某一数值（一般为0.1C）时，就认为蓄电池被充分充电了。为了防止有缺陷的蓄电池无休止地进行充电，采用一个备用定时器来终止充电周期。恒压充电是一个相对节省成本的方法，但是这种方法却需要很长的充电时间。由于在蓄电池充电期间充电电压保持恒定，充电电流降低的速度很快，因而充电速率也降低得很快。这样，蓄电池就只是在比其能够接受的低得多的电流强度下进行充电。

（1）恒流恒压充电过程

兼顾充电过程的安全性、快速性和蓄电池使用的高效性，锂离子蓄电池通常都采用恒流恒压充电方法，其充电过程可分为预充电、恒流充电、恒压充电三个阶段，如图1-7所示。

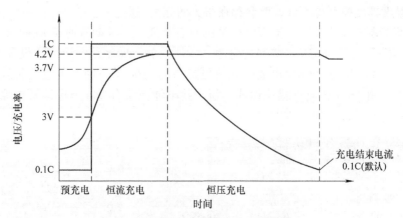

图1-7 锂离子蓄电池充电特性曲线

1）预充电阶段。在该状态下，首先检测锂离子单体蓄电池电压是否较低（低于3.0V），如果是，则采用涓流充电，即以比较小的恒定电流（0.1C～0.2C）对电池进行充电，直至电池电压上升到安全值（一般为3.0V）；否则，可省略该阶段，因为预充电主要是完成对完全放电或过放电的锂离子蓄电池进行修复即恢复充电能力。

2）恒流充电阶段。涓流充电后，充电器转入恒流充电状态。该状态下，充电电流保持不变的较大充电电流（一般为1C），蓄电池的最大充电电流取决于蓄电池的容量。

3）恒压充电阶段。当电压充到某电压值（一般为4.1～4.2V）后，恒流充电结束，然后转入恒压充电状态。在该状态下，充电电压保持恒定。因为锂离子蓄电池对充电电压精度的要求较高，单体蓄电池恒压充电电压应在规定值的 ±1% 之间变化，因此，要严格控制锂离子蓄电池的充电电压。在恒压充电过程中，充电器连续监控电池的电压、温度、充电电流和充电时间。

（2）恒压充电终止方法

常用的恒压充电终止方法有以下四种方法：

1）蓄电池最高电压。当锂离子单体蓄电池的电压达到 4.25V 时，恒压充电状态自动终止。

2）蓄电池最高温度。当锂离子蓄电池的最高温度达到 55℃ 时，恒压充电状态自动终止。

3）最长充电时间。为了确保锂离子蓄电池安全充电，除了设定最高电压和最高温度外，还应设置最长恒压充电时间，在温度和电压检测失败的情况下，可以保证锂离子蓄电池安全充电。

4）最小充电电流。在恒压充电过程中，锂离子蓄电池的充电电流逐渐减小，当充电电流下降到一定电流值（充电率为 0.1C）时，恒压充电状态自动终止。

7. 锂离子蓄电池的应用

（1）钴酸锂电池的应用

钴酸锂电池在锂离子蓄电池中属于老旧蓄电池，与磷酸铁锂蓄电池相比，这种蓄电池虽然技术较为成熟、功率高、能量密度大且一致性较高，但安全系数较低，热特性和材料稳定性较差，成本也相对较高。其电压过低或过高，都会出现过热的症状。如果蓄电池组较大且组内温度梯度控制得不好，就会存在很大的起火风险。

目前，新能源汽车中使用钴酸锂蓄电池的只有特斯拉。早期特斯拉 Roadster 和 Model S 使用的是日本松下生产 18650 钴酸锂蓄电池。特斯拉 Roadster 蓄电池系统包含 6831 节单体蓄电池；特斯拉 Model S 单体蓄电池的数量更是高达 7104 节，整个蓄电池包放置在车辆正下方的底盘上，由 16 个蓄电池模块组成，每个蓄电池模块有 444 节单体蓄电池，其容量为 85kW·h，额定电压为 400V，如图 1-8 所示。

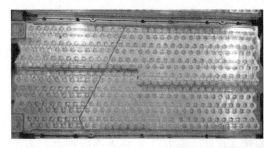

图 1-8　特斯拉 Model S 动力蓄电池

18650 单体蓄电池的参数：电池直径 18mm、长 65mm，圆柱形，容量为 2200~3600mA·h，能量密度为 250W·h/kg，额定电压为 3.7V，充电终止电压为 4.2V。

由于钴酸锂蓄电池相对于三元锂蓄电池和磷酸铁锂蓄电池在功率密度、电池安全性能、循环寿命等方面有差距，因此，从 2017 年开始，特斯拉 Model 3 以三元锂蓄电池全面替代钴酸锂蓄电池。

（2）锰酸锂蓄电池的应用

早期新能源汽车动力蓄电池采用锰酸锂蓄电池的较多，目前应用锰酸锂蓄电池的新能源汽车主要集中在纯电动客车、插电式混合动力客车和电动专用车上。

锰酸锂蓄电池在安全性方面比三元锂蓄电池要好，但弱于磷酸铁锂蓄电池；在能量密度方面要比磷酸铁锂蓄电池好，但比三元锂蓄电池差；在成本及温度宽泛度方面最好，但在循环寿命方面是最差的。因此，在对纯电动汽车续驶里程要求越来越高的今天，锰酸锂蓄电池在纯电动乘用车和插电式混合动力乘用车方面的应用越来越少。

目前全球销售最多的采用锰酸锂蓄电池的纯电动汽车是日产聆风（Leaf），自2010年推出以来，累计销量已超过32万辆。日产聆风纯电动汽车全车重1.7t。它采用每4节单体蓄电池组成一个蓄电池模块，全车共有48个蓄电池模组，单体蓄电池总数为192个，额定电压为360V，容量为24kW·h，蓄电池模块最大输出电流为250A，输出功率为90kW，蓄电池包外形尺寸为1570mm×1190mm×260mm，重量达280kg，安装在车体中部底盘上，从而降低车体重心高度，并方便行驶中转向，如图1-9所示。

图1-9 日产聆风动力蓄电池

（3）三元锂蓄电池的应用

三元锂蓄电池（镍钴锰酸锂）是指以Ni、Co、Mn三种金属元素为正极材料的可充电锂离子蓄电池。Co元素增加可以有效减少阳离子混排，降低阻抗值，提高电导率及改善充放电循环性能；但随着Co元素增加，材料的可逆嵌锂容量下降，成本增加。Ni元素的存在有利于提高材料的可逆嵌锂容量，但过多的Ni元素会使材料的循环性能恶化。Mn元素可以降低材料成本，而且结构稳定，可提高材料的稳定性和安全性。Mn元素含量过高会出现尖晶石而破坏材料的层状结构。但是三元锂蓄电池能量密度大于磷酸铁锂蓄电池和锰酸锂蓄电池的能量密度。在新能源汽车对动力蓄电池能量密度要求提升的背景下，三元材料作为高容量密度正极材料有望进一步拓展其市场份额，因此在新能源汽车上使用较为广泛。

北汽新能源EV200动力蓄电池采用三元锂蓄电池，如图1-10所示。该动力蓄电池采用先并联再串联的组合方式，3个单体蓄电池并联成蓄电池模块，91个单体蓄电池进行串联形成电池包。每片单体蓄电池容量为30.5A·h，电压为3.65V，组合成容量为91.5A·h、电压为332V的动力蓄电池，可以储存30.4kW·h的电量。

图1-10 北汽EV200动力蓄电池

（4）磷酸铁锂蓄电池的应用

磷酸铁锂蓄电池是指用磷酸铁锂作为正极材料的锂离子蓄电池。

其主要优点如下：

1）安全性能得到改善。磷酸铁锂晶体中的 P—O 键稳固，难以分解，即使在高温或过充时也不会像钴酸锂一样结构崩塌、发热或是形成强氧化性物质，因此拥有良好的安全性。其过充安全性较之其他几种锂离子蓄电池已大有改善。

2）使用寿命得到改善。磷酸铁锂蓄电池循环寿命达到 2000 次以上，标准充电使用时，可达到 2000 次。理论寿命达到 7~8 年。

3）大电流放电。可大电流 2C 快速充放电，在专用充电器下，1.5C 充电 40min 内即可使电池充满，启动电流可达 2C。

4）高温性能好。磷酸铁锂蓄电池电热峰值可达 350~500℃，而锰酸锂蓄电池和钴酸锂蓄电池只在 200℃左右，工作温度范围宽（-20~75℃）。

5）大容量。

6）无记忆效应。磷酸铁锂蓄电池无记忆效应，蓄电池无论处于什么状态，可随充随用，无须先放完电再充电。

其主要缺点如下：

1）低温性能差。磷酸铁锂蓄电池在低温下（0℃以下）无法使电动汽车行驶。

2）能量密度低。磷酸铁锂振实密度与压实密度很低，导致磷酸铁锂蓄电池的能量密度较低。

3）产品一致性差。磷酸铁锂蓄电池和其他锂离子蓄电池一样，均面临着电池一致性问题。

磷酸铁锂蓄电池的标称电压是 3.2V，充电终止电压是 3.6V，放电终止电压是 2.0V。由于各个生产厂家采用的正负极材料、电解质材料的质量及工艺不同，在性能上会有些差异。例如同一种型号（同一种封装的标准电池），其蓄电池的容量有较大差别（10%~20%）。

由于磷酸铁锂蓄电池具有上述优点，并且蓄电池容量有多种选择，因此很快得到广泛应用。例如比亚迪纯电动 E6，插电式混合动力汽车中的秦、宋、元；北汽 EV160 均采用磷酸铁锂蓄电池。

图 1-11 所示为普莱德为北汽 EV160 生产的磷酸铁锂蓄电池。该动力蓄电池由 100 个单体蓄电池串联而成。单体蓄电池容量为 80A·h，串联后电压为 250~365V，额定电压为 320V，总容量为 25.6kW·h，质量能量密度为 86W·h/kg，体积能量密度为 107W·h/L。

图 1-11 北汽 EV160 磷酸铁锂蓄电池

1.1.4.3 燃料电池

1. 新能源汽车用燃料电池概述

（1）新能源汽车用燃料电池的发展动态

燃料电池（Fuel Cell，FC）是一种化学电池，它直接把物质发生化学反应时释放出的能量变换为电能，工作时需要连续地向其供给活性物质（起反应的物质），即燃料和氧化剂。由于它是把燃料通过化学反应释放出的能量转变为电能输出的，被称为燃料电池。

燃料电池能量密度极高，接近于汽油发动机和柴油发动机的能量密度，几乎是零污染，代表着新能源汽车未来的发展方向，也是各国重点研发的领域之一。但是其成本太高，目前高成本瓶颈主要表现在：①燃料电池反应中需要使用贵金属铂作为催化剂，使得其成本居高不下；②在后续使用上，储存和运输氢成本费用高昂，氢的储存条件很严格，一般主要有高压气态、低温液态两种储存方法，但这两种方法的单位能量所占体积都非常大，且设备昂贵；③加氢站等配套设施不够完善，如何提高加氢站安全性也需高额的费用投入。因此，燃料电池目前离产业化还有较长的距离要走。

各国在研发燃料电池技术路线上存在分歧，在政府支持力度上也各不相同。

在日本，其战略目标是，2020年燃料电池汽车达到500万辆；到2030年，要全面普及燃料电池汽车。丰田汽车曾宣布与美国萨凡奈河国家实验室（SRNL）以及可再生能源实验室（NREL）共同实施燃料电池汽车"High Lander FCHV-adv"的公路实验。实验结果表明，该车的续驶里程可达到693km。燃料电池汽车的普及需要满足以下五大要素：燃料电池汽车的成本、车内空间的保证、燃料的价格、氢气站的普及及竞争技术未能进步。

在美国，通用汽车公司在美国能源部的资助下，推出了以质子交换膜燃料电池（Proton Exchange Membrane Fuel Cell，PEMFC）和蓄电池并用来提供动力的燃料电池汽车。美国福特汽车公司现已研制出从汽油中提取氢的新型燃料电池，其燃料效率与内燃机相比提高1倍，而产生的污染则只有内燃机的5%。福特汽车公司21世纪绿色汽车的开发计划中，氢燃料电池汽车（Fuel Cell Electric Vehicle，FCEV）作为开发研究重点。

在欧洲，欧盟2008年夏斥资10亿欧元用于燃料电池和氢能源的研究和发展。欧盟此举旨在把燃料电池和氢能源技术发展成为能源领域的一项战略高新技术，使欧盟在燃料电池和氢能源技术方面处于世界领先地位，力争在2020年前建立一个燃料电池和氢能源的庞大市场。

由于汽车是移动式交通工具，要求车用燃料电池具有较高的能量密度以及作为车辆所必需的快速启动和动力响应能力，同时，具有成本低、安全性好、寿命长等特点。从能量密度、操作温度、耐二氧化碳能力以及耐振动冲击能力等来看，质子交换膜燃料电池最适合用作燃料电池汽车的动力电源，它与电机结合后，成为一种新概念的动力系统，是内燃机强有力的竞争者。但是，燃料电池成本太高，目前距离产业化还较遥远。

燃料电池正负极之间是携带有充电电荷的固态或液态电解质，在电极上的催化剂如铂是用来加速电化学反应的。按照电解质及电极材料的不同，燃料电池可分为碱性、磷酸、熔融碳酸盐、固体氧化物及质子交换膜燃料电池。目前得到应用的是质子交换膜燃料电池。相对于其他几种燃料电池，质子交换膜燃料电池有以下优点：功率密度高、工作温度低、电解液为固态、对二氧化碳不敏感。因此，质子交换膜燃料电池是目前最有前途的一种燃料电池。

燃料电池将成为未来最佳的车用能源，这一观点已被认同。虽然燃料电池可以采用多种燃料，甚至是内燃机用的所有燃料，但真正起电化学反应的，仅仅是其中的氢和氧化剂中的氧，因此，氢燃料电池在氢燃料制取、储存及运输等方面，以及非氢燃料电池的重整系统的效率、体积、质量大小及反应速度等方面的技术还需要进一步提高。

目前，车用燃料电池急需解决以下关键问题：

1）提高车用燃料电池单位质量（或体积）、电流密度及功率，提高车辆所必需的快速启动和动力响应能力。

2）必须开发质量更轻、体积更小、能储存更多氢能的车载氢储存器，以便更有效地利用燃料的能量，提高续驶里程和载重量。

3）必须解决好氢气的安全问题，在一定条件下，氢气比汽油具有更大的危险性，因此无论采用什么存储方式，储存器及其安全措施都必须满足使用要求。

4）电池组件必须采用积木化设计，开发有效的制造工艺，并进行高效的自动化生产，从而降低材料和制造费用。

5）发展结构紧凑及性能可靠的质子交换膜燃料电池的同时，开发应用其他燃料，像甲烷、柴油等驱动的质子交换膜燃料电池，这将拓宽质子交换膜燃料电池的应用范围。

表1-5为目前常见的燃料电池的主要特征参数。

表1-5 常见的燃料电池的主要特征参数

项目	质子交换膜燃料电池	碱性燃料电池	磷酸燃料电池	熔融碳酸盐燃料电池	固体氧化物燃料电池	直接甲醇燃料电池
燃料	H_2	H_2	H_2	CO、H_2	CO、H_2	CH_3OH
电解质	固态高分子膜	碱溶液	液态磷酸	熔融碳酸锂	固体二氧化锆	固态高分子膜
工作温度/℃	≈80	60~120	170~210	60~650	≈1000	≈80
氧化剂	空气或氧	纯氧	空气	空气	空气	空气或氧
电极材料	C	C	C	Ni-M	Ni-YSZ	C
催化剂	Pt	Pt、Ni	Pt	Ni	Ni	Pt
腐蚀性	中	中	强	强	无	中
寿命/h	100000	10000	15000	13000	7000	100000
特征	比功率高，运行灵活，无腐蚀	高效率，对CO_2敏感，有腐蚀	效率较低，有腐蚀	效率高，控制复杂，有腐蚀	效率高，运行温度高，有腐蚀	比功率高，运行灵活，无腐蚀
效率（%）	>60	60~70	40~50	>60	>60	>60
启动时间	几分钟	几分钟	2~4h	>10h	>10h	几分钟
主要应用领域	航天、军事、汽车、固定式用途	航天、军事	大客车、中小电厂、固定式用途	大型电厂	大型电厂、热站、固定式用途	航天、军事、汽车、固定式用途

（2）燃料电池的分类

1）按运行机理分类的不同，燃料电池可分为酸性燃料电池和碱性燃料电池。

2）按燃料电池中使用电解质种类的不同，燃料电池可分为质子交换膜燃料电池（PEMFC）、碱性燃料电池（AFC）、磷酸燃料电池（PAFC）、熔融碳酸盐燃料电池（MCFC）、固体氧化物燃料电池（SOFC）、直接甲醇燃料电池（DMFC）、再生型燃料电池（RFC）、锌空气燃料电池（ZAFC）和质子陶瓷燃料电池（PCFC）。

3）按燃料使用方式的不同，燃料电池可分为直接型燃料电池、间接型燃料电池和再生型燃料电池。

4）按使用燃料的种类不同，燃料电池可分为氢燃料电池、甲醇燃料电池和乙醇燃料电池。

5）按工作温度不同，燃料电池可分为低温型（温度低于200℃）燃料电池、中温型（温度为200~750℃）燃料电池、高温型（温度为750~1000℃）燃料电池和超高温型（温度高于1000℃）燃料电池。

6）按燃料状态不同，燃料电池可分为液体型燃料电池和气体型燃料电池。

（3）燃料电池的特点

1）燃料电池与蓄电池相比具有以下优点。

① 节能，转换效率高。燃料电池在额定功率下的效率可以达到60%，而在部分功率输出条件下运转效率可以达到70%，在过载功率输出条件下运转效率可以达到50%~55%。高效率随功率变化的范围很宽，在低功率下运转效率高，特别适合于汽车动力性能的要求。

燃料电池短时间的过载能力，可以达到额定功率的200%，非常适合汽车在加速和爬坡时动力性能的特征。

② 排放基本达到零污染。用碳氢化合物作为燃料的燃料电池主要生成物质为水、二氧化碳和一氧化碳等，属于超低污染，氢氧燃料电池的反应产物只有清洁的水。

③ 无振动和噪声，寿命长。这主要与燃料电池的工作过程有关。它是通过燃料和氧化剂分别在两个电极上发生反应，由电解液和外电路构成回路，将反应中的化学能直接转化为电能的，因此，在整个工作过程中，没有噪声和机械振动的产生，从而减少机械器件的磨损，延长了使用寿命。

④ 结构简单、运行平稳，燃料电池的能量转换是在静态下完成的，结构比较简单，构件的加工精度要求低。特别是质子交换膜燃料电池能量转换效率高，能够在-80℃的低温条件下启动和运转，对结构部件的耐热性能要求也不高。由于无机械振动，所以运行时比较平稳。

2）燃料电池有如下缺点。

① 燃料种类单一。目前，不论是液态氢、气态氢，还是碳水化合物经过重整后转换的氢，它们均是燃料电池的唯一燃料。氢气的产生、储存、保管、运输和罐装或重整，都比较复杂，对安全性要求很高。

② 要求高质量的密封。燃料电池的单体电池所能产生的电压约为1V，不同种类的燃料电池的单体电池所能产生的电压略有不同。通常将多个单体电池按使用电压和电流的要求组合成为燃料电池发动机组，在组合时，单体电池间的电极连接时，必须要有严格的密封，因为密封不良的燃料电池，氢气会泄漏到燃料电池的外面，降低了氢的利用率并严重影响燃料电池发动机的效率，还会引起氢气燃烧事故。由于要求严格的密封，燃料电池发动机的制造工艺很复杂，并给使用和维护带来很多困难。

③ 价格高。制造成本高，电池价格昂贵。

④需要配备辅助电池系统。燃料电池可以持续发电，但不能充电和回收再生制动的反馈能量。通常在燃料电池汽车上还要增加辅助电池，来储存燃料电池剩余的电能和在燃料电池汽车减速时接受再生制动时的能量。

2. 燃料电池系统的组成

燃料电池实际上不是"电池"，而是一个大的发电系统。对于质子交换膜燃料电池，需要有燃料供应系统、氧化剂系统、发电系统、水管理系统、热管理系统、电力系统、控制系统及安全系统等。

（1）燃料供应系统

燃料供应系统给燃料电池提供燃料，如氢气、天然气、甲醇等。这个系统直接采用氢气比较简单，如果用化石燃料制取氢气则相当复杂。

（2）氧化剂系统

氧化剂系统主要是给燃料电池提供氧气的。氧气的来源有从空气中获取氧气或从氧气罐中获取氧气，空气需要用压缩机来提高压力，以增加燃料电池反应的速度。在燃料电池系统中，配套压缩机的性能有特定的要求，压缩机质量和体积会增加燃料电池发动机系统的质量、体积和成本，压缩机所消耗的功率会使燃料电池的效率降低。空气供应系统的各种阀、压力表、流量表等的接头要采取防泄漏措施。在空气供应系统中还要对空气进行加湿处理，保证空气有一定的湿度。

（3）发电系统

发电系统是指燃料电池本身，它将燃料和氧化剂中的化学能直接变成电能，而不需要经过燃烧的过程，它是一个电化学装置。

（4）水管理系统

因为质子交换膜燃料电池中质子是以水和离子状态进行传导的，所以燃料电池需要有水，水少会影响电解质膜的质子传导特性，从而影响电池的性能。另外，因为在电池的阴极生成水，所以需要不断及时地将这些水带走，否则会将电极"淹死"，也会造成燃料电池失效。水的管理在燃料电池中至关重要。

（5）热管理系统

大功率燃料电池发电的同时，由于电池内阻的存在，不可避免地会产生热量，通常产生的热量与其发电量相当。而燃料电池的工作温度是有一定限制的，如对PEMFC而言，应控制在80℃，因此，需要及时将电池生成的热带走，否则会发生过热，烧坏电解质膜。水和空气通常是常用的传热介质。

（6）电力系统

电力系统将燃料电池产生的直流电（Direct Current，DC）转换为适合用户使用的电。燃料电池所产生的是直流电，需要经过DC/DC变换器进行调压，在采用交流电机的驱动系统中，还需要用逆变器将直流电转换为交流电（Alternating Current，AC）。

（7）控制系统

燃料电池控制系统主要包括电池系统的启动与停机，维持电池系统稳定运行的各操作参数的控制，以及对电池运行状态进行检测、判断等。

（8）安全系统

氢是燃料电池的主要燃料，氢的安全十分重要。氢气探测器、数据处理系统及灭火设备等构成氢的安全系统。

3.氢的存储与输送

氢的存储与输送是燃料电池应用的关键技术之一。目前有两种方式：储氢和重整制氢。

（1）储氢

目前使用比较广泛的储氢技术有高压储氢、液态储氢和储氢材料储氢。这三种技术在实际运用中的效果很大程度受到材料性能的制约。储氢材料储氢技术更有优势，尤其是使用碳纳米管储氢时，效果更理想。表1-6为几种储氢技术的比较。

表1-6 几种储氢技术的比较

项 目		高压储氢	液态储氢	储氢材料储氢	
				Ti系储氢合金	碳纳米管
安全性		低	低		较高
能源综合利用率		低	较低		高
储氢能力	单位质量储氢量（%）	—	—	2	4
	单位体积储氢量/（kg/m³）	31.5	71	61	160
能量密度	质量能量密度/（kW·h/kg）	—	—	0.79	5.53
	体积能量密度/（kW·h/L）	1.24	2.8	2.4	6.32
优点		简单，方便	储运效率高，装置质量轻、体积小，储氢压力低	安全性好，运输方便，操作比较容易	
缺点		空间有限，必须使用耐高压容器；储氢压力过大，安全性降低；充氢操作复杂，成本增加	氢气液化须耗费大量能源，必须使用耐超低温的特殊容器，使用中存在危险，充氢系统复杂	成本相对较高，受制于材料的储氢性能、储氢器的结构及储氢系统的整体设计	
应用		多	少	少	

随着材料科学的发展，储氢技术的发展主要集中开发密度更小、强度更高的材料，以提高储氢罐内的压力；开发绝热性能更好的材料，以减少液氢的蒸发，提高使用时的安全性；开发高容量的储氢材料，特别是碳纳米管等的制造技术。

（2）重整制氢

燃料电池使用的燃料-氢气可以由重整器提供。重整器使用的原料可以是天然气、汽油、柴油等各种烃类以及甲醇、酒精等各种醇类燃料。目前使用的重整技术主要有蒸气重整、部分氧化重整、自动供热重整及等离子体重整等。不同的重整技术在结构、效率和对燃料的适应性等方面有不同的特点，并在不同的使用条件下发挥出它们各自的优势。蒸气重整是目前使用最广泛的制氢方式。

4.质子交换膜燃料电池

质子交换膜燃料电池采用可传导离子的聚合膜作为电解质，故也称为聚合物电解质燃料电池（Proton Exchange Fuel Cell，PEFC）、固定聚合物燃料电池（Solid Polymer Fuel Cell，SPFC）或固体聚合物电解质燃料电池（Solid Polymer Electrolyte Fuel Cell，SPEFC）。

（1）质子交换膜燃料电池的基本结构

质子交换膜燃料电池由质子交换膜（Proton Exchange Membrane，PEM）、催化剂层、气体扩散层及集流板（又称双极板）等组成，如图 1-12 所示。

1）质子交换膜。质子交换膜是质子交换膜燃料电池中最重要的部件之一，其性能好坏直接影响电池的性能和寿命。质子交换膜燃料电池中的质子交换膜与一般化学电源中使用的隔膜有很大不同，它不只是一种将阳极的燃料与阴极的氧化剂隔开的隔膜材料，还是电解质和电极活性物质（电催化剂）的基底，即兼有隔膜和电解质的作用；另外，质子交换膜还是一种选择透过性膜，在质子交换膜的高分子结构中，含有多种离子基团。它只允许 H^+ 穿过，其他离子、气体及液体均不能通过。

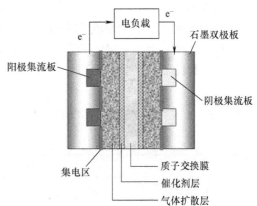

图 1-12　质子交换膜燃料电池结构示意图

2）电催化剂。为了加快电化学反应速度，气体扩散电极上都含有一定量的催化剂。质子交换膜燃料电池电催化剂主要有铂系和非铂系电催化剂两类。目前多采用铂催化剂。这种电池是在低温条件下工作的，因此，提高催化剂的活性，防止电极催化剂中毒很重要。

3）电极。质子交换膜燃料电池电极是一种多孔气体扩散电极，一般由扩散层和催化剂层构成。扩散层是导电材料制成的多孔合成物，起着支撑催化剂层，收集电流，并为电化学反应提供电子通道、气体通道和排水通道的作用。催化剂层是进行电化学反应的区域，是电极的核心部分，其内部结构粗糙多孔，因而有足够的表面积用以促进氢气和氧气的电化学反应。因此，电极制作的好坏对电池的性能有重要影响。

4）膜电极。膜电极（Membrane Electrode Assembly，MEA）是通过热压将阴极、阳极与质子交换膜复合在一起而形成的。为了使电化学反应顺利进行，多孔气体扩散电极必须具备质子、电子、反应气体和水的连续通道。膜电极性能不仅依赖于电催化剂的活性，还与电极中四种通道的构成及各种组分的配比、电极孔分布与孔隙率、电导等因素密切相关。

理想的电极结构必须满足以下条件：反应区必须透气（即高气体渗透性）；气体所到之处需要有催化剂粒子，即催化剂必须分布在能接触到气体分子的表面；催化剂又必须与阳离子交换膜接触，以保证反应产生离子的顺利通过（即高分子传导性）；作为催化剂载体的炭黑导电性要高，这将有利于电子转移（即高导电性），因为催化剂不能连成片（必须有很大的催化活性表面才能提高催化反应速度，而片状金属表面积小），难以作为电导体。因此，催化剂粒子上反应产生或需要的电子必须通过导电性物质与电极沟通；催化剂的稳定性要好。高分散、细颗粒的铂催化剂表面自由能大，很不稳定，需要掺入一些催化剂以降低其表面自由能，或者掺入少量含有能与催化剂形成化学键或弱结合力元素的物质。

5）双极板与流场板。双极板又称集流板，是电池的重要部件之一，其作用是分隔反应气体，收集电流，将各个单体电池串联起来和通过流场为反应气体进入电极及水的排出提供通道。目前，制备质子交换膜燃料电池双极板广泛采用的材料是碳质材料、金属材料及金属与碳质的复合材料。而对金属板，为改善其在电池工作条件下的抗腐蚀性能，必须进行表面改性处理。

质子交换膜燃料电池的流场板一般是按一定间隔开槽的石墨板,开的槽就是流道,在槽之间形成流道间隔。流场功能是引导反应气体流动方向,确保反应气体均匀分配到电极的各处,经电极扩散层到达催化剂层参与电化学反应。为提高电池反应气体的利用率,通常排放尾气越少越好,流场设计的好坏直接影响电池尾气的排放量。

在常见的质子交换膜燃料电池中,有的流场板与双极板是分体的,如网状流场板等;有的流场板与双极板是一体的,如点状流场板和部分蛇形流场板等,这样,流场除了具有上述流场板的功能外,还要兼顾双极板的作用。至今已经开发出点状、网状、多孔体、平行沟槽、蛇形和交指形流场板。

通常,质子交换膜燃料电池的运行需要一系列辅助设备与之共同构成发电系统。质子交换膜燃料电池系统一般由电池堆、氢气系统、空气系统、水管理系统、热管理系统和控制系统等构成。

电池堆是系统的核心,承担把化学能转化成电能的任务;氢气系统提供燃料电池正常工作所需的氢气;空气系统提供燃料电池正常工作所需的空气;水和热管理系统保证燃料电池堆所需空气、氢气的温度和湿度,保证电池堆在正常温度下工作;控制系统通过检测传感器信号和需求信号,利用一定的控制策略保证系统正常工作。

(2)质子交换膜燃料电池的工作原理

质子交换膜燃料电池在原理上相当于水电解的"逆"装置。其单体电池由阳极、阴极和质子交换膜组成,阳极为氢燃料发生氧化的场所,阴极为氧化剂还原的场所,两极都含有加速电极电化学反应的催化剂,质子交换膜为电解质,其工作原理如图1-13所示。

导入的氢气通过阳极集流板(双极板)经由阳极气体扩散层到达阳极催化剂层,在阳极催化剂的作用下,氢分子分解为带正电的氢离子(质子)并释放出带负电的电子,完成阳极反应;氢离子穿过膜到达阴极催化剂层,而电子则由集流板收集,通过外电路到达阴极,电子在外电路形成电流,通过适当连接可向负载输出电能;在电池另一端,氧气通过阴极集流板(双极板)经由阴极气体扩散层到达阴极催化剂层。在阴极催化剂的作用下,氧与透过膜的氢离子及来自外电路的电子发生反应生成水,完成阴极反应;电极反应生成的水大部分由尾气排出,一小部分在压力差的作用下通过膜向阳极扩散。阴极和阳极发生的电化学反应如下:

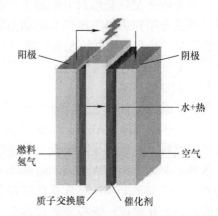

图1-13 质子交换膜燃料电池的工作原理

$$2H_2 \rightarrow 4H^+ + 4e^-$$

$$4e^- + 4H^+ + O_2 \rightarrow 2H_2O$$

电池总的反应如下:

$$2H_2 + O_2 \rightarrow 2H_2O$$

上述过程是理想的工作过程,实际上,整个反应过程中会有很多中间步骤和中间产物的存在。

（3）质子交换膜燃料电池的特点

1）质子交换膜燃料电池的主要优点

① 能量转化效率高。其发电过程不涉及氢氧燃烧，通过氢氧化合作用直接将化学能转化为电能，不通过热机过程，不受卡诺循环的限制。

② 可实现零排放。唯一的排放物是纯净水，没有污染物排放，是环保型能源。

③ 运行噪声低，可靠性高。质子交换膜燃料电池无机械运动部件，工作时仅有气体和水的流动。

④ 维护方便。质子交换膜燃料电池内部构造简单，电池模块呈现自然的积木化结构，使得电池模块的组装和维护都非常方便，也很容易实现免维护设计。

⑤ 发电效率平稳。发电效率受负荷变化影响很小，非常适合于用分散型发电装置（作为主机组），也适用于电网的"调峰"发电机组（作为辅机组）。

⑥ 氢来源广泛。氢是世界上最多的元素，氢气来源极其广泛，是一种可再生能源。可通过石油、天然气、甲醇、甲烷等进行重整制氢；也可通过电解水制氢、光解水制氢、生物制氢等方法获取氢气。

⑦ 技术成熟。氢气的生产、储存、运输和使用等技术目前均已非常成熟，安全、可靠。

2）质子交换膜燃料电池的主要缺点

① 成本高。膜材料和催化剂均十分昂贵，不过其成本在不断降低，一旦能够大规模生产，其经济效益将会充分显示出来。

② 氢要求高。这种电池需要纯净的氢，因为它们极易受到一氧化碳和其他杂质的污染。

因为质子交换膜燃料电池的工作温度低、启动速度较大、功率密度较大（体积较小），所以很适合用作燃料电池汽车的动力源。世界各大汽车集团竞相投入巨资，研究开发燃料电池汽车。从目前发展情况看，质子交换膜燃料电池是技术最成熟的燃料电池汽车动力源，质子交换膜燃料电池汽车被业内公认为新能源汽车未来的发展方向。

5. 碱性燃料电池

（1）碱性燃料电池的结构

碱性燃料电池（Alkaline Fuel Cell，AFC）以强碱（如氢氧化钾、氢氧化钠）为电解质，氢气为燃料，纯氧或脱除微量二氧化碳的空气为氧化剂。采用对氧电化学还原具有良好催化活性的 Pt/C、Ag、Ag-Au、Ni 等为电催化剂制备的多孔气体扩散电极为氧化极，以 Pt-Pd/C、Pt/C、Ni 或 NiB 等具有良好催化氢电化学氧化的电催化剂制备的多孔气体电极为氢电极。以无孔炭板、镍板或镀镍甚至镀银、镀金的各种金属（如铝、镁、铁）板为双极板材料，在板面上可加工各种形状的气体流动通道构成双极板。

（2）碱性燃料电池的工作原理

图 1-14 所示为碱性石棉膜型氢氧燃料电池中单体电池的工作原理。

在阳极，氢气与碱中的 OH^- 在电催化剂的作用下，发生氧化反应生成水和电子，电子通过外电路达到阴极，在阴极电催化剂的作用下，参与氧的还原反应，生成的 OH^- 通过饱浸碱液的多孔石棉迁移到氢电极。

阳极和阴极发生的电化学反应如下：

$$H_2 + 2OH^- \rightarrow 2H_2O + 2e^-$$

$$O_2 + 2H_2O + 4e^- \rightarrow 4OH^-$$

总反应如下：

$$2H_2+O_2 \rightarrow 2H_2O$$

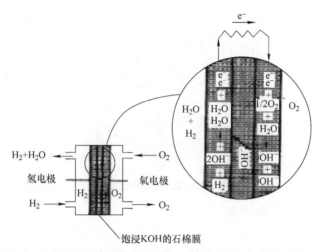

图1-14 碱性石棉膜型氢氧燃料电池中单体电池的工作原理

（3）碱性燃料电池的特点

碱性燃料电池与其他类型燃料电池相比，具有以下特点。

1）碱性燃料电池具有较高的效率（50%~55%）。

2）其工作温度大约80℃，因此它们的启动也很快，但其电力密度却约是质子交换膜燃料电池密度的1/10。

3）性能可靠，可用非贵金属做催化剂。

4）碱性燃料电池是燃料电池中生产成本最低的一种电池。

5）碱性燃料电池是技术发展最快的一种电池，主要为空间任务，包括为航天飞机提供动力和饮用水，用于交通工具，具有一定的发展和应用前景。

6）使用具有腐蚀性的液态电解质，具有一定的危险性并容易造成环境污染，为解决CO_2毒化所采用的一些方法，如使用循环电解液、吸收CO_2等增加了系统的复杂性。

6. 磷酸燃料电池

磷酸燃料电池（Phosphoric Acid Fuel Cell, PAFC）是以酸为导电电解质的酸性燃料电池。磷酸燃料电池被称为继火电、水电、核电之后的第四种发电方式，是目前燃料电池中唯一商业化运用的燃料电池。

（1）磷酸燃料电池的结构

磷酸燃料电池的电池片由基材及肋条板触媒层所组成的燃料极、保持磷酸的电解质层、与燃料极具有相同构造的空气极构成。在燃料极，燃料中的氢原子释放电子成为氢离子。氢离子通过电解质层，在空气极与氧离子发生反应生成水。将数枚单体电池片进行叠加，每枚电池片中叠加入为降低发电时内部热量的冷却板，从而构成输出功率稳定的基本电池堆。再加上用于上下固定的构件、供气用的集合管等构成磷酸燃料电池的电池堆。其结构示意图如图1-15所示。

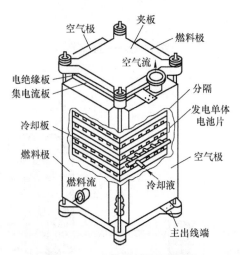

图 1-15　电池堆结构示意图

（2）磷酸燃料电池的工作原理

磷酸燃料电池使用液体磷酸为电解质，通常位于碳化硅基质中。当以氢气为燃料、氧气为氧化剂时，在电池内发生电化学反应。图 1-16 所示是磷酸燃料电池的工作原理。

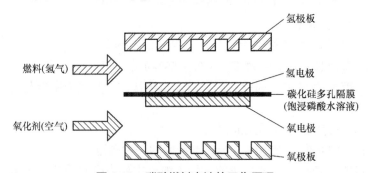

图 1-16　磷酸燃料电池的工作原理

阳极和阴极发生的电化学反应如下：

$$H_2 \rightarrow 2H^+ + 2e^-$$

$$O_2 + 4H^+ + 4e^- \rightarrow 2H_2O$$

总的电化学反应如下：

$$2H_2 + O_2 \rightarrow 2H_2O$$

（3）磷酸燃料电池的特点

磷酸燃料电池的工作温度要比质子交换膜燃料电池和碱性燃料电池的工作温度略高，约为 150~200℃，但仍需电极上的铂催化剂加速反应。较高的工作温度也使其对杂质的耐受性较强，当其反应物中含有 1%~2% 的一氧化碳和百万分之几的硫时，磷酸燃料电池照样可以工作。

磷酸燃料电池的效率比其他燃料电池低，约为 40%，其加热的时间也比质子交换膜燃料电池长。

磷酸燃料电池具有构造简单、稳定、电解质挥发度低等优点。PAFC 可用作公共汽车的动力,而且有许多这样的系统正在运行,不过这种电池很难用在轿车上。目前,PAFC 能成功地用于固定的应用,已有许多发电能力为 0.2~20MW 的工作装置被安装在世界各地,为医院、学校和小型电站提供动力。

7. 熔融碳酸盐燃料电池

(1) 熔融碳酸盐燃料电池的结构

熔融碳酸盐燃料电池(Molten Carbonate Fuel Cell,MCFC)是由多孔陶瓷阴极、多孔陶瓷电解质隔膜、多孔金属阳极、金属极板构成的燃料电池。

单体熔融碳酸盐燃料电池一般是平板型的,由电极-电解质、燃料流通道、氧化剂流通道和上下隔板组成,如图 1-17 所示。其单体的上下为隔板/电流采集板,中间部分是电解质板,电解质板的两侧为多孔的阳极板和阴极板,其电解质是熔融态碳酸盐。

(2) 熔融碳酸盐燃料电池的工作原理

如图 1-18 所示,熔融碳酸盐燃料电池的工作过程实质上是燃料的氧化和氧化剂的还原过程。燃料和氧化剂气体流经阳极和阴极通道。氧化剂中的 O_2 和 CO_2 在阴极与电子进行氧化反应产生 CO_3^{2-},电解质板中的 CO_3^{2-} 直接从阴极移动到阳极,燃料气中的 H_2 与 CO_3^{2-} 在阳极发生反应,生成了 CO_2、H_2O 和电子。电子被集流板收集起来,然后到达隔板。隔板位于单体燃料电池的上部和下部,并和负载设备相连,从而构成了包括电子传输和离子移动在内的完整的回路。

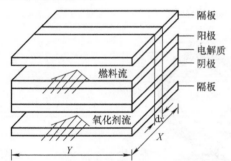

图 1-17 单体熔融碳酸盐燃料电池结构示意图

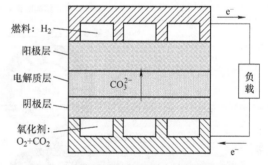

图 1-18 熔融碳酸盐燃料电池的工作原理

阳极电化学反应如下:

$$H_2 + CO_3^{2-} \rightarrow H_2O + CO_2 + 2e^-$$

阴极电化学反应如下:

$$2CO_2 + O_2 + 4e^- \rightarrow 2CO_3^{2-}$$

总的电化学反应如下:

$$2H_2 + O_2 + 2CO_2 \rightarrow 2H_2O + 2CO_2$$

(3) 熔融碳酸盐燃料电池的特点

熔融碳酸盐燃料电池是一种高温电池(600~700℃),具有效率高(高于40%)、噪声低、无污染、燃料多样化(氢气、煤气、天然气和生物燃料等)、余热利用价值高和电池的构造材料价廉等诸多优点,是新一代的绿色电站。

8. 固体氧化物燃料电池

固体氧化物燃料电池(Solid Oxide Fuel Cell,SOFC)属于第三代燃料电池,是一种在中高温下直接将储存在燃料和氧化剂中的化学能高效、环境友好地转化成电能的全固态化学发电装置。固体氧化物燃料电池被普遍认为是在未来会与质子交换膜燃料电池一样得到广泛普及应用的一种燃料电池。

（1）固体氧化物燃料电池的结构

单体固体氧化物燃料电池主要由电解质、阳极或燃料极、阴极或空气极和连接体或双极板组成，图1-19a所示为单体管式结构固体氧化物燃料电池，图1-19b所示是单体之间的连接。

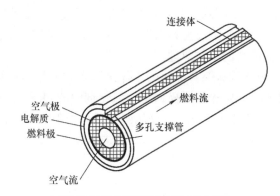

a) 单体管式结构固体氧化物燃料电池的结构

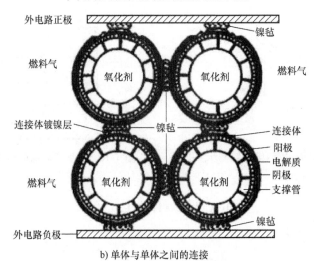

b) 单体与单体之间的连接

图1-19 固体氧化物燃料电池的结构

（2）固体氧化物燃料电池的工作原理

在固体氧化物燃料电池工作时，电子由阳极经外电路流向阴极，氧离子经电解质由阴极流向阳极。图1-20所示为固体氧化物燃料电池的工作原理。

在阴极发生氧化剂（氧或空气）的电还原反应，即氧分子得到电子被还原为氧离子。

氧离子（O^{2-}）在电解质隔膜两侧电位差与浓度差驱动力的作用下，通过电解质隔膜中的氧空位，定向跃迁到阳极侧。

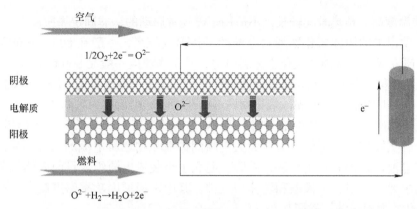

图 1-20　固体氧化物燃料电池的工作原理

在阳极发生燃料（氢或富氢气体）的电氧化反应，即燃料（如氢）与经电解质传递过来的氧离子进行氧化反应生成水，同时向外电路释放电子，电子通过外电路到达阴极形成直流电。

分别用 H_2、CO、CH_4 做燃料时，阳极反应如下：

$$H_2+O^{2-} \rightarrow H_2O+2e^-$$

$$CO+O^{2-} \rightarrow CO_2+2e^-$$

$$CH_4+4O^{2-} \rightarrow 2H_2O+CO_2+8e^-$$

以 H_2 为例，电池的总反应如下：

$$2H_2+O_2 \rightarrow 2H_2O$$

（3）固体氧化物燃料电池的特点

1）除具备燃料电池高效、清洁、环境友好的共性外，固体氧化物燃料电池还具有以下优点。

① 固体氧化物燃料电池是全固态的电池结构，不存在电解质渗漏问题，可实现长寿命运行。

② 对燃料的适应性强，可直接用天然气、煤气和其他碳氢化合物作为燃料。

③ 固体氧化物燃料电池直接将化学能转化为电能，不通过热机过程，因此不受卡诺循环的限制。它发电效率高，能量密度大，能量转换效率高。

④ 工作温度高，电极反应速度快，不需要使用贵金属做电催化剂。

⑤ 可使用高温进行内部燃料重整，使系统优化。

⑥ 低排放，低噪声。

⑦ 废热的再利用价值高。

⑧ 陶瓷电解质要求中高温运行（600~1000℃），加快了电池的化学反应，还可以实现多种碳氢燃料气体的内部还原，简化了设备。

2）固体氧化物燃料电池的缺点如下。

① 氧化物电解质材料为陶瓷材料，质脆易裂，电池堆组装较困难。

② 高温热应力作用会引起电池龟裂，因此主要部件的热膨胀率应严格匹配。

③ 存在自由能损失。

④ 工作温度高,预热时间较长,不适用于需经常启动的、非固定场所。

早期开发出来的固体氧化物燃料电池的工作温度较高,一般在 800～1000℃。目前技术人员已经研发成功中温固体氧化物燃料电池,其工作温度一般在 800℃ 左右。一些国家的技术人员也正在努力开发低温固体氧化物燃料电池,其工作温度更可以降低至 650～700℃。工作温度的进一步降低,使得固体氧化物燃料电池的实际应用成为可能。

固体氧化物燃料电池单体电池只能产生 1V 左右的电压,功率有限,为了使固体氧化物燃料电池具有实际应用的可能,需要大大提高固体氧化物燃料电池的功率。为此,可以将若干个单体电池以各种方式(串联、并联、混联)组装成电池组。目前固体氧化物燃料电池组的结构主要有管型、平板型和整体型三种,其中平板型因功率密度高和制作成本低而成为固体氧化物燃料电池的发展趋势。

固体氧化物燃料电池的能量密度高、燃料范围广和结构简单等优点是其他燃料电池无法比拟的。随着固体氧化物燃料电池的生产成本和操作温度进一步降低、能量密度进一步增加和启动时间进一步缩短,可以预见,固体氧化物燃料电池在今后的燃料电池汽车发展中有比较广阔的发展前景。

9. 直接甲醇燃料电池

直接甲醇燃料电池(Direct Methanol Fuel Cell,DMFC)属于质子交换膜燃料电池中的一类,它直接使用水溶液以及蒸气甲醇为燃料供给来源,而不需要通过重整器重整甲醇汽油及天然气等再制取氢以供发电。

(1)直接甲醇燃料电池的结构

直接甲醇燃料电池主要由阳极、固体电解质膜和阴极构成。阳极和阴极分别由多孔结构的扩散层和催化剂层组成,通常使用不同疏水性、亲水性的炭黑和聚四氟乙烯作为直接甲醇燃料电池的阳极和阴极材料,如图 1-21 所示。

(2)直接甲醇燃料电池的工作原理

以甲醇为燃料,将甲醇和水混合物送至阳极,在阳极甲醇直接发生电催化氧化反应生成 CO_2,并释放出电子和质子。阴极氧气发生电催化氧化还原反应,与阳极产生的质子反应生成水。电子从阳极经外电路转移至阴极形成直流电,工作温度为 25～135℃。

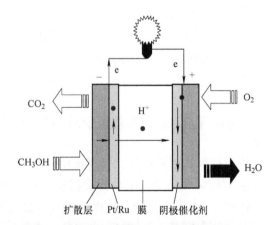

图 1-21 直接甲醇燃料电池的结构与工作原理

阳极和阴极发生的电化学反应如下:

$$CH_3OH+H_2O \rightarrow CO_2+6H^++6e^-$$

$$3O_2+12e^-+6H_2O \rightarrow 12OH^-$$

总的电化学反应如下:

$$CH_3OH+3/2O_2 \rightarrow CO_2+2H_2O$$

(3)直接甲醇燃料电池的特点

直接甲醇燃料电池的突出特点如下：
① 甲醇来源丰富，价格低廉，储存携带方便。
② 与质子交换膜燃料电池相比，其结构更简单，操作更方便。
③ 与质子交换膜燃料电池相比，其体积能量密度更高。
④ 与重整式甲醇燃料电池相比，它没有甲醇重整装置，因此质量更轻，体积更小，响应时间更快。

其缺点是，当甲醇低温转换为氢和二氧化碳时要比常规的质子交换膜燃料电池需要更多的铂催化剂。

直接甲醇燃料电池使用的技术仍处于其发展的早期，但已成功地显示出可以用作移动电话和笔记本电脑的电源，将来可能成为可携带式电子产品应用和交通工具用电源的主流。

10. 微生物燃料电池

微生物燃料电池利用电池的阳极来代替氧或硝酸盐等天然的电子受体，通过电子的不断转移来产生电能。微生物氧化燃料所生成的电子通过细胞膜相关联组分或者通过氧化还原介质传递给阳极，再经过外电路转移到阴极，在阴极区电子将电子受体（如氧）还原，然后与透过质子交换膜转移过来的质子结合生成水。

微生物燃料电池本质上是收获微生物代谢过程中产生的电子并引导电子产生电流的系统。微生物燃料电池的功率输出取决于系统传递电子的数量和速率以及阳极与阴极间的电位差。由于微生物燃料电池并非一个热机系统，避免了卡诺循环的热力学限制，因此，理论上微生物燃料电池是化学能转变为电能最有效的装置，最大效率有可能接近100%。

与其他燃料电池相比，微生物燃料电池在温度（常温）、电极（无须贵金属电极）、燃料（无须纯化）等方面具有优势。虽然单体微生物燃料电池的工作电压只有0.15V左右，但许多个微生物燃料电池堆叠就可产生较高的电压，满足对低电压用电的需求。

目前，研究工作者已在微生物燃料电池设计和提高输出功率方面取得了较大进展，并在降低电极和质子交换膜等材料的成本、设计无介质无膜系统、提高系统运行负荷和运行连续性等方面也取得了可喜的进展。但要实现技术从实验室到工业化应用的转换仍面临不少难题。

微生物燃料电池作为一种可再生清洁能源技术的研究正在国内外迅速兴起，势必将得到不断的推广和应用，为节能减排、治理污染做出重要的贡献。

11. 再生型燃料电池

再生型燃料电池由电解池和燃料电池组成。向日时，太阳能发电并电解水，生成氢气与氧气存储起来；背日时，燃料电池发电，生成水，水可以循环利用，并保持储能基本恒定。再生型燃料电池具有高能量密度和功率密度，使用中无自放电现象以及无放电深度、电池容量的限制。

再生型燃料电池的概念相对较新，但全球有许多研究小组正在从事这方面的工作。这一技术与普通燃料电池的相同之处在于，它也用氢和氧来生成电、热和水。其不同之处是，它还进行逆反应，也就是电解。燃料电池中生成的水再送回以太阳能为动力的电解池中，在那儿分解成氢和氧，然后这些组分再送回燃料电池。这种方法就构成一个封闭的系统，不需要外部生成氢。

美国等发达国家非常重视再生型燃料电池技术的研究开发，已经把再生型燃料电池技术应用于航空航天领域，并将再生型燃料电池技术视为今后"空间可再生能源技术"的重要发展方向之一。德国、日本等国家在再生型燃料电池领域也有一定规模的研究。

目前，再生型燃料电池的商业化开发业已走过一段路程，但仍有许多问题尚待解决，例如成本问题及进一步改进太阳能利用的稳定性等问题。

1.1.4.4 其他类型电池

1. 超级电容器

超级电容器是一种电化学元件，但在其储能的过程中并不发生化学反应，这种储能过程是可逆的，也正因此超级电容器可以反复充放电数十万次。超级电容器可以被视为悬浮在电解质中的两个无反应活性的多孔电极板，在极板上加电，正极板吸引电解质中的负离子，负极板吸引正离子，实际上形成两个容性存储层，被分离开的正离子在负极板附近，负离子在正极板附近。

超级电容器是建立在德国物理学家亥姆霍兹提出的界面双电层理论基础上的一种全新的电容器。众所周知，插入电解质溶液中的金属电极表面与液面两侧会出现符号相反的过剩电荷，从而产生电位差。那么，如果在电解液中同时插入两个电极，并在其间施加一个小于电解质溶液分解电压的电压，这时电解液中的正、负离子在电场的作用下会迅速向两极运动，并分别在两个电极的表面形成紧密的电荷层，即双电层，它所形成的双电层和传统电容器中的电介质在电场作用下产生的极化电荷相似，从而产生电容效应，紧密的双电层近似于平板电容器，但是，由于紧密的电荷层间距比普通电容器电荷层间的距离要小得多，因而具有比普通电容器更大的容量。

（1）超级电容器的结构

单体超级电容器主要由电极、电解质、集电极、隔离膜、连线极柱、密封材料和排气阀等组成。电极材料一般有碳电极材料、金属氧化物及其水合物电极材料、导电聚合物电极材料，要求电极内阻小、电导率高、表面积大、尽量薄；电解质需要有较高导电性（内阻小）和足够电化学稳定性（提高单体电压），电解质材料分为有机类和无机类，或分为液态类和固态类；集电极材料选用导电性能良好的金属和石墨等，如泡沫镍、镍网（箔）、铝箔、钛网（箔）及碳纤维等；隔离膜防止超级电容器相邻两电极短路，保证接触电阻较小，尽量薄，通常使用多孔隔膜。有机电解质通常使用聚合物或纸作为隔膜，水溶液电解质可采用玻璃纤维或陶瓷隔膜。

电极的材料、制造技术、电解质的组成和隔离膜质量对超级电容器的性能有较大影响。图 1-22 所示为车用超级电容器外观。

图 1-22　车用超级电容器外观

（2）超级电容器的分类

超级电容器可以按不同的方式进行分类。

1）按照储能原理分类。按照储能原理分类，超过电容器可分为因电荷分离而产生的双电层电容器、欠电位沉积或吸附电容而产生的法拉第准电容器及双电层与准电容器混合型电容器。

2）按照结构形式分类。按照结构形式分类，超级电容器可分为对称型和非对称型。两电极组成相同并且电极反应相同，但反应方向相反，称为对称型电容器；两电极组成不同或反应不同，称为非对称型电容器。

3）按照电极材料分类。按照电极材料分类，超级电容器分为以活性炭粉末、活性炭纤维、炭气凝胶、纳米炭管、网络结构活性炭为电极材料的超级电容器，以贵金属二氧化钌、氧化镍、氧化锰为电极材料的超级电容器，以及以聚吡咯、聚苯胺、聚对苯等聚合有机物为电极的超级电容器。

4）按照电解质不同分类。按照电解质不同分类，超级电容器有以下三类：水溶液体系超级电容器，这种电容器电导率高，成本低，分解电压低（1.2V）；有机体系超级电容器，这种电容器电导率低，成本高，分解电压高（3.5V）；固体物电解质超级电容器，这种电容器可靠性高，电导率低，无泄漏，高能量密度与薄型化。

（3）超级电容器的特点

1）超级电容器的优点

① 高功率密度。超级电容器的内阻小，输出功率密度高，是一般蓄电池的数十倍。

② 循环寿命长。具有至少十万次以上的充电寿命，没有记忆效应。

③ 充电速度快。可以用大电流给超级电容器充电，充电 10s～10min 可达到其额定容量的 95% 以上。

④ 工作温度范围宽。能在 -40～60℃ 的环境温度中正常工作。

⑤ 简单方便。充放电线路简单，无须充电电池那样的充电电路，安全系数高，长期使用免维护；检测方便，剩余电量可直接读出。

⑥ 绿色环保。超级电容器在生产过程中不使用重金属和其他有害化学物质，因而在生产、使用、储存以及拆解过程中均没有污染，是一种新型的绿色环保电源。

2）超级电容器的缺点

① 线性放电。超级电容器线性放电的特性使它无法完全放电。

② 低能量密度。目前超级电容器可存储的能量比化学电源少得多。

③ 单体电压低。超级电容器单体电压低，需要多个电容串联才能提升整体电压。

④ 高自放电。它的自放电速率比化学电源要高。

（4）超级电容器在新能源汽车上的应用

超级电容器自面市以来，全球需求量快速扩大，已成为化学电源领域内新的产业亮点。超级电容器在新能源汽车、特殊载重汽车、电力、铁路、通信、国防、消费性电子产品等众多领域有着巨大的应用价值和市场潜力，被世界各国广泛关注。

新能源汽车是全球汽车行业重点关注的领域，超级电容器是其重要部件。尽管超级电容器诞生的时间不长，国际上对这项新技术的研究还处于探索阶段，关键性能指标还有待进一步提升，但是我国却在超级电容器公交电车的应用方面领先一步。

2006年8月28日,上海11路超级电容器公交电车,即"上海科技登山行动计划超级电容公交电车示范线"投入运营,在实际应用领域走在了世界前列。如图1-23所示,该车采用上海奥威科技公司开发的具有完全自主知识产权的超级电容器。

图1-23 超级电容器公交电车

运营中的超级电容器客车,整体布局与申沃柴油客车基本相同。该车起步动作迅速有力,满载时最高车速能达到50km/h。该车运行时清洁、经济、方便,在车顶部的可伸缩受电弓可以实现快速升降,与专用充电车站上方的高压馈线碰触就可充电。该车中途充电30s即可,总站充满电时间一般在90s左右。一次充电可行驶3.5~8km。往返一次,充一两次电即可,甚至可以不充电。该车充电电源并非来自原无轨电车上方的触线,而是便道旁的馈线。该车单车实际耗电0.88kW·h/km,比普通无轨电车节能60%,比设计标准节能20%;每百千米收益比普通电车提高70%,经济效益大大高于燃油客车。这种零排放且没有像铅酸蓄电池那样对环境造成二次污染的超级电容器客车,具有广阔的发展前景。

上海11路超级电容器公交电车中超级电容器参数见表1-7。

表1-7 超级电容器公交电车中超级电容器参数

项目	数值	项目	数值	项目	数值
超级电容/F	200	正常工作电压/V	360~600	最高充电电压/V	610
存储能量/W·h	6400	输出功率/kW	5	内阻/mΩ	0.22
站间充电时间/s	30	总站充电时间/s	90	每次充电后连续行驶里程/km	7.9(时速22km)
平均能耗/(kW·h/km)	0.88	比有轨电车节电(%)	60	电容器质量/kg	980
平均能量回收率(%)	20	最大能量回收率(%)	≥40	充电效率(%)	96.54

尽管目前超级电容客车价格比普通公交车高一些,但随着应用范围的逐渐扩大、工艺技术的不断改进、生产成本的日益减少,进入大规模产业化生产阶段后,价格还可以大幅度下降。再者,还可以通过对车重、体积、底盘结构以及各关键部件的匹配进行系统优化,从而进一步降低单车成本。超级电容器汽车必将具有更加广阔远大的市场前景。

2. 飞轮电池

飞轮电池是 20 世纪 90 年代才提出的新概念电池，它突破了化学电池的局限，用物理方法实现储能。众所周知，当飞轮以一定角速度旋转时，它就具有一定的动能，飞轮电池正是以其动能转换成电能的。

飞轮电池储能的关键在于降低机械能的损失，这部分能量的损失主要由空气摩擦阻力和旋转摩擦阻力两部分组成。根据降低空气摩擦阻力方式的不同，可以将飞轮电池分为高速飞轮电池和低速飞轮电池。其中，低速飞轮电池通过增加飞轮质量来降低空气摩擦所带来的影响，而高速飞轮电池则通过降低飞轮工作环境的空气压力来降低空气摩擦阻力。此类电池的飞轮受益于新型高强度复合材料的使用而具有重量轻和高转速的特点，其理想工作环境为真空环境，由于技术限制，通常只是将空气摩擦阻力降低至可以接受的程度。为了减小高速旋转时所产生的旋转摩擦阻力，飞轮电池系统通常通过两个磁悬浮轴承的非接触式支承被固定在真空空间内。而高速飞轮电池体积小，适合车载使用。

（1）飞轮电池的结构与原理

飞轮电池系统由飞轮、电动机、发电机和输入、输出电子装置共同组成，如图 1-24 所示。

图 1-24 飞轮电池系统组成示意图

飞轮电池结构如图 1-25 所示。它主要由飞轮、轴、轴承、电动机/发电机、真空容器和电力电子变换器等部件组成。飞轮是整个电池装置的核心部件，它直接决定了整个装置的储能多少。电力电子变换器通常是由场效应晶体管和绝缘栅极场效应晶体管（Insulated Gate Bipolar Transistor，IGBT）组成的双向逆变器，它们决定了飞轮装置能量输入输出量的大小。

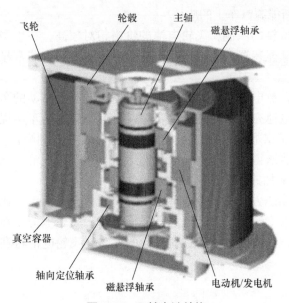

图 1-25 飞轮电池结构

飞轮储能电池系统包括三个核心部分：飞轮、电动机/发电机和电力电子变换装置。电力电子变换装置从外部输入电能驱动电动机旋转，电动机带动飞轮旋转，飞轮储存动能（机械能），当外部负载需要能量时，用飞轮带动发电机旋转，将动能转化为电能，再通过电力电子变换装置变成负载所需要的各种频率、电压等级的电能，以满足不同的需求。由于输入、输出是彼此独立的，设计时常将电动机和发电机用一台电机来实现，输入、输出变换器也合并成一个，这可以大大减小系统的体积和重量。飞轮的转速最高可达40000～50000r/min，一般金属制成的飞轮无法承受这样高的转速，因此飞轮一般采用碳纤维制成，既轻，强度又大，从而进一步减小了整个系统的重量；同时，为了减少充放电过程中的能量损失，电机和飞轮都使用磁轴承，使其悬浮，以减少机械摩擦；另外，将飞轮和电机放置在真空容器中，以减少空气摩擦。这样飞轮电池的净效率（输出/输入）达95%左右。

飞轮电池能量密度可达150W·h/kg，功率密度达5～10kW/kg，使用寿命长达25年，可供电动汽车行驶500万km。美国飞轮系统公司已用最新研制的飞轮电池成功地把一辆克莱斯勒LHS轿车改成电动轿车，一次充电可行驶600km，由静止到96km/h加速时间为6.5s。

（2）飞轮电池的优点

飞轮电池兼顾化学电池和燃料电池等储能装置的诸多优点：

1）能量密度高。

2）能量转换效率高：工作效率高达90%。

3）体积小、重量轻：飞轮直径超过20mm，总重量约十几千克。

4）工作温度范围宽：对环境温度没有严格要求。

5）使用寿命长：不受重复深度放电影响，能够循环运行几百万次。

6）低损耗、低维护：磁悬浮轴承和真空环境使飞轮电池的机械损耗可以被忽略，系统维护周期长。

（3）飞轮电池在新能源汽车上的应用

由于技术和材料价格的限制，飞轮电池的价格相对较高，在小型场合还无法体现其优势。但在一些需大型储能装置的场合，使用化学电池的价格也非常昂贵，飞轮电池已得到逐步应用。

飞轮电池充电快，放电完全，非常适合应用于混合能量驱动的车辆中。车辆在正常行驶和制动时，给飞轮电池充电；在加速或爬坡时，飞轮电池给车辆提供动力，保证车辆运行在一种平稳、最优状态下的转速，可减少燃料消耗、空气和噪声污染及发动机的维护，延长发动机的寿命。美国得克萨斯大学已研制出汽车用飞轮电池，电池在车辆需要时，可提供150kW的能量，能加速满载车辆到100km/h。

作为一种新兴的储能方式，飞轮电池所拥有传统化学电池无法比拟的优点已被人们广泛认同，它非常符合未来储能技术的发展方向。目前，飞轮电池正在向小型化、低廉化的方向发展。可以预见，伴随着技术和材料科学的进步，飞轮电池将在未来的各行各业中发挥重要的作用。

【实践技能】

1.1.5 新能源汽车高压安全认知

1.1.5.1 新能源汽车高压系统及高压低压标准

具有高压系统是新能源汽车与传统燃油汽车的最大区别之一。新能源汽车电压等级高达几百伏，如北汽 EV200 纯电动汽车的动力蓄电池额定电压为 332V，特斯拉国产 Model 3 动力蓄电池额定电压为 355.2V；丰田普锐斯混合动力汽车的动力蓄电池额定电压为 201.6V，比亚迪秦插电式混合动力汽车的动力蓄电池额定电压为 501.6V。如此高的电压，在带电作业时如果防护不当，将会引起触电事故。

对此，在 GB/T 18384.3—2015《电动汽车 安全要求 第 3 部分：人员触电防护》中，根据最大工作电压，对电气元件或电路分为表 1-8 所示等级。A 级为低压，不要求提供触电防护；B 级为高压，对于任何 B 级电压电路的带电部件，都应提供危险接触的防护。

表 1-8 电路的电压等级

电压等级	最大工作电压 /V	
	直流	交流
A	$0 < U \leq 60$	$0 < U \leq 30$
B	$60 < U \leq 1500$	$30 < U \leq 1000$

在车辆上，高压系统线束和插头均为橙色，主要起警示作用。图 1-26 所示为北汽 EV200 纯电动汽车的整车高压系统，主要有动力蓄电池、车载充电机、高压控制盒（HCU）、DC/DC 变换器、电机控制器、驱动电机、电动空调压缩机、空调 PTC 等高压部件及高压线束等。上述所有电器部件和线束，工作电压均高于直流电压（60V）和交流电压（30V），在带电作业时必须采取防护措施。

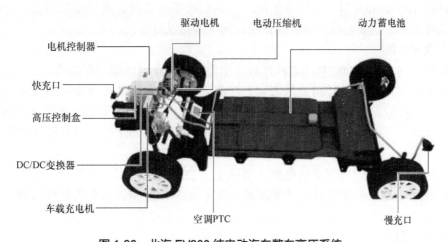

图 1-26 北汽 EV200 纯电动汽车整车高压系统

1.1.5.2　高压危害

1. 触电

如果新能源汽车的用户和维修人员对高压系统缺乏了解，在对车辆进行清洗或维护保养时很可能会因操作不当触电，对人员造成伤害甚至死亡。

所谓触电，是指人体触及带电体时，电流对人体所造成的伤害。

2. 伤害

高电压之所以危险，是因为人体的肌肉、皮肤以及血管中的血液都可以导电，当高电压加载到人体后，在人体内会形成电流。触电电流对人体的伤害是多方面的。根据伤害的性质不同，触电可分为电伤和电击两种。

电伤是指由于电流的热效应、化学效应和机械效应对人体的外表造成的局部伤害，如电灼伤、电烙印和皮肤金属化等。

电击是指电流流过人体内部造成人体内部器官伤害。

3. 电击致死的原因

电击致人死亡的原因有三方面，分别为流过心脏的电流过大、持续时间过长引起心室纤维性颤动而致死，电流作用使人窒息而死亡，以及电流作用使心脏停止跳动而死亡。

4. 流过人体电流的种类

通过人体的电流所引发的后果取决于接触位置电压的强度、流动的电流强度、电流的持续时间、电流的路径和电流的频率。通过人体的电流有以下几种。

（1）感知电流

感知电流指电流流过人体时可引起感觉的最小电流。感知电流最小值称为感知阈值。

感知电流成年男性为 1.1mA，成年女性约为 0.7mA。当 0.1～0.5mA 时，对人无影响；当 0.5～2mA 时，人体能感觉到电流；当 3～5mA 时，开始有痛感。

（2）摆脱电流

摆脱电流指人在触电后能够自行摆脱带电体的最大电流。

摆脱电流成年男性平均摆脱电流约为 16mA，成年女性平均摆脱电流约为 10.5mA，儿童的摆脱电流更小。

电流在 10～20mA 时，人体开始麻木，达到松手极限值。达到摆脱阈值，会触发身体挛缩，这时人无法摆脱电源，电流的作用时间会因此显著延长。

（3）致命电流

在短时间内危及生命的最小电流即致命电流，其最小电流即致命阈值。

致命电流与电流持续时间关系密切。当电流持续时间超过心动周期约 0.8s 时，致命电流仅为 50mA 左右。当电流持续时间短于心动周期时，致命电流为数百毫安。当电流持续时间小于 0.1s 时，只有电击发生在心脏易损期，500mA 以上乃至数安培电流才能够引起心室颤动。

交流电压引发人体内的交流电流，而该电流会触发肌肉和心脏颤动。交流电压的频率越低，其危险性越大。交流电会非常早地引发心室纤维颤动，如不能及时救治，就会有生命危险。

5. 人体电阻

人体阻抗不是纯电阻，主要由人体电阻决定。人体电阻也不是一个固定的数值。一般认为干燥的皮肤在低电压下具有相当高的电阻,约100kΩ。当电压在500~1000V时,人体电阻便下降为1000Ω。人体表皮具有这样高的电阻是因为它没有毛细血管。手指某些部位的皮肤还有角质层,角质层的电阻值更高,而不经常摩擦部位的皮肤的电阻值是最小的。皮肤电阻还同人体与带电体的接触面积及压力有关。当表皮受损暴露出真皮时,人体内因布满了输送盐溶液的血管而具有很低的电阻。

人体电阻的大小是影响触电后人体受到伤害程度的重要物理因素。人体电阻由体内电阻和皮肤组成,体内电阻基本稳定,约为500Ω。接触电压为220V时,人体电阻的平均值为1900Ω;接触电压为380V时,人体电阻降为1200Ω。经过对大量实验数据的分析研究确定,人体电阻的平均值一般为2000Ω左右,而在计算和分析时,通常取下限值1700Ω。表1-9为人体电阻在不同情况和不同电压下的阻值。

表1-9 人体电阻在不同情况和不同电压下的阻值

施加于人体电压/V	人体电阻/Ω			
	皮肤干燥	皮肤潮湿	皮肤湿润	皮肤浸入水中
10	7000	3500	1200	600
25	5000	2500	1000	500
50	4000	2000	875	440
100	3000	1500	770	375
250	1500	1000	650	325

1.1.5.3 个人防护用具

对新能源汽车进行维修作业时,必须按照厂家维修手册的要求进行。为防止作业时人的身体触碰到高压电,维修新能源汽车时需要穿戴个人防护用具。新能源汽车常用的个人高压防护用具包括绝缘手套、绝缘鞋、绝缘服、防护眼镜、绝缘帽等,如图1-27所示。电气作业时应使用绝缘胶布覆盖所有的高压电线或端子。在新能源汽车维修开关(又叫维修塞)被拔出后,应使用绝缘胶布包住维修开关槽。

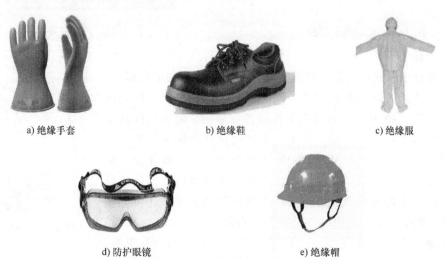

a) 绝缘手套   b) 绝缘鞋   c) 绝缘服

d) 防护眼镜   e) 绝缘帽

图1-27 高压防护用具

在进行任何有关高压组件或线路的操作时，需要使用橡胶制成的绝缘手套，绝缘手套可防止双手触碰到高压电，这些手套通常被认为是电工手套。按照国家标准 GB/T 17622—2008《带电作业用绝缘手套》规定，绝缘手套电压等级共分 5 级，0 级绝缘手套的适用电压为 380V，1 级绝缘手套的适用电压为 3000V，2 级绝缘手套的适用电压为 10000V，3 级绝缘手套的适用电压为 20000V，4 级绝缘手套的适用电压为 35000V。新能源汽车用绝缘手套耐压等级在 1 级以上，绝缘手套使用时要先进行测漏检查。防护眼镜可防止腐蚀液体或电弧伤害眼睛。绝缘鞋可防止高压电通过大地与人体形成导电回路，主要适用于高压电力设备方面电工作业时作为辅助安全用具，在 1kV 以下可作为基本安全用具。绝缘帽可以防止头部触碰到高压电。绝缘服可以防止身体触碰到高压电。

1.1.5.4 车间防护设备

新能源汽车常用的车间防护设备主要有防静电工作台、绝缘胶垫、灭火器、隔离带及车间警示标志等。

1. 防静电工作台

防静电工作台如图 1-28 所示，在对新能源汽车电力电子部件或总成进行检测时，防静电工作台可防止静电击穿电力电子元器件。

2. 绝缘胶垫

绝缘胶垫又称绝缘垫、绝缘胶皮等，如图 1-29 所示。绝缘胶垫具有较大体积电阻率，耐电击穿，用于配电等工作场合的台面或铺地的绝缘材料，能起到较好的绝缘效果。

图 1-28　防静电工作台

图 1-29　绝缘胶垫

3. 灭火器

灭火器有干粉式灭火器、泡沫式灭火器及二氧化碳灭火器等。干粉灭火器使用方便、有效期长，一般家庭使用的灭火器都是这种类型，如图 1-30 所示，它适用于扑救各种易燃、可燃液体和易燃、可燃气体火灾及电气设备火灾。泡沫灭火器适用于扑救各种油类火灾和木材、纤维、橡胶等固体可燃物火灾。二氧化碳灭火器灭火性能高、毒性低、腐蚀性小，灭火后不留痕迹，使用比较方便，它适用于各种易燃、可燃液体和可燃气体火灾，还可扑救仪器仪表、图书档案和低压电气设备引起的火灾。

图 1-30　干粉灭火器

新能源汽车火灾是指纯电动汽车、插电式混合动力汽车等，由于发生交通事故、自身设备故障或引燃等原因，导致车辆起火，造成人员伤亡和财产损失的灾害。当新能源汽车发生火灾时，应及时报警并根据现场情况帮助救助被困人员。如果火势处于初期起火阶段，且有被困人员，可使用干粉灭火器对火势进行压制；当无被困人员时，可使用干粉灭火器或二氧化碳灭火器对火势进行压制。

4. 隔离带

隔离带是将车辆高压电气系统的作业场地隔离，防止其他人员随意进入，起到隔离和警示作用，如图 1-31 所示。

5. 车间警示标志

车间警示标志如图 1-32 所示，提醒人员电气设备高压危险。

图 1-31　隔离带

图 1-32　警示标志

1.1.5.5　常用仪器、工具和设备

1. 数字绝缘万用表

数字绝缘万用表是一种由电池供电的测量绝缘电阻的仪器，同时也具有测量电流、电压、电阻及测试电路的通断和二极管测试等功能，如图 1-33 所示。

绝缘电阻主要用来检查电气设备、家用电器或电气线路对地及相间的绝缘电阻，以保证这些设备、电器和线路在正常工作状态，避免发生触电伤亡及设备损坏等事故。在新能源汽车检测中，常用绝缘万用表检查高压系统、高压电缆及线束的绝缘情况。

2. 数字钳形电流表

数字钳形电流表是一种用于测量正在运行的电气线路电流大小的仪表，可在不断电的情况下测量电流，是专门测量大电流的电工仪器。数字钳形电流表分为直流钳形电流表、交流钳形电流表和交直流钳形电流表三种。图 1-34 所示为交直流钳形电流表，该表可进行交直流电压和电流测量。

图 1-33　数字绝缘万用表　　　　　　图 1-34　数字钳形电流表

3. 示波器

示波器是一种用途十分广泛的电子测量仪器，功能是显示电信号的波形，便于人们对各种电信号的变化过程进行研究。示波器有单通道示波器和双通道示波器等。图 1-35 所示为便携式示波器。

4. 红外测温仪

红外测温仪如图 1-36 所示，是一种非接触式测温仪，在新能源汽车动力系统、制动系统等场合广泛使用。

图 1-35　便携式示波器

图 1-36　红外测温仪

5. 蓄电池内阻测试仪

蓄电池内阻测试仪能够精确测量蓄电池两端的电压和内阻，并以此来判断蓄电池容量和技术状态。在新能源汽车中，可以使用蓄电池内阻测试仪准确测量蓄电池健康状态和荷电状态以及连接电阻，能够精确有效地判断容量过低的电池。蓄电池内阻测试仪如图 1-37 所示。

6. 放电工装

放电工装如图 1-38 所示，适用于 800V 以下的电压，常用于新能源汽车高压总成部件的电容放电。高压电容放电时不分正负极，只要接触好电容两极即可。

图 1-37　蓄电池内阻测试仪

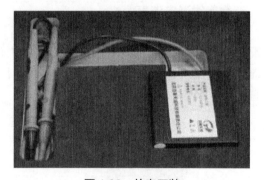

图 1-38　放电工装

7. 测电笔

测电笔能够简单、方便、快捷地测量交直流电压，图 1-39 所示为防水型测电笔。

8. 绝缘工具

由于新能源汽车上的电压等级与传统燃油车不同，在进行新能源汽车维修作业时，需要用满足绝缘等级要求的新能源汽车专用工具，如图 1-40 所示。

学习情境 1 新能源汽车动力蓄电池结构原理与检修

图 1-39 防水型测电笔

图 1-40 新能源汽车专用绝缘工具

（1）绝缘工具定义

绝缘工具是指可在额定电压 1000V（交流电压）和 1500V（直流电压）的带电和近电工件或器件上进行维修作业的手工工具。

（2）使用注意事项

1）绝缘工具应避免高温烘烤，以防手柄或绝缘层变形。

2）在使用或存放时应避免利器割裂绝缘层。

3）在佩戴绝缘手套时，先戴一副线手套用以吸附手上的汗。

4）避免绝缘工具接触油类或溶剂类液体。

5）绝缘工具应定期进行耐压试验。

1.1.5.6 新能源汽车维修安全作业

1. 新能源汽车维修操作安全规程

对新能源汽车高压系统进行检修，仅允许具备足够资质（图 1-41 所示是由国家安全监督管理总局颁发的特种作业操作证）和知识的人员对车辆高压电气系统进行操作。根据 DIN VDE 0105（德国电气工程师协会制定的标准并被德国认定为国家标准）制定的高压装置安全操作规程，新能源汽车维修作业安全操作一般遵循以下三点安全规程。

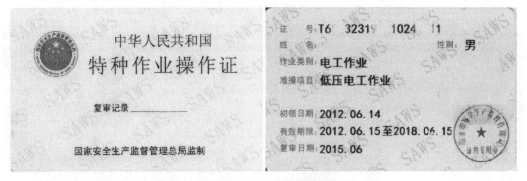
图 1-41 特种作业操作证

1）下电：断开来自高压系统的电压。

2）严防设备重新合闸：防止再次接通。

3）验电：确保高压系统下电。

因此，对新能源汽车进行维修作业前，先对车辆进行下电操作。不同车型下电步骤可能有所不同。

2. 纯电动汽车高压下电流程

（1）作业前准备

作业前场地准备如图1-42所示。

图1-42　作业前场地准备工作

1）检查场地，确认举升机能否正常工作，检查举升臂是否水平对齐，确认是否符合作业环境。

2）设置警戒线，悬挂警示牌，检查绝缘胶垫绝缘情况是否正常（使用绝缘万用表测量绝缘胶垫五点的绝缘电阻）。

3）检查自身，确认没有佩戴金属饰品、钥匙及硬币等。

4）清点绝缘工具，检查仪表设备的功能情况。

5）设置一名监护人。

（2）切断低压电源

1）安装座套、脚垫、护垫（俗称"三件套"）。

2）拔下车钥匙，将其放置在安全位置，如图1-43所示。

3）打开发动机舱，安装翼子板布和前格栅布。

4）断开低压蓄电池负极端子，并对负极桩做绝缘处理，如图1-44所示。

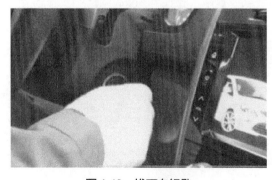

图1-43　拔下车钥匙

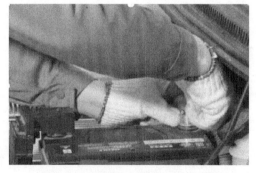

图1-44　断开低压蓄电池负极端子

（3）拆除附件

1）拆除后排座椅，如图1-45所示。

2）掀起地垫，如图1-46所示。

图 1-45　拆除后排座椅

图 1-46　掀起地垫

（4）穿戴绝缘防护工装

1）检查绝缘鞋（图 1-47），如无破损情况，穿上绝缘鞋。

2）检查防护眼镜（图 1-48），如无破损情况，佩戴防护眼镜。

图 1-47　检查绝缘鞋

图 1-48　检查防护眼镜

3）检查绝缘帽（图 1-49），如无破损情况，佩戴绝缘帽。

4）检查绝缘手套（1000V 以上），并检查有无漏气破损情况，如图 1-50 所示，如情况正常，佩戴绝缘手套。

（5）拆卸维修开关

1）拆除维修开关盖板，如图 1-51 所示。

2）拔下维修开关，如图 1-52 所示，盖上维修开关盖板，并将维修开关放置在安全位置。

图 1-49　检查绝缘帽

图 1-50　检查绝缘手套

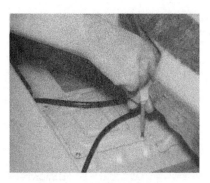

图 1-51 拆除维修开关盖板

图 1-52 拔下维修开关

3）有些车辆例如比亚迪 E5、北汽纯电动汽车 EV300 等车型没有安装维修开关，可以拔下高压配电盒（Power Distribution Unit，PDU）的低压控制插接件，如图 1-53 所示。

（6）拔下动力蓄电池高低压线束插接器

1）举升车辆。

2）拔下低压线束插接器，如图 1-54 所示，逆时针旋转低压航空插头即可。

图 1-53 PDU 的低压控制插接件

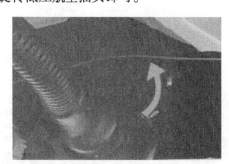

图 1-54 拔下低压线束插接器

3）水平向外拔出蓝色锁销，解除第一道锁（锁1）；垂直按下"PRESS"标识的同时水平向外拔出棕色锁套，解除第二道锁（锁2）；垂直向上顶起锁扣的同时水平向外拔出高压插接件，解除第三道锁（锁3），如图 1-55 所示，拔出高压电缆。

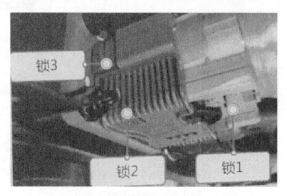

图 1-55 高压电缆插接器三道锁止机构

（7）放电及检查剩余电荷

1）将电压表调到直流 1000V 档。

2）测量动力蓄电池电缆端高压正负极插接器电压，进行验电，如图 1-56 所示。

3）如果电压为零，则确认放电完成；如果电压不为零，则用放电工装连接在高压电缆端的高压正负极插接器之间进行放电，如图 1-57 所示。

4）用绝缘胶布封住插接器两端插口。

5）降下车辆。

下电后可进行相应的不带电作业。

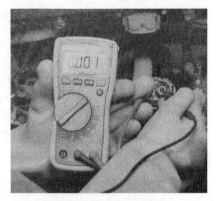

图 1-56　高压电缆验电

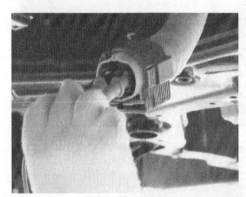 

图 1-57　用放电工装放电

3. 混合动力汽车高压下电流程

下面以丰田卡罗拉双擎为例，介绍对混合动力汽车进行维修时规范的下电流程。

1）关闭车钥匙，将钥匙放置在安全处。如图 1-58 所示，关闭车钥匙，将智能钥匙放入口袋或储物箱内。

图 1-58　关闭车钥匙，将钥匙放在安全位置

2）打开行李舱，拆下电源系统的外罩，如图 1-59 所示，检查安全工装后，穿戴整齐。

3）断开辅助蓄电池负极端子，如图 1-60 所示，用胶带缠上负极接线柱，负极电缆远离负极接线柱。

图 1-59 拆卸电源系统外罩

图 1-60 断开辅助蓄电池负极端子

4）拆下维修开关外盖，取下维修开关并放在安全位置，如图 1-61 所示。

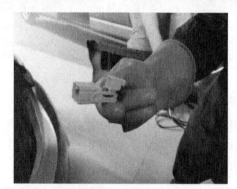
图 1-61 拆卸维修开关

5）验电。验电流程如下。

① 等待 5min 以上，断开逆变器总成低压线束，如图 1-62 所示。

图 1-62 断开逆变器总成低压线束

② 拆下测量端子的外盖，如图 1-63 所示。

图 1-63　拆下测量端子的外盖

③ 用万用表测量端子，电压应为 0V，如图 1-64 所示。

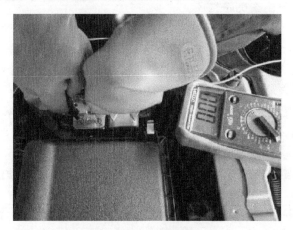

图 1-64　万用表验电

下电后可进行相应的不带电作业。

情境小结

1. 电池主要分为化学电池、物理电池和生物电池三大类。化学电池可以分为原电池、蓄电池、燃料电池和储备电池。物理电池主要有太阳能电池、超级电容器、飞轮电池等。生物电池主要有微生物电池、酶电池、生物太阳能电池等。对于新能源汽车，纯电动汽车主要使用锂离子蓄电池，插电式混合动力汽车主要使用锂离子蓄电池和镍氢蓄电池。

2. 电池的性能指标主要有电压、容量、荷电状态、内阻、能量、功率、充电效率、放电深度、自放电、放电倍率、记忆效应及使用寿命等。

3. 镍氢蓄电池主要由正极、负极、隔膜、电解液等组成。它属于碱性电池，是具有高能量、长寿命、无记忆效应、无污染的绿色电池。单体镍氢蓄电池额定电压为 1.2V，循环寿命长，工作温度范围宽。目前镍氢蓄电池主要应用于丰田生产的第三代普锐斯、一汽丰田卡罗拉双擎及广汽丰田雷凌、凯美瑞双擎等混合动力汽车上。

4. 锂离子蓄电池由正极、负极、隔膜、电解液、安全阀和壳体等组成。按照锂离子蓄电池正极材料不同，新能源汽车用锂离子蓄电池主要分为钴酸锂蓄电池、锰酸锂蓄电池、三元锂蓄电池、磷酸铁锂蓄电池。

5. 锂离子蓄电池的工作原理是，通过锂离子在晶状物质的晶格中嵌入和脱出发生能量变化。在整个反应过程中，电解液不参与反应，只起到锂离子迁移载体的作用。特斯拉主要使用钴酸锂蓄电池，早期的日产聆风主要使用锰酸锂蓄电池，北汽新能源汽车、奇瑞eQ纯电动汽车、江淮IEV系列等主要使用三元锂蓄电池，比亚迪新能源汽车主要使用磷酸铁锂蓄电池。

6. 燃料电池是一种化学电池，它直接把物质发生化学反应时释放出的能量变换为电能，工作时需要连续向其供给活性物质。

7. 按照电解质种类的不同，燃料电池可分为质子交换膜燃料电池、碱性燃料电池、磷酸燃料电池、熔融碳酸盐燃料电池、固体氧化物燃料电池、直接甲醇燃料电池及再生型燃料电池等。目前燃料电池电动汽车主要使用质子交换膜燃料电池。

8. 燃料电池系统主要由燃料供应系统、氧化剂系统、发电系统、水管理系统、热管理系统、电力系统及控制系统等组成。

9. 燃料电池由电解质、催化剂层、扩散层、集流板（又称双极板）等组成。工作原理相当于水电解的逆装置，外界不断向阳极供给氢气，向阴极供给氧气，在催化剂的作用下，在阳极上氢原子中的电子被分离出来，在阴极吸引下，在外电路形成电流，失去电子的氢离子在阴极与氧及电子结合生成水。

10. 超级电容器是利用双电层原理制成的大容量电容。超级电容器具有充电速度快、使用寿命长、免维护、经济环保等优点。它主要由电极、电解质、集电极、隔离膜等组成。

11. 飞轮电池是当飞轮以一定角速度旋转时，它就具有一定的动能，飞轮电池正是以其动能转换成电能的。其结构组成主要有飞轮、电动机/发电机和输入/输出电子装置等。

12. 个人高压防护用具包括绝缘帽、护目镜、绝缘服、绝缘鞋和绝缘手套等。各项用具使用前均须检查其绝缘性能。

13. 新能源汽车常用检测仪器设备主要有绝缘万用表、示波器、放电工装和红外线测温仪等。绝缘万用表测量绝缘电阻时，测试表笔输出高压电，因此进行绝缘测试时需要佩戴绝缘手套。

14. 对新能源汽车进行不带电作业前，先对车辆进行高压下电操作。不同车型高压下电流程可能有所不同，高压下电前一定要详细阅读维修手册。

学习情境 1 新能源汽车动力蓄电池结构原理与检修

维修工单 1.1

任务名称	1.1 高压下电流程		时间		班级	
学生姓名			学生学号		成绩	
实训设备	纯电动汽车 2 辆、高压零部件 2 套、举升机 2 台、绝缘工具 2 套、防护用具 2 套、车间安全防护用具 2 套、工具车和绝缘工具 2 套、检测仪器（绝缘万用表、放电工装等）2 套			实训场地		日期	
任务描述	一客户进某纯电动汽车 4S 店进行车辆维修，经过故障诊断后，师傅让徒工先对动力蓄电池进行高压下电，你知道应该如何安全规范地进行纯电动汽车高压下电吗？						
任务目的	按照纯电动汽车维修作业安全规定及车辆维修手册要求，制订出电动汽车高压下电工作计划，按照正确规范的要求完成高压下电操作。						

一、作业前现场环境检查
1. 检查绝缘胶垫
绝缘胶垫外观检查：□无破损　□轻微破损　□严重破损
　　　　　　　　　□无脏污　□轻微脏污　□严重脏污
左上角绝缘电阻_____、左下角绝缘电阻_____、右上角绝缘电阻_____、
右下角绝缘电阻_____、中间位置绝缘电阻_____。
2. 设置隔离带
距离车辆前方_____m；后方_____m；距离车辆左侧_____m；右侧_____m。
3. 悬挂警示牌
警示牌名称：_____。
二、个人防护用具检查
1. 绝缘手套
　　外观检查：□良好　□破裂　绝缘级别：_____级
　　气密性检查：□良好　□漏气
　　最高使用电压：_____V（直流）_____V（交流）
2. 绝缘鞋
　　外观检查：□良好　□破裂
　　验证电压：_____kV
3. 绝缘帽
　　外观检查：□良好　□破裂
4. 护目镜
　　外观检查：□良好　□破裂
三、工具检查与准备
准备工具名称：_____、_____、_____。
四、高压下电流程
1. 车钥匙位置：□START　□ON　□ACC　□LOCK
2. 车钥匙存放位置：□维修柜　□实操人员保管
3. _____。
4. _____，维修开关存放位置：□维修柜　□实操人员保管
5. 检查龙门式举升机，确认举升装置无误后平稳举升车辆。
6. 先断开_____，后断开_____。
7. 验电
第一次电压值测量，负载侧：_____V　　电源侧：_____V
若有电，_____
第二次电压值测量，负载侧：_____V

自我评价	组长评价	教师评价	总分

课后习题

一、选择题

1. 我国纯电动汽车主要使用以下哪种动力蓄电池（　　）。
   A. 铅酸蓄电池　　B. 镍氢蓄电池　　C. 锂离子蓄电池　　D. 燃料电池
2. 下列说法正确的是（　　）。
   A. 柴油汽车、燃气汽车、太阳能汽车是我国要发展的新能源汽车。
   B. 纯电动汽车、插电式混合动力汽车、燃料电池电动汽车是我国要发展的新能源汽车。
   C. 纯电动汽车、混合动力汽车、燃料电池电动汽车是我国要发展的新能源汽车。
   D. 柴油汽车、乙醇汽车、太阳能汽车是我国要发展的新能源汽车。
3. 下面哪个电池的性能指标是用来衡量纯电动汽车动力性能的（　　）。
   A. 功率密度　　B. 能量密度　　C. 充电效率　　D. 放电倍率
4. 下面哪个电池的性能指标是用来衡量纯电动汽车续驶里程的（　　）。
   A. 功率密度　　B. 能量密度　　C. 充电效率　　D. 放电倍率
5. 比亚迪新能源汽车主要使用以下哪种锂离子蓄电池（　　）。
   A. 钴酸锂蓄电池　　B. 锰酸锂蓄电池　　C. 三元锂蓄电池　　D. 磷酸铁锂蓄电池
6. 下列关于锂离子蓄电池说法正确的是（　　）。
   A. 锂离子蓄电池的电解液是酸性物质。
   B. 锂离子蓄电池放电是正负极板上的化学物质与电解液发生化学反应，产生电子和离子的运动。
   C. 锂离子蓄电池充放电时电解液不发生化学反应，只是锂离子迁移的载体。
   D. 锂离子蓄电池在极低的温度下仍然能够正常充放电，这是纯电动汽车广泛采用其作为动力蓄电池的主要原因之一。
7. 目前燃料电池电动汽车主要应用哪种类型的燃料电池（　　）。
   A. 质子交换膜燃料电池　　　　　　B. 碱性燃料电池
   C. 磷酸燃料电池　　　　　　　　　D. 熔融碳酸盐燃料电池
8. 燃料电池电动汽车主要产生的尾气排放物质是（　　）。
   A. 水　　B. 二氧化碳　　C. 碳氢化合物　　D. 氧气
9. 维修新能源汽车时，修理工必须具备（　　）颁发的低压电工职业资格证。
   A. 人事部　　B. 交通运输部　　C. 安全监督管理总局　　D. 劳动部
10. 纯电动汽车在进行高压下电时，首先应（　　）。
    A. 关闭车门　　　　　　　　　　B. 拔下车钥匙
    C. 断开低压蓄电池负极　　　　　D. 断开维修开关

二、简答题

1. 哪些电池性能指标是用来衡量纯电动汽车续驶里程、动力性能和使用寿命的？
2. 按照锂离子蓄电池正极材料的不同，常见的锂离子蓄电池可以分为哪几种？它们主要在哪些纯电动汽车上应用？
3. 锂离子蓄电池的组成及基本工作原理是什么？
4. 质子交换膜燃料电池的结构及工作原理是什么？
5. 纯电动汽车高压下电流程是什么？

学习单元 1.2　纯电动汽车动力蓄电池及其管理系统结构原理与检修

【情境导入】

一客户走进某纯电动汽车 4S 店，反映其车停车时显示续驶里程 150km，不开空调，正常行驶 43km 后，提示续驶里程仅有 19km。经检查，动力蓄电池有一组老化，出现不均衡现象，4S 店需要更换动力蓄电池，然后将动力蓄电池返厂。该故障你能正确进行检修吗？

【学习导航】

动力蓄电池及其管理系统共同组成纯电动汽车的动力蓄电池系统。动力蓄电池管理系统（Battery Management System，BMS）通过检测动力蓄电池中各单体蓄电池的状态来确定整个动力蓄电池系统的状态，并根据动力蓄电池的状态对动力蓄电池系统进行相应的控制和调整，实现对动力蓄电池系统及各单体蓄电池的充放电管理，以确保动力蓄电池系统安全稳定地运行。因此，动力蓄电池系统的相关知识，是本课程所要讲述的内容。

【学习目标】

1. 应知动力蓄电池的组成。
2. 应知动力蓄电池管理及控制策略。
3. 应知动力蓄电池互锁原理。
4. 应知动力蓄电池整车上下电机理以及控制原理。
5. 能够正确地进行动力蓄电池检查。
6. 能够正确使用解码器进行动力蓄电池参数读取。
7. 能够安全规范地更换动力蓄电池。
8. 能够养成团队协作、吃苦耐劳、严谨细致的工作态度。

1.2.1　纯电动汽车动力蓄电池系统

动力蓄电池是纯电动汽车的能量储存装置，是电动汽车的能量源，也是一直制约纯电动汽车发展的关键因素，关系到纯电动汽车的动力性能、续驶里程及制造成本。纯电动汽车对动力蓄电池的要求是能量密度高、功率密度大、循环寿命长、充放电效率高及安全性能好等。

动力蓄电池系统主要由动力蓄电池箱、动力蓄电池模块、蓄电池管理系统、蓄电池控制器（PRA）、维修开关（Manual Service Disconnect，MSD）及其他辅助装置等组成，如图 1-65 所示。

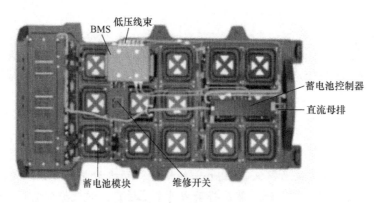

图 1-65 动力蓄电池的组成

1. 动力蓄电池箱

动力蓄电池箱用于承装蓄电池模块、蓄电池管理系统、蓄电池控制器、维修开关及相应的辅助装置，并包含机械连接、防护等功能的总成，简称电池箱。动力蓄电池箱是动力蓄电池系统的承载部件，具有支承、固定、包围蓄电池系统的组件，由上盖和下托盘组成。其功用是保护动力蓄电池在受到外界碰撞、挤压时不易损坏，在动力蓄电池安全工作和防护方面具有重要作用。

动力蓄电池箱体外形目前广泛使用一体式，如图 1-66 所示。受限于传统汽车结构局限，以及客户对续驶里程需求的逐渐提高，动力蓄电池和底盘一体化设计已经成为趋势。动力蓄电池常常安装在车辆的底部，如图 1-67 所示。

图 1-66 动力蓄电池箱体

图 1-67 动力蓄电池的安装位置

为了保护单体蓄电池及电路，动力蓄电池底部用钢材、铝合金或其他坚固的材料制成结实的密封底壳，底壳有固定脚，将动力蓄电池总成通过螺栓固定在车身底部。为了维修的需要，大部分动力蓄电池可以从车辆底部拆卸下来。动力蓄电池的上部采用钢材或树脂进行密封，保证动力蓄电池具有良好的防水、防尘性能，以此来保证符合 IP67 的防护等级要求，常温下短时间内可以承受浅水浸泡而不会渗水，不会对内部蓄电池造成有害影响。

2. 动力蓄电池模块

动力蓄电池模块是由若干个单体蓄电池通过并联、串联后形成的。单体蓄电池是动力蓄电池电能储存的最小单元，一般由正极、负极、电解质及外壳等构成，实现电能与化学能之间的直接转换。根据对动力蓄电池的容量要求，可以通过多个单体蓄电池并联的形式增大蓄电池的容量。多个单体蓄电池并联后组成蓄电池电芯组。为了达到动力蓄电池电压要求，需要将多个蓄电池电芯组进行串联以提升电压，形成蓄电池模块。多个蓄电池模块再串联成电池包,电池包最终组成动力蓄电池,如图 1-68 所示。

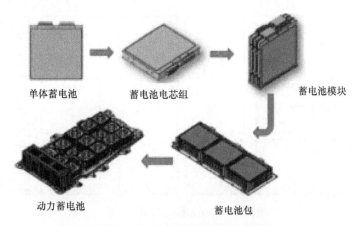

图 1-68 动力蓄电池组成示意图

北汽新能源 EV200 采用的是 SK 动力蓄电池,其型号为 C33DB,电池容量为 30.4kW·h,质量为 291kg,总体积 240L。单体蓄电池采用的是镍钴锰酸锂蓄电池,其容量为 30.5A·h,单体蓄电池宽 210mm、高 195mm、厚 7.6mm,体积非常小,单体蓄电池质量能量密度可达 184W·h/kg,单体蓄电池电压范围 3.0~4.15V,额定电压为 3.65V。该动力蓄电池放置在一个密封并且屏蔽的动力蓄电池箱里,由三片单体蓄电池并联成蓄电池电芯组。

图 1-69 中三个软包三元锂单体蓄电池并联,三个正极极柱通过激光焊接在一起,三个负极极柱通过激光焊接在一起,外部加上封框、保护板和电极螺栓,组成一个蓄电池电芯组。然后若干个蓄电池电芯组再进行串联形成蓄电池模块,蓄电池模块之间采用高压母排连接,通过高压线束与安装在前部的动力蓄电池控制器连接,最终通往动力蓄电池外部接口。动力蓄电池模块布置如图 1-70 所示。

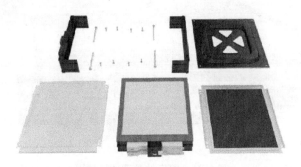

图 1-69 动力蓄电池模块

图 1-70 中一共有 26 个蓄电池电芯组串联,其中 3P4S 类型蓄电池电芯组有两个,共 24 个单体蓄电池;3P5S 类型蓄电池电芯组有 6 个,共 90 个单体蓄电池;3P3S 类型蓄电池电芯组有 17 个,共 153 个单体蓄电池;3P2S 类型蓄电池电芯组有 1 个,共 6 个单体蓄电池,因此,动力蓄电池内部共有 273 个单体蓄电池。每三个单体蓄电池并联的蓄电池电芯组的容量为 30.5A·h×3=91.5A·h,91 个单体蓄电池串联后电压为 273~377V,额定电压为 332V,总电量为 332V×91.5A·h=30.4kW·h。

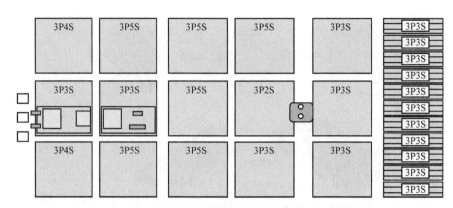

图 1-70　动力蓄电池模块布置

3. 蓄电池管理系统

蓄电池管理系统是动力蓄电池保护和管理的核心部件。在动力蓄电池系统中，蓄电池管理系统的作用是保证动力蓄电池安全、可靠地使用，同时充分发挥动力蓄电池的储电能力并延长使用寿命，另外，作为动力蓄电池和整车控制器（Vehicle Control Unit，VCU）与驾驶人沟通的桥梁，通过控制接触器控制动力蓄电池的充放电，并向整车控制器上报动力蓄电池系统的基本参数及故障信息。蓄电池管理系统的主要任务是保证动力蓄电池一直处在正常、安全的工作状态，在蓄电池状态出现异常时及时响应处理，并根据车辆行驶状态、环境温度、蓄电池状态决定蓄电池的充放电功率等。蓄电池管理器的外形如图 1-71 所示。

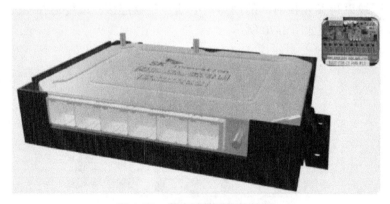

图 1-71　蓄电池管理器的外形

蓄电池管理系统主要由控制单元和用于采集电池电压、电流、温度等数据的数据采集单元组成。通过检测动力蓄电池的电压、电流、SOC 值、绝缘电阻值和温度值等数据，实时监控动力蓄电池的工作状态，判断动力蓄电池是否发生故障，并通过控制器局域网（Controller Area Network，CAN）总线与整车控制器或充电机进行通信，对动力蓄电池系统充放电等进行综合管理。此外，蓄电池管理系统还具有高压回路绝缘检测功能及动力蓄电池系统加热功能。

其中，SOC 值用来提示动力蓄电池剩余电量，是计算和估计纯电动汽车续驶里程的基础。因此，准确、可靠地获得动力蓄电池 SOC 值是蓄电池管理系统最基本和最首要的任务，在此基础上才能对纯电动汽车的用电进行管理，特别是防止蓄电池的过充电及过放电。动力蓄电池的 SOC 值是不能直接得到的，只能通过蓄电池特性 - 电压、电流、电池内阻、温度等参数来推断。这些参数与 SOC 值的关系并不是简单的对应关系。

此外，蓄电池管理系统还负责与整车、充电机等建立联系，接收加速、充电等操纵需求信息，及时调整电流输出。

总的来说，蓄电池管理系统的功能主要有以下六项。

1）估算动力蓄电池的 SOC 值。准确估算动力蓄电池组的 SOC 值，从而随时预报纯电动汽车储能蓄电池还剩余多少能量或储能蓄电池的 SOC 值，使动力蓄电池的 SOC 值控制在 30%～70%。

2）估算动力蓄电池的 SOH 值。动力蓄电池长期使用必然发生老化或劣化，因而必须估算蓄电池的健康状态。

3）实时采集蓄电池系统运行状态参数。实时采集纯电动汽车动力蓄电池模块中的每个单体蓄电池的端电压和温度、充放电电流及蓄电池模块的总电压等。由于蓄电池中的每个单体蓄电池在使用中的性能和状态不一样，因而对每个单体蓄电池的电压、电流和温度数据都要进行检测。

4）动力蓄电池均衡性补偿。当动力蓄电池中的单体蓄电池之间有差异时，要有一定措施进行补偿，保证蓄电池模块的整体性能，并有一定的方法来显示性能不良的单体蓄电池位置，以便修理更换。一般采用充电补偿功能，设计有旁路分流电路，以保证每个单体蓄电池都可以充满电，这样可以减缓蓄电池的老化，延长蓄电池的使用寿命。

5）动力蓄电池的热平衡管理。蓄电池管理系统对动力蓄电池的温度监控是通过限制充放电电流大小以降低发热量、控制动力蓄电池温度不过高的。在冬季，动力蓄电池的温度低于 -20℃时，蓄电池管理系统会终止充电和放电，此时蓄电池管理系统打开内部加热电路，安装在动力蓄电池底部的电热丝对单体蓄电池加热，以提升单体蓄电池温度，恢复动力蓄电池的充电和放电，保障电动汽车正常行驶。

动力蓄电池防止温度过热控制是蓄电池管理系统控制的重要内容，动力蓄电池储存大量的电能和电子元件，在充放电过程时会产生大量的热能，因此需要保证单体蓄电池和电子元件的工作温度正常。动力蓄电池的散热一般采用被动散热和主动冷却两种方式。被动散热主要是内部热量通过动力蓄电池外壳散发。主动冷却是指有专用设备通过气体或冷却液进行强制流动来对动力蓄电池进行冷却，促进动力蓄电池的快速散热，保证内部工作温度正常。如果动力蓄电池温度过高，超过设定值，蓄电池管理系统通过限制充电或放电电流，减少单体蓄电池和电路的发热量来控制动力蓄电池内部的温度。如果动力蓄电池温度超过极限值，蓄电池管理系统通过仪表报警，甚至切断充电、放电电流，以保护动力蓄电池不被损坏。

6）动力蓄电池管理系统通过 CAN 数据总线实现与其他控制器之间的数据通信。

4. 蓄电池控制器

蓄电池控制器（PRA）又称动力蓄电池继电器盒，如图 1-72 所示。

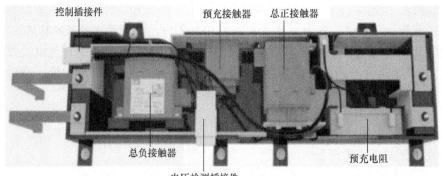

图 1-72 蓄电池控制器结构

蓄电池控制器是控制动力蓄电池高压直流输入与输出的开关装置，主要由总正接触器、总负接触器、预充接触器、预充电阻、控制插接件（接触器电源）和电压检测插接件等组成。

电池控制器盒内各接触器由蓄电池管理系统驱动和并进行状态检测，接触器控制一般和整车控制器协调控制，为了保证动力蓄电池的正常使用及性能，接触器触点闭合、断开的状态以及开关的顺序都很重要。

图 1-72 中，其总正接触器和预充接触器的开闭由蓄电池管理系统控制，总负接触器的开闭由整车控制器控制，预充电阻用来缓和瞬时高压、减少电流对电路的冲击，达到保护动力蓄电池的目的。

5. 维修开关

为保证维修人员的人身安全，一般新能源汽车在动力蓄电池中间位置安装有维修开关，其主要功能是在纯电动汽车维修作业时，将动力蓄电池内部电路断开。北汽新能源 EV200 将 340V 左右的电压分成大体相等的两部分，每部分约为 170V 左右。其主要结构有快速熔断器，当电流超过规定值时，以本身产生的热量使熔丝熔断，断开电路，保证维修作业人员的人身安全和车辆使用安全。

北汽新能源 EV200 维修开关（图 1-73）安装在后排座椅地垫下面中间位置。维修开关顶部标注"小心触电""有电危险""请根据使用说明书操作"标识。维修开关设置二级锁止机构，需依次解除锁扣拔下维修开关，禁止越级徒手或强行蛮力拆卸。

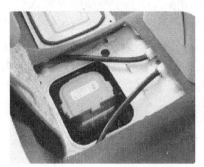

图 1-73 维修开关

6. 辅助装置

辅助装置主要是动力蓄电池内部其他重要部件，如电流传感器、动力蓄电池模块之间连接导线、加热接触器、熔断器、插接器及电压-温度采集板等为安全实现动力蓄电池充电、放电功能的装置。辅助装置直接影响动力蓄电池的性能。

（1）电流传感器

电流传感器用来检测直流母线充放电的电流值，有无感分流式、霍尔式电流传感器两种。

无感分流式电流传感器是在电阻的两端形成毫伏级的电压信号，作为检测总电流。图 1-74 所示无感分流式电流传感器的型号为 300A、75mV。

霍尔式电流传感器是按照安培定则原理做成的，在载流导体周围产生磁场，该磁场大小与电流成正比，通过测量霍尔电动势的大小间接测量载流导体电流的大小，如图 1-75 所示。

图 1-74 无感分流式电流传感器

图 1-75 霍尔式电流传感器

（2）熔断器

熔断器防止能量回收过电压、过电流或放电过电流，如图 1-76 所示。图中熔断器最大电流为 250A，电压为 500V。

图 1-76 熔断器

（3）加热接触器

充电时，当电芯温度低于设定值，蓄电池管理系统控制加热接触器闭合通过加热熔丝给加热膜电路供电。图1-77所示为加热接触器和加热熔丝。

图1-77 加热接触器和加热熔丝

（4）电压、温度采集板

电压、温度采集板均压装在蓄电池模块上，用于采集单体蓄电池的电压和单体蓄电池的温度（图1-78、图1-79），然后把采集的数据传输给蓄电池管理系统。

图1-78 电压采集板

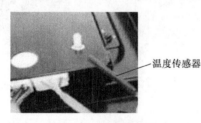

图1-79 温度传感器

1.2.2 动力蓄电池管理及控制策略

动力蓄电池管理主要是对动力蓄电池的安全和性能的监控，保护动力蓄电池及车辆安全，保证整车动力系统高效运行，保证高压系统安全供电，执行整车控制器的指令，实现动力蓄电池对外部负载上下电，控制实现制动能量回馈，保障动力蓄电池充放电过程安全、合理，以及实现动力蓄电池与外部通信。

动力蓄电池管理主要有以下功能：动力蓄电池状态管理、蓄电池安全保护、蓄电池能量控制管理和蓄电池信息管理。动力蓄电池管理是通过蓄电池管理系统来实现的,蓄电池管理系统通过 CAN 总线与整车控制器通信实现与整车的匹配。

1.2.2.1 动力蓄电池状态管理

1. 动力蓄电池状态管理概述

动力蓄电池状态管理主要包括动力蓄电池状态检测和动力蓄电池状态评估。动力蓄电池状态检测包括电压检测、电流检测、温度检测等;动力蓄电池状态评估包括剩余电量评估和蓄电池健康状态评估等。

动力蓄电池状态检测主要进行动力蓄电池信息的采集,目前,信息采集系统有三种拓扑结构,分别是分布式信息采集系统、集中控制式信息采集系统和一主多从控制式信息采集系统。

(1)分布式信息采集系统

如图 1-80 所示,这种系统的电压、温度等信息采集及状态评估等信息,通过总线与主控制器通信。这种拓扑结构的优点是设计简单、结构简单、连线少、可靠性高、便于扩展。但是这类拓扑结构每个蓄电池都需要一个控制板,安装烦琐,成本高,目前基本不采用。

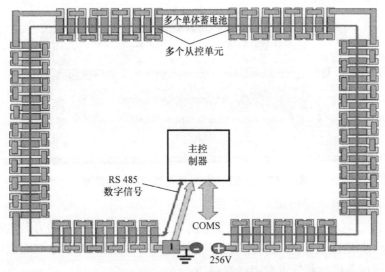

图 1-80 分布式信息采集系统

(2)集中控制式信息采集系统

这种系统电压、温度等信息采集以及状态评估等工作均由主控制器完成,没有从控制器。主控制器与动力蓄电池之间无总线通信,直接用导线相连。这种拓扑结构的优点是设计、构造简单;缺点是连线长、连线多,可靠性有所降低,管理单体蓄电池的数目不易太多。目前一部分车型采用此种拓扑结构,例如北汽纯电动汽车 EV200 所用的 SK 蓄电池。

(3)一主多从控制式信息采集系统

图 1-81 所示为长安逸动 EV 所使用的中航锂电生产的动力蓄电池,这种控制形式集合了上述两种方式的优点,数个从控制器分别进行分布式采集,然后再进行主控。一主多从式信息采集系统的电压、温度等信息采集以及状态评估等工作由从控制器完成,一个从控制器管理若干个蓄电池模块。主控制器与从控制器通过总线通信,并和外部整车控制器进

行通信。这种形式不需要在每个蓄电池上安装控制电路板，连接灵活；从控制器离蓄电池较近，避免连线过长，同时也便于扩展。其缺点是需要考虑主从控制器之间的通信，控制较复杂。目前很多车型动力蓄电池采用这种拓扑结构。

2. 动力蓄电池电压检测

动力蓄电池的电压检测分为蓄电池模块电压检测和动力蓄电池总电压检测两个方面。

（1）蓄电池模块电压检测

单体蓄电池电压采集的目的是通过检测当前动力蓄电池中任意一个单体蓄电池的电压情况来判断每个单体蓄电池的充电终止和放电终止条件，防止过充电和过放电，保护蓄电池的使用安全。

图 1-81　一主多从控制式信息采集系统

因为单体蓄电池电压采集信息量较大，所以大部分纯电动汽车采用采集动力蓄电池模块电压来实现对蓄电池模块和单体蓄电池的检测。图 1-82 所示为长安逸动 EV 动力蓄电池对每个蓄电池模块进行电压采集。

图 1-82　长安逸动 EV 蓄电池模块电压检测

（2）动力蓄电池总电压检测

动力蓄电池总电压检测是通过电压测量模块进行测量，一般在动力蓄电池输出母线等位置设置。主要是通过三个电压测量模块共同测量，来确定动力蓄电池充放电状态，并能正确测量动力蓄电池电压和外部充电线路电压。

3. 动力蓄电池电流检测

动力蓄电池管理系统通过电流传感器测量动力蓄电池充放电流值，一方面可以准确控制充电过程中充电机的输出电流，实现既定充电策略；另一方面控制负载放电电流大小，保护蓄电池放电过程中的安全。BMS 对电流测量的精度要求很高，因为大部分 BMS 的剩余电量 SOC 值的估算是基于电流来进行计算的，高精度的电流测量才能保证高精度的 SOC 计算。

一般电流传感器串联在总正接触器附近，用来测量总正母线上的电流。当主电路中电流变大时，电流传感器会给 BMS 发送信号，以提醒 BMS 动力蓄电池或外部电路可能存在故障；当电流持续增大，保护整个电路，从而实现对蓄电池的保护。

4. 动力蓄电池温度检测

动力蓄电池是由众多单体蓄电池组装而成，在充放电过程中单体蓄电池会产生热量，由于动力蓄电池在成组过程中车辆底盘空间大的地方蓄电池安装得多，空间小的地方蓄电池安装得少，因此会造成各处温度不均匀而影响单体蓄电池的一致性，从而降低蓄电池充放电循环效率，影响蓄电池的功率和能量发挥，严重时还将导致热失控，影响系统的安全性和可靠性。另外，蓄电池在充放电过程中如果温度过低，也会导致蓄电池容量降低，车辆行驶里程缩短等。为了使动力蓄电池发挥最佳的性能和保证一定的寿命，需要对蓄电池进行热管理，将蓄电池包温度控制在合理的范围内。

当前，市场上的BMS为了节省成本，不具备检测所有单体蓄电池温度的功能，取而代之的是检测蓄电池模块或蓄电池电芯组的温度。但是从技术角度考虑，采集每个单体蓄电池温度都是非常重要的。蓄电池连接松动、使用不当、内部出现故障等情况都会造成单体蓄电池温度上升，通过检测每个单体蓄电池的温度可以实时了解蓄电池运行情况，提供异常报警，避免发生事故。

目前，常见的温度采集方式有热敏电阻式和数字温度传感器式等。

（1）热敏电阻式

热敏电阻是最常用的采集温度的方式，其电阻值随着温度几乎是线性变化的，通过阻值的变化即可判断温度的变化，如图1-83所示。

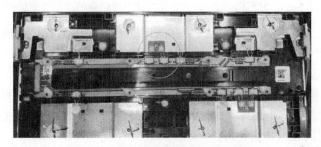

图1-83　热敏电阻式测量蓄电池温度

（2）数字温度传感器式

使用数字温度传感器接线方便，封装后耐磨耐碰，体积小，使用方便，封装形式多样，适用于动力蓄电池内部的狭小空间。图1-84所示为数字温度传感器测量蓄电池温度。

1.2.2.2 蓄电池安全保护

1. 动力蓄电池高压绝缘保护

为了防止纯电动汽车高压漏电，保护乘客、维修人员等不受高压电的伤害，BMS设计有高压漏电检测电路和高压互锁电路。

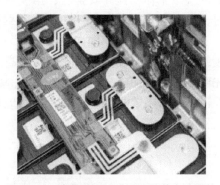

图1-84　数字温度传感器测量蓄电池温度

（1）高压漏电检测

若检测高压绝缘电阻低于安全值，BMS会通过降低动力蓄电池输出功率、切断高压电路等措施避免漏电引起的触电事故，并通过VCU使仪表点亮警告灯或文字提示。

北汽新能源EV200所使用的SK动力蓄电池BMS内部集成绝缘检测电路。在纯电动汽车的高压电气系统中，利用电源的正极引线电缆和负极引线电缆对底盘的绝缘电阻来反映电气系统的绝缘性能。

为检测动力蓄电池内部总正接触器、总负接触器与底盘的绝缘电阻，直接将车载高压电源作为检测电源，在电源正极、负极和车辆底盘之间建立桥式阻抗网络，图1-85所示为北汽新能源EV200动力蓄电池绝缘检测回路原理图。

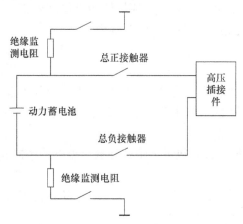

图1-85　北汽新能源EV200动力蓄电池绝缘检测回路原理图

在实际操作中，常用绝缘万用表或绝缘测试仪测量绝缘情况，正极、负极对车身的绝缘阻值均不小于500Ω/V为合格。

（2）高压互锁电路

高压互锁电路的作用是检测高压线束的连接情况，当某个高压插接件未插到位时，BMS检测到高压互锁电路断路或某个高压部件被打开，存在人员触电风险，BMS切断高压电源并通过VCU使仪表点亮警告灯。

高压互锁功能是整车在高压上电前确保整个高压系统的完整性，使高压处于一个封闭的环境下工作，提高安全性；当整车在运行过程中高压系统回路断开或者完整性受到破坏时，需要启动安全防护；防止带电插拔高压插接件给高压端子造成拉弧损坏。

高压互锁工作原理如图1-86所示。接线端子连接时，高压的正负端子连接完成后，互锁端子才接通，保证高压上电时，高压端子已经完全连接。高压插头断开时，互锁端子首先断开，此时切断高压互锁电路，BMS切断高压电后，高压的正负端子再断开。这样可以保证不会出现带电插拔高压端子，造成高压端子损坏。

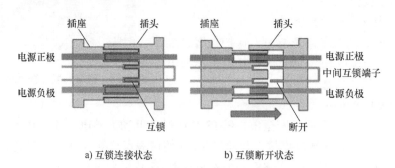

图1-86　高压互锁结构及工作原理

北汽新能源EV200在整车高压部件处均设有高压互锁，如图1-87所示。

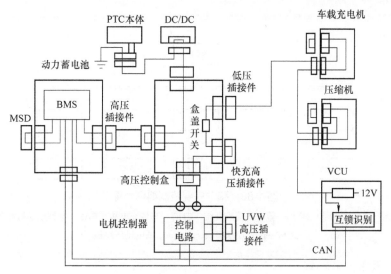

图 1-87　北汽新能源 EV200 高压互锁图

2. 过电流保护

过电流保护指在充放电过程中，如果工作电流过大，超过了安全值，则 BMS 采取相应保护措施。充电时 BMS 会发出指令给充电机或充电桩降低充电电流，甚至切断动力蓄电池充电电路，从而保护电路、动力蓄电池的安全；放电时 BMS 会发出指令给电机控制器（MCU）限制输出电流，甚至切断动力蓄电池充电、放电电路，从而保护电路、动力蓄电池的安全。

3. 过充电、过放电保护

过充电保护是指动力蓄电池 SOC 值为 100% 的情况下或单体蓄电池最高电压超过上限时，为了防止继续充电对单体蓄电池造成损坏，BMS 切换高压电路。

过放电保护是指动力蓄电池 SOC 值为 0 的情况下或单体蓄电池最低电压低于下限时，为了防止继续放电导致单体蓄电池损坏，BMS 切断高压电路。

1.2.2.3　能量控制管理

1. 动力蓄电池能量管理的作用

蓄电池能量管理的作用是利用从纯电动汽车各个子系统采集的运行数据，控制完成蓄电池的充放电、显示动力蓄电池剩余荷电状态、预测剩余续驶里程、监控动力蓄电池状态及控制能量回收等。

纯电动汽车蓄电池的 SOC 合理范围是 30%~70%，这对保证蓄电池寿命和整体能量效率至关重要。这就要求蓄电池能量管理能够准确估测动力蓄电池的 SOC，进行蓄电池的均衡管理，使单体蓄电池之间的差异尽可能小。

2. 动力蓄电池整车上下电控制

整车上下电控制包括整车低压供电与断电、唤醒与取消唤醒及高压上电和下电。整车上下电控制由 VCU 协调各个控制器顺序合理地接通或断开低压控制电和高压动力电，保证车辆能够正确完成"启动"和"关闭"动作，并进行信息交互和故障诊断。整车主要控制器拓扑图如图 1-88 所示。

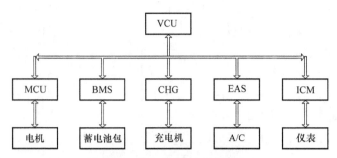

图 1-88 整车主要控制器拓扑图

MCU—电机控制器　BMS—蓄电池管理系统　CHG—车载充电机　EAS—空调压缩机控制器
ICM—仪表控制模块　A/C—空调电动压缩机

（1）整车低压供电唤醒

整车主要控制器低压系统电路示意图如图 1-89 所示。

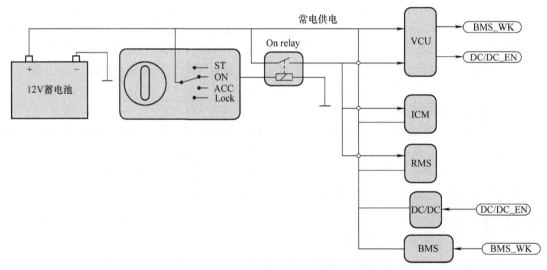

图 1-89 整车主要控制器低压系统电路示意图

WK—唤醒　EN—使能

从图 1-89 中可知，整车控制器（VCU）、仪表控制模块（ICM）、数据采集终端（RMS）、DC/DC 变换器、蓄电池管理系统（BMS）通过辅助蓄电池常火线供电。当车钥匙置于 ON 档位时，VCU、ICM、RMS 通过继电器唤醒工作，而 BMS、DC/DC 变换器则由 VCU 进行唤醒工作。

（2）整车高压上下电控制

动力蓄电池高压电路上下电控制的关键在于接通或切断高压电路的输出，即对总正、总负接触器进行控制。绝缘检测电路通过绝缘检测电阻组成的电桥通过 BMS 时刻检测绝缘情况，如果绝缘值下降，BMS 和 VCU 切断总正接触器和总负接触器，防止产生漏电，并通过仪表报警。

动力蓄电池在进行高压上电和充电初期，需要进行高压预充电。高压预充电原理示意图如图 1-90 所示。

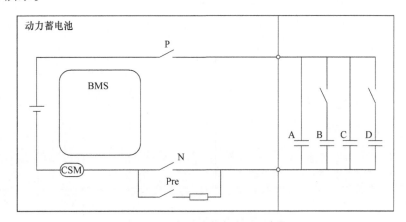

图 1-90　高压预充电原理示意图

A—MCU 电容器　B—车载充电机电容器　C—空调压缩机电容器　D—DC/DC 变换器电容器
P—总正接触器　N—总负接触器　Pre—预充接触器　CSM—熔断器

为了提高电路大电流的供电能力，在整车高压器件前端都并联较大的电容，以满足高压器件工作时大电流的需求。在冷态启动时，电容上无电荷或只有很低的残留电压，如果无提前预充电，整车高压上电的瞬间，总正、总负接触器直接与电容接通，此时动力蓄电池电压超过 300V，而负载电容上电压接近 0V，相当于瞬间短路，负载电阻仅仅是导线和接触器触点的电阻。这将造成动力蓄电池和负载侧电容之间的瞬间电流值达到几千安培甚至上万安培，将导致总正接触器 P 和总负接触器 N 损坏。

如果加入预充电路，整车高压上电时先将总正接触器 P 接通，然后让预充接触器 Pre 和电阻值在 100~200Ω 的预充电阻构成的预充电路接通，流过预充电路再流入负载侧电容的电流只有几安培，保护总正接触器 P 和总负接触器 N 的安全，等到电容电压达到动力蓄电池电压的 95% 以上，闭合总负接触器 N，完成预充电。

图 1-91 所示为北汽新能源汽车 EV200 动力蓄电池高压系统工作原理图，现根据该原理图阐述动力蓄电池高压上电控制流程。

车钥匙置于 OFF 档位时，辅助蓄电池常电对各控制器进行供电。当车钥匙置于 ON 档位时，辅助蓄电池通过继电器对 VCU 供电唤醒，VCU 完成初始化和自检后，唤醒 BMS、MCU、DC/DC 变换器等控制器。BMS 等控制器进行初始化和自检，没有故障后上报给 VCU。在 BMS 初始化自检完成后，首先要进行整车高压上电诊断。

从图 1-91 中可以看出，动力蓄电池总负接触器由 VCU 控制，总正接触器、预充接触器及 PTC 加热接触器均由蓄电池控制系统控制。在动力蓄电池内部设定有三个电压测量点和一个电流测量点，用于判断整车上电时总正接触器、总负接触器、预充接触器和预充电阻的工作状态。

高压测量点 1（V_1）位于高压总正、总负接触器内侧，测量动力蓄电池总电压用于判定维修开关（MSD）是否断路。

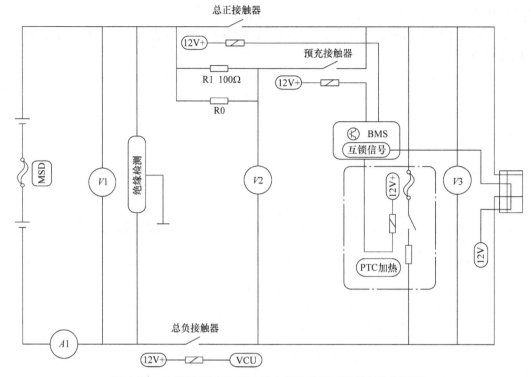

图 1-91 北汽新能源 EV200 动力蓄电池高压系统工作原理图

高压测量点 2（$V2$）一端位于总负接触器外侧，另一端位于预充电阻和预充接触器之间，用于判定预充接触器黏连、总负接触器断路故障、预充电阻断路和预充接触器断路故障。

高压测量点 3（$V3$）位于动力蓄电池直流母线输出两端。用于判定总正接触器黏连故障。

电流测量点（$A1$）采用霍尔式电流传感器，布置在动力蓄电池内部主回路上，采集动力蓄电池充放电电流，用于判定整车耗电量及过流检测。

对于北汽新能源 EV200，其动力蓄电池额定电压为 332V。因此，在 VCU 控制总负接触器闭合之前进行动力蓄电池高压分步检测步骤 1，如果 $V1 = 332V$，$V2 = V3 = 0V$，则说明动力蓄电池正常；若 $V1 = V2 = V3 = 0V$，则说明维修开关断路；若 $V1 = V2 = 332V$，$V3 = 0V$，则说明总负接触器触点黏连。

当 $V1$、$V2$、$V3$ 检测结果正常时，VCU 控制总负接触器闭合。

总负接触器闭合后进行动力蓄电池高压分步检测步骤 2，此时若 $V1 = V2 = 332V$，$V3 = 0V$，则说明动力蓄电池内部正常；若 $V1 = 332V$，$V2 = V3 = 0V$，则说明总负接触器断路；若 $V1 = V2 = V3 \neq 0V$，则说明动力蓄电池总正接触器黏连；若 $V1 = 332V$，$V1 > V2$，$V2 = V3 \neq 0$，则说明动力蓄电池预充接触器黏连。

当 $V1$、$V2$、$V3$ 检测结果正常时，BMS 控制预充接触器闭合，接通预充电路。

预充电路接通后进行动力蓄电池高压分步检测步骤 3，此时若 $V1 = 332V$，$V1 > V2$，$V2 = V3 \neq 0$，则说明动力蓄电池内部正常；若 $V1 = 332V$，$V2 = V3 = 0V$，则说明预充电阻 R1 和检测电阻 R0 断路；若 $V1 = V2 = 332V$，$V3 = 0V$，则说明预充接触器断路故障。

当 $V1$、$V2$、$V3$ 检测结果正常时，BMS 检测到预充电压达到动力蓄电池电压 95% 时，判断预充完成，BMS 控制总正接触器闭合。

此时若 $V1 = V2 = V3 = 332V$，则说明动力蓄电池内部正常；若 $V1 = V2 = 332V$，$V3 = 0V$，则说明总正接触器断路。

当 $V1$、$V2$、$V3$ 检测结果正常时，总正接触器闭合时间超过 10ms 后，断开预充接触器。此时，仪表上"READY"灯点亮，高压上电完成。

（3）整车上下电机制

整车上下电流程是通过运行 STATE 机制来体现的，即整车上下电时序服从 STATE 机制约束，VCU、MCU、BMS、PTC、DC/DC 变换器等相关控制器根据 STATE 机制约束在不同 STATE 状态时执行规定动作，并将各自系统状态通过数据 CAN 总线上报 VCU，VCU 根据各控制器状态引导整车上下电过程。图 1-92 ~ 图 1-95 所示为 STATE 状态解析。

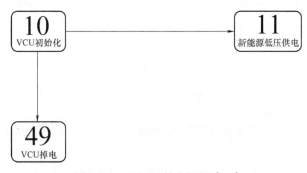

图 1-92 STATE 状态解析（一）

STATE10：VCU 完成初始化和自检，整车模式判断。

整车模式分为行车模式、远程控制模式、车载充电模式（慢充模式）和地面充电模式（快充模式）。高压上电模式主要说明行车模式下高压上电的条件和流程。

STATE11：VCU 唤醒 BMS、MCU，VCU 控制闭合低压供电继电器，延迟 20msCAN 总线数据监听，唤醒操作后计时。

STATE49：处于停车模式后掉电。

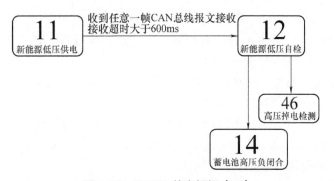

图 1-93 STATE 状态解析（二）

STATE12：BMS 完成初始化和自检，完成动力蓄电池高压分步检测步骤 1 后，自检计数器由"0"置为"1"并发送 VCU。MCU 完成初始化和自检,置"初始化和自检完成"标志位"1"并发送 VCU。整车故障列表中无高压下电故障。

STATE14:VCU 闭合动力蓄电池总负接触器。

STATE46:整车故障列表中有高压下电故障。BMS 进行动力蓄电池总负接触器黏连检测,动力蓄电池绝缘检测,BMS 自检计数器置"1"并发送给 VCU。

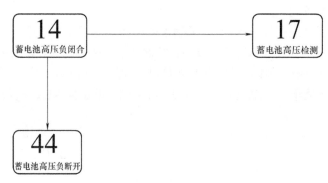

图 1-94　STATE 状态解析(三)

STATE17:BMS 完成动力蓄电池高压分步检测步骤 2,自检计数器置"2"并发送 VCU。BMS 控制预充接触器闭合。

STATE44:整车故障列表中有高压下电故障,VCU 断开高压总负接触器。

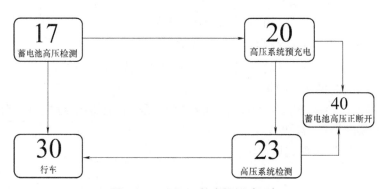

图 1-95　STATE 状态解析(四)

STATE20:BMS 完成预充电并闭合动力蓄电池总正接触器,完成蓄电池高压分步检测步骤 3,自检计数器置"3"并发送 VCU。

STATE23:MCU、ECC、HVAC 及 PTC 高压系统检测,置"高压检测完成"标志位并发送 VCU,该状态下开始判断高压故障。

STATE30:行车模式,进行电机功率控制、DC/DC 变换器控制及空调系统控制等。

STATE40:BMS 断开动力蓄电池总正接触器,自检计数器置"2"并发送 VCU;各高压电器检测高压,不判断故障,零功率输出。

3. 放电控制管理

动力蓄电池的放电控制管理是指在动力蓄电池的放电过程中根据动力蓄电池的状态对

放电电流大小进行控制。加入放电控制管理不仅可以防止动力蓄电池模块过放电损坏，而且能保障动力蓄电池发挥更大的效能。例如 SOC 值显示 20% 的时，BMS 发出低电量警告并发出指令给 MCU 限制电流输出，有利于延长纯电动汽车续驶里程；如果 SOC 值到 0 时，BMS 会切断总正、总负接触器，切断放电电路，防止动力蓄电池过放电。

BMS 检测到动力蓄电池过热时，除了仪表上报警，还发出指令给 MCU 降低电机的输出功率，发出指令关闭其他用电量大的设备，例如 PTC、空调等；温度超过限值时，则关闭总正、总负接触器，动力蓄电池温度正常后再吸合总正、总负接触器，恢复行驶功能。

4. 充电控制管理

充电控制管理是指 BMS 在动力蓄电池充电过程中对充电电压、充电电流、充电时间和充电温度等参数进行实时的优化控制，包括 BMS 与充电桩的握手对接及数据交换。

动力蓄电池系统充电分慢充电、快充电和制动能量回收三种方式。

车辆在进行慢充电、快充电之前处于停车状态，车钥匙置于 LOCK 档位，动力蓄电池总正接触器、总负接触器、预充接触器断开，VCU、BMS、DC/DC 变换器和仪表等均处于休眠状态。

（1）慢充电

慢充电是指使用市电，通过车载充电机整流变压后，将高压交流电变换为高压直流电给动力蓄电池进行充电。

当车载充电机与 220V 交流电源正常连接时，车载充电机通过 12V 慢充唤醒电压唤醒 VCU；VCU 自检初始化合格后，唤醒仪表、BMS 和 DC/DC 变换器等；BMS 自检合格后，与 VCU 共同控制总正、总负接触器闭合；然后根据动力蓄电池荷电状态向车载充电机发出充电请求（所需的充电电压和充电电流）；车载充电机依据请求的电压和电流为动力蓄电池充电，同时也通过 DC/DC 变换器向 12V 辅助蓄电池充电。

随着动力蓄电池电量的增加、电压的升高，BMS 随时调整充电参数向充电机发送充电请求数据，车载充电机相应调整充电电压和充电电流，直至充电结束，车载充电机切断充电电流，BMS 和 VCU 断开动力蓄电池总正、总负接触器。

在进行慢充电时，BMS 需要检测动力蓄电池每个单体蓄电池的温度，当所有单体蓄电池在 0~55℃才可以充电，高于 55℃或低于 0℃，BMS 将会切断充电电路，无法进行充电。

在充电前，BMS 会检测动力蓄电池各单体蓄电池的温度，若有低于 0℃，将启动加热模式，待所有单体蓄电池温度高于 5℃时，停止加热。加热过程中，如果出现单体蓄电池温度差超过 20℃，则间歇停止加热，待温度差低于 15℃，则重新启动加热。如果单体蓄电池电压差大于 300mV，则停止充电，上报充电故障。

（2）快充电

快充桩对市电进行整流、升压和功率变换后，通过快充枪将 380V 三相交流电转变为快充所需的充电电压和充电电流，再通过高压母线直接给动力蓄电池进行充电，充电电流不需要通过车载充电机。

快充电时，快充桩线束与车辆快充口连接成功后，快充桩内 12V 电压信号通过充电枪唤醒 VCU，VCU 初始化自检合格后唤醒仪表、BMS 和 DC/DC 变换器；VCU 控制高压控制盒内快充正负继电器闭合；BMS 初始化自检合格后，闭合总正、总负接触器并根据荷电状态向快充桩发出充电请求；快充桩依据请求的电压和电流为动力蓄电池充电，同时也通过

DC/DC 变换器向 12V 辅助蓄电池充电。

随着动力蓄电池充入电量的增加、电压的升高，BMS 随时调整充电参数并向充电桩发送请求数据，快充桩相应调整充电电压和充电电流，直至充电结束，快充桩切断充电电流；BMS 断开动力蓄电池总正、总负接触器，完成充电。

在进行快充电时，BMS 需要检测动力蓄电池每个单体蓄电池的温度，当所有单体蓄电池在 5~55℃才可以充电，高于 55℃或低于 5℃，BMS 将会切断充电电路，无法进行充电。

在充电前，BMS 会检测动力蓄电池各单体蓄电池的温度，若有低于 5℃，将启动加热模式，待所有单体蓄电池温度高于 5℃时，停止加热。加热过程中，如果出现单体蓄电池温度差超过 25℃，则间歇停止加热，待温度差低于 15℃，则重新启动加热。如果充电过程中最高温度低于 5℃，则停止充电，也不启动加热模式。

（3）动力蓄电池制动能量回收

制动能量回收也是能量管理的重要内容，纯电动汽车高速行驶中释放加速踏板或制动时，MCU 把电机发出的交流电能转化成直流电能并储存到动力蓄电池中，制动能量回收能提高能量利用率，增加纯电动汽车的续驶里程。为了具备能量回收能力，有些纯电动汽车的动力蓄电池 SOC 值处于 90%~95%，剩余 5%~10% 的空间给予吸收回收能量。如果纯电动汽车没有留出少量能量储存空间，那么在充满电开始行驶时是无法进行制动能量回收的，需要使用一段时间 SOC 值低于 90% 后，才有制动能量回收功能。

5. 动力蓄电池均衡性管理

随着动力蓄电池在纯电动汽车动力系统中的广泛应用，逐渐暴露出一系列诸如耐久性、可靠性和安全性等问题。动力蓄电池成组后单体蓄电池之间的不一致是引起这一系列问题的主要原因之一。

动力蓄电池的不一致性是指规格型号相同的单体蓄电池在电压、内阻、容量等参数上存在的差别。

充放电时，正常情况下动力蓄电池内部电芯电压基本一致，动力蓄电池能够正常工作。但动力蓄电池内部的单体蓄电池存在制造上的一致性差异，或使用一段时间后由于蓄电池长时间存放不及时充电、在动力蓄电池充放电期间的温度差异和充放电电流大小等原因，单体蓄电池内阻变化、容量变化，此时会出现各个单体蓄电池之间容量变得不一致，而动力蓄电池的总容量符合木桶原理（图 1-96），因此总容量也会相应地降低，影响动力蓄电池的正常工作。如果出现动力蓄电池不一致，充电时，动力蓄电池内某个单体蓄电池电压远高出其他单体蓄电池电压，则会出现该单体蓄电池最先达到充电终止电压，此时其他单体蓄电池还未充满，此时，BMS 启动过充保护而终止充电，造成动力蓄电池整体电量下降。放电时，如果动力蓄电池内部某个单体蓄电池电压远低于其他单体蓄电池电压，则会出现该单体蓄电池最早达到放电终止电压，而其他单体蓄电池电量还没放完，此时 BMS 启动过放保护而终止放电，造成动力蓄电池整体电量没有发挥出来。这两种情况都会造成纯电动汽车续驶里程降低。

BMS 对各单体蓄电池电压进行实时检测，如果单体蓄电池间电压差超过 300mV，BMS 通过 VCU 向仪表报警；如果单体蓄电池间电压差超过 500mV，BMS 通过 VCU 向仪表报警的同时直接切断高压电路，以保护单体蓄电池不受更大损伤。

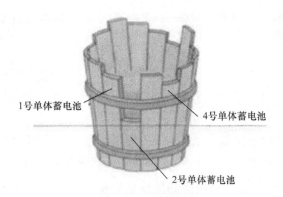

图 1-96 木桶原理

因此，BMS 通过检测动力蓄电池内各单体蓄电池电压，对存在电压异常的单体蓄电池采取均衡性充电，以达到各单体蓄电池电压的一致。目前，纯电动汽车在 BMS 检测到单体蓄电池之间电压偏差过大时，一般在充电时进行电压均衡性充电。若通过均衡控制后，电压异常的单体蓄电池仍不能达到其他单体蓄电池的性能，则需要更换该异常单体蓄电池，并且要求新换的单体蓄电池与其他单体蓄电池的内阻、容量及电压应一致且均衡，以恢复纯电动汽车续驶里程。

6. 温度控制管理

动力蓄电池作为新能源汽车的关键部件，其性能直接影响新能源汽车的性能。目前由于车辆空间有限，动力蓄电池工作中产生的热量累积会造成动力蓄电池各处温度不均匀，从而影响单体蓄电池的一致性，降低充放电循环效率，影响动力蓄电池功率和能量的发挥，严重时还将导致热失控，影响系统安全性和可靠性。为了使动力蓄电池发挥最佳性能并延长使用寿命，大多数新能源汽车都含有热管理系统，通过 BMS 进行温度控制管理，使动力蓄电池始终处于正常工作温度范围 20~40℃（一般动力蓄电池最佳工作温度为 23~24℃）。

动力蓄电池温度控制管理的主要功能包括蓄电池温度的精确检测、蓄电池温度过高时的有效散热、低温条件下的快速加热、保证蓄电池电芯组温度的均匀分布及蓄电池散热系统与其他散热系统的匹配。

动力蓄电池温度控制包含两个方面：冷却控制和加热控制。

（1）冷却控制

冷却控制一般有两种运行方式：风冷式和水冷式，但也有少数纯电动汽车（例如北汽纯电动汽车）不使用冷却系统。北汽新能源汽车使用的动力蓄电池正常工作温度范围在 20~80℃，适合在我国大部分地区使用，因此不需要安装专用的冷却系统进行散热。实际装车使用证明，依靠车辆行驶途中的气流，就可以达到散热的要求。

1）动力蓄电池风冷系统。风冷式结构简单，但如果单体蓄电池较多就会造成温度梯度变化较大，不利于动力蓄电池的稳定工作。因此，大多数传统的混合动力汽车采用风冷式冷却系统，例如丰田混合动力汽车。

图 1-97 所示为丰田卡罗拉双擎动力蓄电池风冷风扇，冷却系统进风口在后排座椅下方，如图 1-98 所示。

图 1-97　丰田卡罗拉双擎动力蓄电池风冷风扇

图 1-98　丰田卡罗拉动力蓄电池进风口

动力蓄电池在温度较高时，利用冷却风扇从后排座椅下方的进风口将空气抽入动力蓄电池箱体内，从而进行冷却，如图 1-99 所示。当环境温度过高或过低时，车厢内会使用加热或制冷系统。因此，在高温天气中，蓄电池模块接受冷风，而在寒冷天气，接受的是热风。一般大部分风冷式动力蓄电池还有 PTC 加热片进行辅助加热。

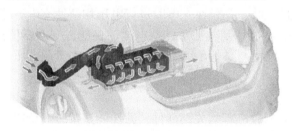

图 1-99　丰田卡罗拉动力蓄电池冷却路线示意图

2）动力蓄电池水冷系统。水冷式是通过冷却液与空调系统的制冷剂进行热交换的冷却方式，目前已逐渐成为主流。对新能源汽车动力蓄电池的温度控制，需要考虑多个系统的相互影响。动力蓄电池的冷却系统与汽车空调系统、电机冷却系统，如果是混合动力汽车，还要考虑发动机冷却系统等多个系统存在不同程度的耦合。这样，在进行蓄电池系统温度控制策略、热管理时就要同时分析与其他系统的影响关系。

图 1-100 所示为动力蓄电池水冷式热管理系统示意图。主要由电动冷却液泵、冷却液制冷器、冷却液控制阀、蓄电池模块散热器、加热器以及动力蓄电池内部冷却液管路等组成。

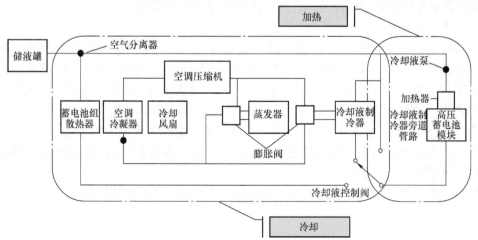

图 1-100　动力蓄电池水冷式热管理系统

采用一个冷却液电动泵，使冷却液在整个热管理系统管路中循环流动。通过冷却液制冷器与车内空调制冷系统进行热交换。动力蓄电池管理系统通过控制冷却液控制阀选择热管理模式。在环境温度低时可以动力蓄电池加热器对冷却液进行加热，保证动力蓄电池始终处于正常工作温度范围内。

动力蓄电池热管理系统可实现不加热也不冷却、冷却和加热三种温度控制模式。主要根据动力蓄电池温度、车外温度和动力蓄电池获取或输送的功率来选择这三种温度控制模式。

如果动力蓄电池温度已处于正常工作温度范围，就会启用不加热也不冷却的运行状态。车辆在适中环境温度下以较低功率行驶时通常也会启用该运行模式。动力蓄电池箱体底部面积较大，车辆行驶时，流过蓄电池底部的空气就会将热量释放到环境中。该运行模式非常高效，因此不需要其他能量对动力蓄电池进行温度调节。此时，动力蓄电池的加热器不通电；车内的空调制冷系统在冷却液制冷器内不进行热交换；动力蓄电池上的膨胀阀关闭；电动水泵不工作。

当动力蓄电池某个单体蓄电池温度超过35℃、直流充电时蓄电池温度超过33℃或交流充电时蓄电池温度超过35℃时，蓄电池管理系统通过脉宽调制信号控制电动泵工作，冷却液控制阀处于如图1-101所示位置，冷却液进行循环流动，将动力蓄电池的热量通过蓄电池模块散热器释放到环境中。此时通常称为常规冷却控制。

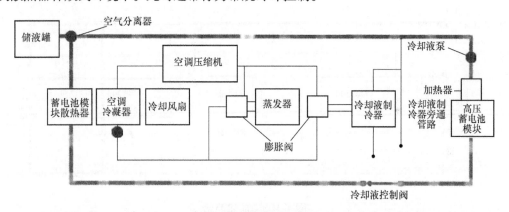

图1-101 常规冷却控制

当动力蓄电池平均温度超过35℃时，车内空调制冷系统的电动压缩机工作，动力蓄电池的膨胀阀开通，冷却液与空调制冷剂在冷却液制冷器内进行热交换，强制降低冷却液温度，此时冷却液控制阀处于图1-102所示位置。在此工作模式下，蓄电池管理系统分两个优先级向空调控制单元发送一个动力蓄电池冷却请求。然后由空调控制器决定冷却车内还是冷却动力蓄电池，或者两个都冷却。如果蓄电池管理系统发送的冷却蓄电池请求优先级低且车内冷却要求较高，空调控制器会拒绝动力蓄电池的冷却要求。如果蓄电池管理系统发送的冷却动力蓄电池请求优先级高，则会冷却动力蓄电池。

（2）加热控制

如果车辆停放在寒冷的户外很长时间，应在行驶前或充电前启动动力蓄电池加热功能，使其达到正常温度范围，并且在车辆行驶过程中始终保持动力蓄电池处于正常工作温度范围。

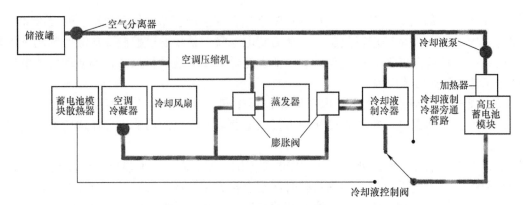

图 1-102 强制冷却控制

动力蓄电池加热控制主要有两种方式：一种是湿式加热，通过 PTC 加热器对冷却液进行加热后，通过冷却液去加热动力蓄电池；另一种是干式加热，通过 PTC 加热器直接对动力蓄电池进行加热。

1）湿式加热。在动力蓄电池温度低时，蓄电池管理系统控制加热器通电开始工作，电动冷却液泵输送冷却液流过加热器进行加热，然后再通过冷却液控制阀流入动力蓄电池内部进行加热，其冷却液流动路线如图 1-103 所示。

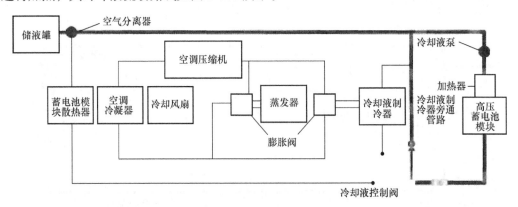

图 1-103 加热控制

2）干式加热。当动力蓄电池温度较低时，蓄电池管理系统发出指令使加热接触器触点闭合，动力蓄电池给 PTC 加热器供电给自己加热，如图 1-104 所示。动力蓄电池的 PTC 加热器工作示意图如图 1-105 所示。当动力蓄电池需要加热时，总正接触器和总负接触器都闭合，PTC 接触器也闭合，电流从动力蓄电池出发经总正接触器后，流经每个 PTC 加热器后，经 PTC 熔断器、PTC 接触器和总负接触器后流回动力蓄电池。

7. 剩余电量管理

剩余电量管理就是动力蓄电池管理系统估算动力蓄电池的荷电状态，即估算 SOC 值。SOC 是动力蓄电池管理系统中最重要的参数，因其他一切管理都是以 SOC 值为基础，所以它的精度和纠错能力极其重要。如果没有精确的 SOC 值，动力蓄电池管理系统增加再多的保护功能也无法正常工作，因为动力蓄电池会经常处于被保护状态，更无法延长动力蓄电池的寿命。

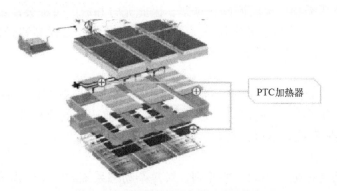

图 1-104　宁德时代动力蓄电池加热器

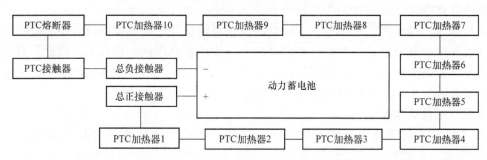

图 1-105　动力蓄电池 PTC 加热示意图

因此，SOC 的估算精度越高，越可以有效地降低所需要的蓄电池成本，目前有些纯电动汽车动力蓄电池可以放电至 5%，可以具有更长的续驶里程。而对于车主而言，SOC 直接反映了车辆当前的电量状态、还能行驶多远；对于动力蓄电池本身而言，SOC 的精确估算背后涉及开路电压、瞬时电流、充放电倍率、环境温度、蓄电池温度、车辆停放时间、自放电率、库仑效率、电阻特性、SOC 初始值及 DOD 等非线性影响，而且这些外在特性彼此影响，彼此也受不同材料、不同工艺等影响，其算法也是相关企业的核心技术。

目前，SOC 主流估算方法有放电实验法、安时积分法、开路电压法、神经网络法及卡尔曼滤波法。

（1）放电实验法

放电实验法是将目标蓄电池进行持续的恒流放电直到蓄电池的放电终止电压，将此放电过程所用的时间乘以放电电流的大小值，即为蓄电池的剩余容量。但车辆在实际运行中，由于放电无法做到恒流放电，无法单纯以放电结果作为电量估算标准。

（2）安时积分法

安时积分法又叫电流积分法，是在蓄电池进行充电或放电时，通过累计充放电电量来估算蓄电池的 SOC。

当前 SOC 精度主要依赖初始和瞬时电流的测量精度，但随着时间的延长，误差累积严重，因此还要根据放电率和蓄电池温度对估算出的 SOC 进行一定的补偿修正。

（3）开路电压法

开路电压法是根据蓄电池的开路电压与蓄电池内部锂离子浓度之间的变化关系，间接地拟合出它与蓄电池 SOC 之间一一对应关系。

精确的开路电压需要一段时间静止恢复，因此充电和放电过程会让蓄电池内部化学反应持续一段时间，延长了部分极化状态，形成极化电动势，会提高和降低瞬时开路电压，使单纯的开路电压在实际工况状态下受到行车干扰而不准确。

（4）神经网络法

神经网络法是由局部电压、电流、温度、内阻等各种瞬时数据形成输入层，自动归纳，再通过系统模型的输出层处理优化形成瞬时 SOC。目前达到商业标准的数据处理、优化、建模技术还没有实际解决，具有成本高、稳定性差等缺点。

（5）卡尔曼滤波法

卡尔曼滤波法是根据最小均方差原则，对复杂动态系统的状态做出最优化估计。优点是对初始误差有很强的修正作用，缺点是需要较强的数据处理能力，准确度由电池模型决定。目前研究热度很大。

总结来说，神经网络法太难，卡尔曼滤波法目前正处于高热度的研究中，放电实验法无法在实际中准确应用，安时积分法和开路电压法单独使用误差均较大。因此，目前主流的方法是将安时积分法和开路电压法结合使用，例如惠州亿能、科列和 CATL 等动力蓄电池生产厂家采用此种方法 SOC 误差基本可以实现在 5% 以内。

8. 蓄电池健康状态

动力蓄电池长期使用必然发生老化或劣化，因而必须估算动力蓄电池的健康状态（State of Health，SOH）。

SOH 是在标准条件下动力蓄电池从充满电状态以一定倍率放电到放电终止电压所放出的容量与其对应的标准容量的比值，该比值是蓄电池健康状态的一种反映。该定义适合描述纯电动汽车动力蓄电池的健康状态，因为纯电动汽车应用基本上是全充全放，每个充放电循环后便于相互比较。简而言之，SOH 是蓄电池使用一段时间后某些直接可测或间接计算得到的性能参数的实际值与标准值的比值，用来判断蓄电池健康状态下降后的状态，衡量蓄电池的健康程度，其实际表现在蓄电池内部某些参数（如内阻、容量等）的变化上。

SOH 以百分比的形式表现了当前蓄电池的容量能力，对一块新的蓄电池来说，其 SOH 值一般是大于 100% 的，随着蓄电池的使用，蓄电池在不断地老化，SOH 逐渐降低，在 IEEE 标准 1188-1996 中规定，当动力蓄电池容量能力下降到 80% 时，即 SOH 小于 80% 时，就应该更换蓄电池。目前有以下几种 SOH 估算方法。

（1）直接放电法

直接放电法是让单体蓄电池实际放电一次，测量放出的电量。此种方法对单体蓄电池的 SOH 评价非常可靠，但对于在用车辆的蓄电池 SOH 估算来说实现比较困难，若用 0.1C 倍率放电，放电过程大约需要 10h，测试时间太长。

（2）内阻法

内阻法是通过建立内阻与 SOH 之间的关系来估算 SOH。蓄电池内阻与 SOH 之间存在确定的对应关系，可以简单地描述为随蓄电池使用时间的增长，蓄电池内阻会随之增加，将影响蓄电池容量，从而可以估算出 SOH。

这种方法的缺点是当蓄电池容量下降了原来的 25% ~ 30% 后，蓄电池内阻才会有明显的变化，而标准中规定：当蓄电池容量下降到 80% 时蓄电池就应该更换，因此想要通过这种方法实时估算蓄电池的 SOH 难度较大；而且蓄电池内阻很小，信号较弱，想要准确测量蓄电池内阻也比较困难。目前，这种方法还没有得到实际应用。

（3）电化学阻抗分析法

电化学阻抗分析法是向蓄电池施加多个正弦信号，这些信号的频率是不同的，然后运用模糊理论对已采集的数据信息进行分析，预测蓄电池的当前性能。

这种方法需要大量的数据采集与分析，以获得此蓄电池的特性，目前成本较高。

（4）模型法

模型法是分析蓄电池内部所发生的化学反应，以此为基础建立蓄电池模型，用此模型来计算蓄电池容量的衰减，最终获得蓄电池的 SOH。

这种方法需要精确地分析蓄电池内部的化学反应，并且需要获得蓄电池的一些固有参数，此方法试验量大、难度大、耗时长。

（5）电压曲线模型法

电压曲线模型法首先要进行蓄电池充放电循环试验，然后将试验数据进行归一化处理后，选取一个基准曲线，然后进行曲线拟合，一般采用神经网络进行拟合，拟合出的曲线作为标准曲线。蓄电池工作过程中定期采集单体蓄电池电压，根据电压信号在拟合曲线上找到相应的点，该点就代表蓄电池的 SOH。

这种方法建模简单，不需要做大量的试验，也不需要蓄电池的一些固有参数；成本低，估算精确。此方法是目前主要采用的方法。

9. 蓄电池信息管理

由于纯电动汽车上有大量锂离子蓄电池，工作时每一秒都会产生大量的监控数据，这些单体蓄电池的监控数据通过 BMS 与充电桩、仪表、VCU、MCU、车载充电机等进行大量的数据交换，保证纯电动汽车的正常使用。动力蓄电池的剩余电量、存在的故障、蓄电池温度、充放电电流等相关信息经 BMS 通过 CAN 总线传输给仪表，通过仪表来显示这些重要数据。同时，一些数据作为历史数据保存在系统中。

【实践技能】

1.2.3 纯电动汽车动力蓄电池及管理系统的检修

1.2.3.1 纯电动汽车的检测维护安全

1. 人员安全

1）纯电动汽车高压操作人员必须具有相应的操作资质（如拥有低压电工证），严禁没有操作资质的人员对纯电动汽车高压系统进行操作。在操作人员上岗前必须对其进行安全操作培训，严格执行安全操作规范。

2）操作人员上岗时不得佩戴金属饰品、饰物，如手表、戒指等，工作服口袋内不得装有金属物件，如钥匙、硬币、手机等。

3）操作人员不得把与工作无关的工具带入场地。必要的金属工具，在其手持部位应做绝缘处理。

4）每次接通高压电源之前，操作人员应检查各高压元器件周边有无杂物，通知无关人员远离上述部位，接通高压时要高声提示。

2. 检测维护作业要求

1）对高压元器件进行拆卸、检查、维修时，应先切断高压回路。

2）车辆长时间停放时，应每周检查一次动力蓄电池状态，防止蓄电池漏电。

1.2.3.2 动力蓄电池检查

1. 常规检查

（1）外观检查

如图 1-106 所示，检查动力蓄电池外观有无磕碰、损坏。维修人员将车辆举升起来，目测动力蓄电池底部有无磕碰、划伤、损坏现象。如发现以上情况，应及时予以修理或更换。

图 1-106 动力蓄电池外观检查

（2）检查动力蓄电池高低压插接件及绝缘电阻

目测动力蓄电池高低压插接件是否有变形、松脱、过热、损坏情况。如发现以上情况，应及时予以修理或更换，如图 1-107 所示。

如图 1-108 所示，使用绝缘万用表 500V 档测量动力蓄电池高压电缆正负极对车身的绝缘电阻，绝缘电阻应不小于 500Ω/V（大部分纯电动汽车的绝缘电阻大于 20MΩ）。然后查看极柱插头、极柱插孔是否有磨损、烧蚀等现象，并注意保护套等部件是否齐全。

图 1-107 高低压插接件外观检查　　　图 1-108 测量绝缘电阻

（3）动力蓄电池固定螺栓力矩检测

例如北汽纯电动汽车 EV200 动力蓄电池固定螺栓标准力矩为 95～105N·m。

2. 动力蓄电池系统检查

（1）诊断仪的使用

当今新能源汽车往往会有数十个系统模块，且每个系统模块都有自己的数据流和故障码,尤其是动力蓄电池系统、电机控制系统等新能源高压系统更是有特别复杂的自诊断系统。因此,技术人员需要通过相应的专用解码器对新能源汽车高压系统进行数据流和故障码读取。虽然大部分新能源汽车生产厂家均开发出各自专用诊断仪,不过使用方法大致相同,因此这里主要介绍北汽新能源汽车的专用诊断仪 BDS。

1) BDS 诊断软件功能使用说明。BDS 诊断软件必须安装在笔记本计算机、台式计算机或平板计算机等相关硬件上,并在网络连接状态下使用,硬件要求系统盘空间不小于 5GB,内存不小于 1GB,操作系统使用 Windows XP SP3、Windows 7 或 Windows 8,软件需要在线激活和网络下载,务必保证连接网络正常,安装条件是 Windows 登录账户必须是管理员身份。安装激活后,其界面如图 1-109 所示。

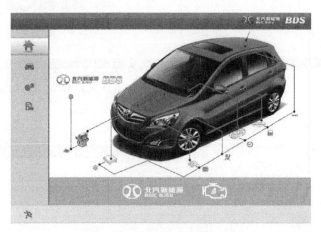

图 1-109　BDS 诊断软件主界面

图 1-109 中图标定义功能见表 1-10。

表 1-10　BDS 诊断软件功能说明

图标	功能名称	功能描述
	主界面	BDS 汽车无线诊断系统主界面,介绍和描述产品性能和品牌
	汽车智能诊断系统	汽车无线诊断系统的核心功能,它提供简易而专业的汽车综合诊断功能,包括读取电子控制单元(ECU)信息、故障码分析、数据流分析、数据流冻结帧及元件执行,还具备计算机编程、匹配、设定和防盗等功能
	系统设定	汽车无线诊断系统的系统设定功能,它提供多种功能操作模式、连接方式、米制/英制单位切换和语言选择等功能,从而丰富用户体验
	软件管理	产品软件管理,用于甄别汽车诊断软件的版本信息,以便客户升级软件;用于客户管理汽车诊断车型软件;用于注册用户信息,以增强用户安全性,以及客户打印测试报告时显示用户信息
	系统退出	安全退出 BDS 系统

2) 故障诊断操作。使用选定的车辆诊断测试仪相匹配的诊断线,将诊断盒连接到汽车

的车载诊断系统（OBD）诊断插座上，如图1-110所示，将车钥匙置于ON档，开启车辆诊断仪，按照屏幕上的显示进行操作，以启动所需功能。

连接完成后，电源指示灯会点亮。诊断仪界面显示"连接方式"为"SSID"，无线网络（WiFi）为"UCANDAS"，如图1-111所示。

启动BDS软件系统，单击汽车诊断图标，出现诊断系统（北汽新能源或者其他车辆）检测界面，如图1-112所示。

图1-110　诊断仪连接

图1-111　诊断仪连接界面

图1-112　诊断系统界面选择

单击北汽新能源诊断系统，选择需要的车型，进入对应车型诊断程序，如图1-113所示。按下一步键，进入车型诊断，如图1-114所示。

图1-113　车型诊断程序界面

图1-114　车型选择界面

选择车型后，进入系统选择界面，如图1-115和图1-116所示，选择相关系统，读取相关数据流和故障码，作为车辆维修诊断的依据。

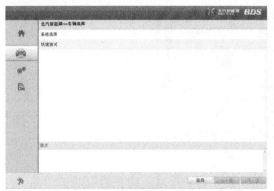 

图 1-115　系统选择界面一　　　　　　　　图 1-116　系统选择界面二

（2）动力蓄电池电压和温度检测

将北汽专用诊断仪 BDS 与车辆 OBD 接口相连，打开启动开关，进入蓄电池管理系统，即可读取动力蓄电池单体蓄电池的电压和温度等参数，如图 1-117 所示。此时，可以观察最高与最低单体蓄电池的电压差和温度差，尤其是在 SOC 处于 10% 左右时，技术人员可以根据单体蓄电池电压准确地判断出是否有动力蓄电池不均衡现象，并找出哪块单体蓄电池电压异常。

图 1-117　动力蓄电池单体蓄电池的电压和温度参数

3. 动力蓄电池包拆卸

（1）作业前准备

1）设置安全隔离，并放置警示牌。对拆装车辆，设置安全隔离区域，用电工专用 1m 反光警示带或安全隔离伸缩围栏设置隔离线，悬挂警示标识，并在车顶放置"高压危险，请勿靠近"安全警示牌。如图 1-118 所示。

图 1-118　隔离车辆

2）操作前检查并穿戴安全帽、防护眼镜、防护鞋、防护手套、防护服等防护用品，并持安监局颁发的有效期内的电工操作证。

3）检查放电工装、绝缘万用表、绝缘工具等设备。

4）实施车辆防护。安装"三件套"，如图 1-119 所示。

5）检查举升机液压机构是否可靠，自锁机构是否可靠，举升臂垫块是否可靠，高度是否一致，如图 1-120 所示。

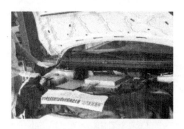

图 1-119　实施车辆防护

图 1-120　检查举升机

6）检查动力蓄电池举升车。如图 1-121 所示，检查动力蓄电池举升车的脚踏开关、托盘升降开关、托盘倾斜开关、气动管路、脚轮锁止按钮及连接件；检查举升车升降是否平稳；检查悬浮式平台水平方向移动 30mm，在不需要移动举升机的情况下就可以轻松完成新能源汽车动力蓄电池的安装。

7）检测绝缘地垫。应随机选择 5 个以上点进行绝缘检测，调整 500V 挡位测试绝缘性，如图 1-122 所示。

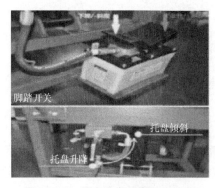

图 1-121　检查动力蓄电池举升车

图 1-122　检测绝缘地垫绝缘电阻

（2）动力蓄电池拆卸

1）按照正确规范进行高压下电操作，举升车辆，如图 1-123 所示。

2）拆下车底驱动电机、动力蓄电池线束钢质护板，如图1-124所示。

图1-123 举升车辆

图1-124 拆下护板

3）查看高低压控制线束插接件绝缘层是否破损，低压控制端旋转卡扣是否松动，高压端锁止口是否正常。戴好绝缘手套，拆卸低压控制线束插接件，先逆时针方向旋转外侧自锁扣，注意必须旋转到位完全解锁；再从水平方向拔出端子，切忌上下摇动，否则容易形成倒针、折断、变形现象，见图1-125所示。

4）拆卸动力蓄电池高压电缆插接件，如图1-126所示。

图1-125 拆卸低压控制线束插接件

图1-126 拆下高压电缆

5）对高压负载端进行验电，如电压不为零，可用放电工装进行放电。完全放电后，再次进行验电，直到降到安全电压以下为止。最后对蓄电池端和负载端所有插头进行绝缘处理。

6）推入动力蓄电池举升车，调整举升车位置，并能完全托住动力蓄电池，如图1-127所示，固定脚轮。

图1-127 调整动力蓄电池举升车并托住动力蓄电池

7）拆卸动力蓄电池固定螺栓，按照对角交叉、从外到里原则拆卸动力蓄电池固定螺栓，分多次拆下；缓慢降低举升车，将动力蓄电池与车体分离，如图 1-128 所示。

图 1-128　拆卸动力蓄电池螺栓

8）松开脚轮，将举升车从车底推出，完成动力蓄电池包的拆卸过程。

（3）动力蓄电池安装

1）将举升车推入车底，固定脚轮，缓慢将举升车升起至接近汽车底盘位置。

2）松开脚轮，调整举升平台位置至定位销与定位孔对齐；再次固定脚轮，继续升起举升车，将定位销插入定位孔。

3）按照从内到外、对角交叉原则用扭力扳手安装固定螺栓，达到规定力矩。

4）动力蓄电池安装好后，松开脚轮，将举升车推出。

5）安装动力蓄电池高压电缆插接器，然后安装低压线束插接器。至此完成动力蓄电池的更换。

情境小结

1. 动力蓄电池系统主要由动力蓄电池箱、动力蓄电池模块、蓄电池管理系统（BMS）、蓄电池控制器（PRA）、维修开关（检修开关）及其他辅助装置等组成。

2. 动力蓄电池模块是由若干个单体蓄电池（又称电芯）通过并联、串联后形成。动力蓄电池包是由若干单体蓄电池并联成电芯组，若干电芯组串联成模块，最后若干个模块串联成整个动力蓄电池包。

3. 蓄电池管理系统是动力蓄电池保护和管理的核心部件。在动力蓄电池系统中，BMS 的作用是保证动力蓄电池安全可靠地使用，同时充分发挥动力蓄电池的储电能力并延长使用寿命；另外，作为动力蓄电池和整车控制器（VCU）与驾驶人沟通的桥梁，通过控制接触器控制动力蓄电池的充放电，并向整车控制器上报动力蓄电池系统的基本参数及故障信息。

4. 蓄电池控制器是控制动力蓄电池高压直流输入与输出的开关装置。主要由总正接触器、总负接触器、预充接触器、预充电阻、控制插接件、电压检测插接件和高压插接件等组成。

5. 动力蓄电池的辅助装置由电流传感器、动力蓄电池模块之间连接导线、加热接触器、熔丝及插接器等组成。

6. 动力蓄电池管理主要有以下功能：动力蓄电池状态管理、蓄电池安全保护、能量控制管理和蓄电池信息管理。动力蓄电池管理是通过 BMS 控制来实现的，BMS 通过 CAN 总线与 VCU 通信实现与整车的匹配。

7. 动力蓄电池状态管理主要包括动力蓄电池状态检测和动力蓄电池状态评估。动力蓄电池状态检测包括电压检测、电流检测、温度检测等；动力蓄电池状态评估包括剩余电量评估和蓄电池健康状态评估等。

8. 为了防止纯电动汽车高压漏电，保护乘客、维修人员等不受高压电的伤害，BMS设计有高压漏电检测电路和高压互锁电路。

9. 整车上下电控制包括整车低压供电与断电、唤醒与取消唤醒、高压上电和下电。整车上下电控制由VCU协调各个控制器顺序合理地接通或断开低压控制电和高压动力电，保证车辆能够正确完成启动和关闭动作，并进行信息交互和故障诊断。

10. 充电控制管理是指BMS在动力蓄电池充电过程中对充电电压、充电电流、充电时间及充电温度等参数进行实时的优化控制，包括BMS与充电桩的握手对接及数据交换。动力蓄电池系统充电分为慢充电、快充电和制动能量回收三种方式。

11. 动力蓄电池的不一致性是指规格型号相同的单体蓄电池在电压、内阻、容量等参数上存在的差别。BMS通过检测动力蓄电池内各单体蓄电池电压，对存在电压异常的单体蓄电池采取均衡性充电，以达到各单体蓄电池电压的一致性。

12. 动力蓄电池工作中产生的热量累积，会造成动力蓄电池各处温度不均匀，从而影响动力蓄电池单体蓄电池的一致性，降低充放电循环效率，影响动力蓄电池的功率和能量发挥，严重时还将导致热失控，影响系统安全性和可靠性。为了使动力蓄电池发挥最佳性能并延长使用寿命，大多数新能源汽车都具有热管理系统，通过BMS进行温度控制管理，使动力蓄电池始终处于正常工作温度范围20~40℃。

13. 剩余电量管理就是动力蓄电池管理系统估算动力蓄电池的荷电状态，即估算SOC值。主流SOC估算方法有放电实验法、安时积分法、开路电压法、神经网络法及卡尔曼滤波法，目前主流的方法是将安时积分法和开路电压法结合使用。

14. 动力蓄电池长期使用必然发生老化，因而必须估算动力蓄电池的健康状态。电压曲线模型法不需要做大量的试验，也不需要蓄电池的一些固有参数；成本低，估算精确。此方法是目前主要采用的方法。

15. 新能源汽车要定期对动力蓄电池进行外观检查。在SOC为10%左右时使用专用诊断仪读取动力蓄电池电压参数为最佳。

16. 在进行动力蓄电池检测和蓄电池包拆装时要注意人员和设备的安全。

维修工单 1.2

任务名称	1.2 判断动力蓄电池技术状况	时间		班级	
学生姓名		学生学号		成绩	
实训设备	纯电动汽车 2 辆、举升机 2 台、绝缘工具 2 套、防护用具 2 套、车间安全防护用具 2 套、工具车和绝缘工具 2 套、检测仪器（绝缘万用表、放电工装等）2 套、动力蓄电池举升车 2 台、BDS 诊断仪和笔记本电脑 2 套	实训场地		日期	
任务描述	一客户走进某纯电动汽车 4S 店，反映其车停车时显示续驶里程 150km，不开空调，正常行驶 43km 后，提示续驶里程仅有 19km。经检查，动力蓄电池有一组电池老化，出现不均衡现象，4S 店需要更换动力蓄电池，然后将动力蓄电池返厂。该故障你能正确进行检修吗？				
任务目的	能够正确使用 BDS 诊断仪，正确读取动力蓄电池电芯的电压参数，制订出电动汽车动力蓄电池拆装工作计划，按照正确规范的要求完成动力蓄电池更换操作。				

一、读取动力蓄电池电压参数
1. 连接诊断仪　　□正确连接　□错误连接
2. 读取动力蓄电池电压参数时，SOC：_____
3. 测量单体蓄电池电压
最高电压：_____V　　　　位置：_____模块、_____单体蓄电池
最低电压：_____V　　　　位置：_____模块、_____单体蓄电池
最高电压与最低电压差：_____V

二、作业前检查及车辆防护
1. 维修作业前现场环境检查
作业内容：_____
2. 维修作业前防护用具检查
作业内容：_____
3. 维修作业前设备工具检查
作业内容：_____
4. 维修作业前实施车辆防护
作业内容：_____

三、高压下电步骤
作业内容：_____

四、动力蓄电池电池拆卸
1. 车辆下电、举升后，检查动力蓄电池外观及插接件状态
车辆下电：□是　□否
蓄电池底部状态：□正常　□磕碰　□划伤　□损坏
高低压插接件：□正常　□变形　□松脱　□损坏
动力蓄电池铭牌：□正常　□脏污　□缺失　□损坏
实施表面清洁：□是　□否
2. 按照流程拆卸动力蓄电池包整体
作业步骤：_____
_____
_____

自我评价	组长评价	教师评价	总分

课后习题

一、选择题

1. 动力蓄电池继电器盒也称蓄电池控制器（PRA），是控制动力蓄电池（　　）输入与输出的开关装置。
   A. 网络信号　　　　B. 高压直流电　　　　C. 互锁信号　　　　D. 温度信号

2. 以下关于蓄电池的概念中，属于构成蓄电池模块的最基本单元是（　　）。
   A. 蓄电池模组　　　B. 单体蓄电池　　　　C. 动力蓄电池总成　　D. 蓄电池电芯组

3. 动力蓄电池系统由动力蓄电池模块、（　　）、动力蓄电池箱及辅助元件组成。
   A. 蓄电池管理系统　B. 蓄电池输入系统　　C. 蓄电池输出系统　　D. 高压保险系统

4. 下列不属于高压互锁设计的是（　　）。
   A. 整车在高压上电前确保整个高压系统处于封闭的环境下工作
   B. 防止带电插拔高压插接器给高压端子造成的拉弧损坏
   C. 使高压输入范围处于直流 290～420V
   D. 在高压系统完整性受到破坏时启动安全防护

5. 以下选项中不属于高压互锁问题的是（　　）。
   A. 高压插接件互锁端子缺失或退针
   B. 高压插接件未装配到位
   C. 高压盒盖开关端子损坏
   D. 高压线缆损坏

6. 当整车下电后，$V1 = V3$，表示（　　）触点黏连。
   A. 正极、负极继电器　　　　　　　B. 正极继电器、预充接触器
   C. 负极继电器、预充接触器　　　　D. MSD 断开

7. 动力蓄电池放电过程中，单体蓄电池电压差大于（　　）时，动力蓄电池被切断。
   A. 200mV　　　B. 300mV　　　C. 500mV　　　D. 1000mV

8. 预充电阻的作用是（　　）
   A. 为蓄电池充电之前的检测电阻　　B. 车辆上电时降低冲击电流
   C. 交流充电时的安全保护电阻　　　D. 不是车辆上必须的结构

9. 一节电池与相同的两节串联在一起的蓄电池组相比（　　）
   A. 容量相同，能量相同　　　　　　B. 容量不同，能量不同
   C. 容量相同，能量不同　　　　　　D. 容量不同，能量相同

10. 下面哪个参数是 BMS 中用来反映动力蓄电池健康状态的？（　　）。
    A. SOC　　　B. SOP　　　C. SOH　　　D. DOD

二、简答题

1. 新能源汽车安装预充接触器和预充电阻的作用是什么？
2. 动力蓄电池高压上电检测流程是什么？
3. 动力蓄电池出现不均衡的后果是什么？
4. 纯电动汽车更换动力蓄电池包的步骤是什么？

新能源汽车充电系统结构原理与检修

学习单元2.1 高压控制盒结构原理与检修

【情境导入】

一车主走进某新能源汽车4S店,反映其车没有暖风。经过修理工检查,初步判断为PTC控制器故障,需要更换PTC控制器。你能正确进行检修吗?

【学习导航】

新能源汽车各高压总成部件需要一个电力分配装置,就像居民家中的配电箱。新能源汽车的高压电力分配装置主要由相关高压系统的高压熔断器、继电器组成,北汽纯电动汽车还将暖风PTC控制器安装其内。本课程主要学习高压控制盒的结构原理及检修方法。

【学习目标】

1. 能够正确叙述高压控制盒的作用、结构。
2. 能够正确检修高压控制盒。
3. 能够正确拆装高压控制盒。
4. 能够养成严谨细致,有耐心的良好习惯。

2.1.1 高压控制盒的作用、结构与原理

2.1.1.1 高压控制盒的作用

高压控制盒(HCU)的主要作用是完成动力蓄电池电源的输出及分配,实现对支路用电器的保护及切断。常见的高压控制盒共有5个端口,分别与快充线束、低压控制线束、高压附件线束、动力蓄电池高压电缆及电机控制器电缆连接,如图2-1所示。高压控制盒故障会导致整车低压电路电压过低、电动汽车没有暖风、空调压缩机不工作、充电系统故障及整车READY灯不能点亮等故障。

目前大部分纯电动汽车将高压控制盒、车载充电机(OBC)与DC/DC变换器集成在一个控制盒内,称为电源分配器(Power Distribution Unit,PDU),如图2-2所示。随着新能源汽车技术的飞速发展,电动汽车电机驱动系统的集成度也越来越高。目前一部分高压控制

盒、电机控制器、DC/DC 变换器、车载充电机及车载加热器（PTC）等高压系统部件集成为一体，该功率集成单元称为电源电子单元（Power Electronic Unit，PEU），如图 2-3 所示。

图 2-1　老款北汽 EV160 发动机舱内的高压控制盒

图 2-2　北汽 EV160 发动机舱内的 PDU

图 2-3　北汽 EV260 发动机舱内的 PEU

2.1.1.2　高压控制盒的结构

1. 高压控制盒外部结构

高压控制盒又称高压配电盒，以北汽新能源高压控制盒为例，高压控制盒的外部接口如图 2-4 所示。

高压控制盒与外部连接分低压控制线和高压电缆。低压控制线主要功能是完成内部电路控制和数据传输。高压电缆主要分为快充线束、动力蓄电池高压电缆、电机控制器电缆及高压附件线束。高压附件线束分别连接车载充电机、空调加热 PTC 插接件、空调压缩机（EAS）插接件及 DC/DC 变换器插接件。高压电缆外表呈现显著的橙色是为了警告人们注意高压电。

2. 高压控制盒内部结构

高压控制盒内部主要有熔断器、控制电路和快充继电器三大部分。

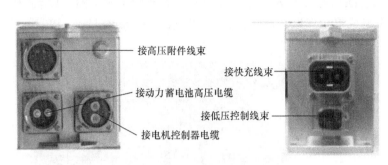

图 2-4　高压控制盒的外部接口

（1）熔断器

高压控制盒内有 4 个大型熔断器，即空调加热 PTC 熔断器、空调压缩机熔断器、DC/DC 变换器熔断器和车载充电机熔断器。

（2）控制电路

高压控制盒内部安装有空调加热 PTC 控制电路板和高压互锁机构（又称盒盖开关）。

4 个熔断器、空调加热 PTC 控制电路板及高压互锁机构共同安装在高压控制盒同一层，如图 2-5 所示。

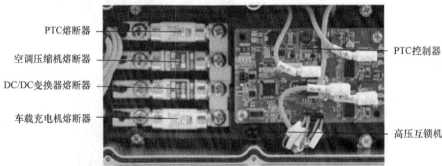

图 2-5　高压控制盒内熔断器、PTC 控制电路板和高压互锁机构

（3）快充继电器

在高压控制盒的底部有两只体积较大的继电器，一个是正极继电器，另一个是负极继电器，如图 2-6 所示。这两个继电器是为了满足快充电路控制需要，在接通快充桩后，车辆与快充桩识别认证正确后接通，电动汽车进入充电状态。

图 2-6　快充继电器

2.1.1.3 PDU 结构

1. 外部结构

图 2-7 所示为北汽 EV300 纯电动汽车 PDU，从图中可以看出，其将车载充电机、DC/DC 变换器和高压控制盒集成到一个控制装置内，同时也集成了各个接口，如图 2-8 所示。

图 2-7 北汽 EV300PDU

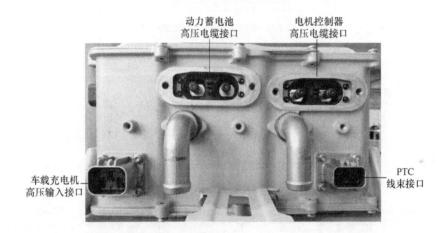

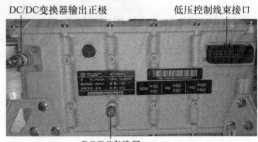

图 2-8 PDU 接口位置

2. 内部结构

PDU 内部结构分为上下两层，上层安装有 PTC 熔断器、车载充电机熔断器、空调压缩机熔断器和DC/DC变换器熔断器，快充正极和负极继电器，以及DC/DC变换器控制板和高压互锁机构，如图2-9所示；下层主要由PTC控制器和车载充电机控制器组成，如图2-10所示。

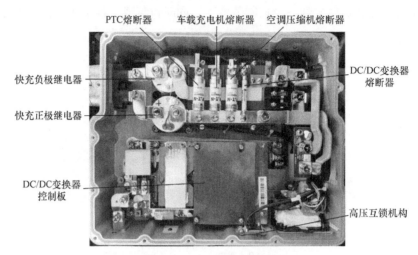

图2-9　PDU内部上层结构

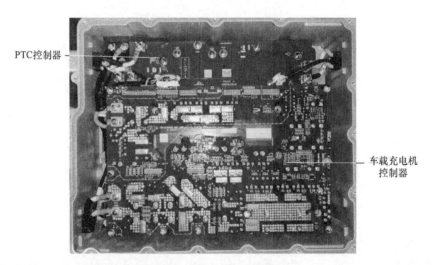

图2-10　PDU内部下层结构

2.1.1.4　高压控制盒的工作原理

北汽新能源高压控制盒内部电路示意图如图2-11所示。

高压控制盒是连接动力蓄电池与外部用电设备或充电设备的控制机构，为了保护用电设备和动力蓄电池，通过熔断器、继电器和PTC控制板防止电流过大。如果分给电机控制器、DC/DC变换器、空调压缩机和PTC加热器等用电设备的电流超过额定值，那么相应的熔断器熔断，保护用电设备不损坏。

1）动力蓄电池放电时，高压直流电通过动力蓄电池正极接口进入高压控制盒，然后其中一路直接供入电机控制器正极；第二路通过DC/DC变换器熔断器，从高压附件线束的A接头供入DC/DC变换器；第三路通过空调压缩机AC熔断器，从高压附件的C接头供入空调压缩机;第四条路通过 PTC 熔断器,分别从高压附件的 B 接头给 PTC 加热器的加热芯供电,以及通过 PTC 控制板上的 HV-P 接头给 PTC 控制板供电。

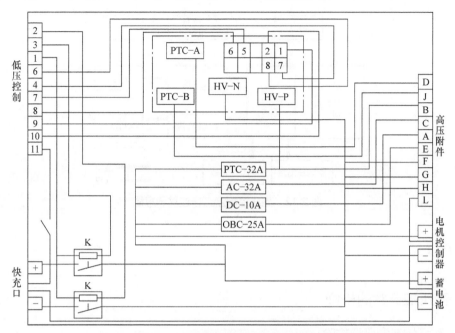

图 2-11　高压控制盒内部电路示意图

K—控制盒盖开关

高压附件接头上的 G、H 分别为 DC/DC 变换器、空调压缩机的高压负极;D、J 分别为 PTC 加热器中 PTC-A 和 PTC-B 组的高压负极,PTC-A 和 PTC-B 在 PTC 控制板中通过控制器与 HV-N 相通。

最后,电机控制器的高压负极、DC/DC 变换器的高压负极 G、空调压缩机的高压负极 H 及 PTC 控制板上的高压负极 HV-N 均通过蓄电池高压负极回到动力蓄电池。

2)动力蓄电池慢充时,车载充电机的充电电流,从高压附件线束的 E 接头供入车载充电机(OBC)熔断器,通过蓄电池正极充入动力蓄电池,再通过蓄电池负极插头和高压附件中的 F 接头回流到车载充电机中。

3)动力蓄电池快充时,快充桩与车上快充接口连接后,双方进行握手通信,通过报文相互认证通过后,会接通高压控制盒中的快充继电器。由低压控制插头"1"分别为正、负快充继电器线圈供电,通过"3""2"接头分别搭铁。快充桩的高压电流直接通过快充口正负接头充入动力蓄电池中。

4)高压控制盒的低压控制插头上的"4"给 PTC 控制板提供 12V 低压电源。"6"为 PTC 控制板低压搭铁。"7"和"8"分别为新能源 CAN 线。"9"和"10"分别为 PTC 加热器温度传感器的信号线。

5)与车上其他高压部件一样,高压控制盒盖上安装有高压互锁机构,在打开高压控制盒盖后会切断高压互锁电路,从而切断高压电路,防止产生触电事故。高压控制盒低压控制插头中的"11"为通往车载充电机上的互锁信号线。高压附件接头中的"L"为通往 DC/

DC 变换器上的互锁信号线。

高压控制盒工作过程示意图如图 2-12 所示。

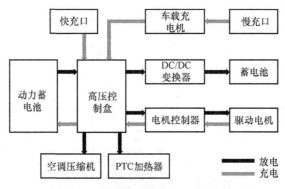

图 2-12 高压控制盒工作过程示意图

【实践技能】

2.1.2 高压控制盒的检修

2.1.2.1 高压控制盒典型故障

1. 纯电动汽车没有暖风

（1）故障现象

将车钥匙置于 ON 档位并打开暖风后，空调有风量但没有暖风送出；挂入 D 位，车辆能够正常起步。

（2）故障原因

车辆能够正常起步，说明高压供电正常；但有风不热，说明 PTC 电路或 PTC 加热器有故障。

（3）故障排除

PTC 暖风是通过高压控制盒进行控制的，在车钥匙置于 ON 档位打开暖风后，首先检测低压控制电路是否有故障。用万用表电压档测量 PTC 控制板低压电源（即高压控制盒低压控制插件的 4 端子；端子又称针脚或脚）是否有 12V 电压，若电压为 0V，检查供电电路；若电压为 12V，说明供电正常。关闭暖风，车钥匙置于 LOCK 档位，用万用表电阻档测量 PTC 控制板搭铁（即测量高压控制盒低压控制插件 6 端子与车身搭铁之间）是否良好，若电阻小于 0.5Ω，则搭铁正常；若电阻大于 0.5Ω，则检查搭铁点或更换搭铁线。

若低压控制供电、搭铁正常，则需要检查高压电路是否有故障。在检查高压电路时要注意高压安全防护。整车高压下电后，断开 PTC 加热器高压线束。车钥匙置于 ON 档位，打开暖风，测量 PTC 连接高压导线上是否有高压电，若有，更换 PTC 加热器；若无，则检查高压控制盒。

打开高压控制盒上盖，检查 PTC 熔断器是否熔断以及相关 PTC 高压线是否连接正常，若熔断，则更换熔断器，并检查是何种原因造成熔断器熔断；若熔断器正常、相关高压线连接牢固,则更换 PTC 控制板。最后,检查空调暖风是否恢复正常。

2.READY 灯不能点亮且高压断开警告灯点亮

(1)故障现象

将车钥匙置于 ON 档位,READY 灯不能点亮且高压断开警告灯点亮。

(2)故障原因

只有高压断开警告灯点亮,READY 灯不能点亮,说明高压互锁电路有断开故障。

(3)排除故障

依据高压系统连接顺序逐一检查各高压部件连接是否安装到位,并检查各高低压插接件内互锁端子是否有倒针、退针等现象,如果有,则要更换插接件。如果没有,则依次打开高压控制盒上盖、电机控制器上盖等,检查高压互锁机构,判断盒盖开关是否能正常闭合;如果不能正常闭合或损坏,则需要维修或更换。最后,重新将车钥匙置于 ON 档位,检查故障是否消失。

2.1.2.2 高压控制盒更换

1. 准备工作

给车辆安装"三件套";打开发动机舱盖,安装翼子板布、前格栅布,如图 2-13 所示。

图 2-13 准备工作

2. 下电

按照规范流程进行下电操作。

3. 高压控制盒的拆卸

1)拔下高压控制盒前部的快充线束、低压线束和后部的 3 根高压线束,如图 2-14 所示。

2)拆卸固定螺栓,如图 2-15 所示。

图 2-14 拔下线束

图 2-15 拆卸固定螺栓

3）取下高压控制盒，如图 2-16 所示。

图 2-16 取下高压控制盒

4.更换新高压控制盒
1）将高压控制盒安装到位后，安装固定螺栓。
2）依次安装前后高低压线束。
3）取下前格栅布、翼子板布以及"三件套"。

情境小结

1.纯电动汽车高压控制盒又称为高压配电盒或高压配电箱，是新能源汽车的高压电流分配单元。

2.高压控制盒前部有快充线束插接件接口和低压控制端插接件接口；后部有高压附件插接件接口、动力蓄电池高压电缆插接件接口和电机控制器电缆插接件接口。

3.高压控制盒电路主要实现高压电的分配。高压控制盒内部有空调加热 PTC 熔断器、空调压缩机熔断器、DC/DC 变换器熔断器、车载充电机熔断器 4 个熔断器及 PTC 控制电路板；底部安装有快充继电器。

维修工单 2.1

任务名称	2.1 高压控制盒的检修		时间		班级	
学生姓名			学生学号		成绩	
实训设备	纯电动汽车2辆、绝缘工具2套、防护用具2套、车间安全防护用具2套、工具车和绝缘工具2套、检测仪器（绝缘万用表、放电工装、电流钳等）2套		实训场地		日期	
任务描述	修理工在某新能源汽车4S店工作，一天接了一辆纯电动汽车，经过询问以及客户反映，该车没有暖风。你能正确进行检修吗？					
任务目的	能够准确识别高压控制盒结构，能够正确检修高压控制盒和拆装高压控制盒。					

一、高压控制盒外部结构

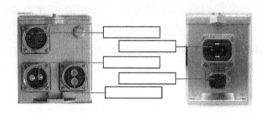

二、高压控制盒内部结构

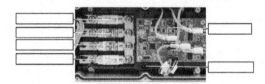

快充继电器个数：_____个

三、检修步骤

1. 验证故障现象

车钥匙位置：□START □ON □ACC □LOCK

暖风开关位置：_____

暖风功能：□有暖风 □无暖风

2. 故障检测

（1）检测低压控制电路

①PTC控制板电源电压_____V，□正常 □不正常；故障位置：_____

②PTC控制板搭铁电阻_____Ω，□正常 □不正常；故障位置：_____

（2）高压电路检测

①作业前安全检查。安全工装检查、着装：□正常 □不正常

车辆安全准备：□正常 □不正常

②高压下电后，断开PTC端高压线束，测量PTC高压线束电压：_____V，□正常 □不正常；故障位置：_____

③拆卸高压控制盒，检查PTC熔断器：□正常 □熔断；故障位置：_____

④检查高压控制盒内高压线束连接情况：□正常 □异常；故障位置：_____

⑤更换PTC控制板步骤：_____

_____

3. 恢复车辆，检查故障是否消失

_____

_____

自我评价	组长评价	教师评价	总分

课后习题

一、选择题

1. (　　)的作用是完成动力蓄电池电源的输出及分配,实现对支路用电器的保护及切断。
   A. 车载充电机　　B. 电机控制器　　C. 高压控制盒　　D. DC/DC 变换器

2. 北汽新能源纯电动汽车中高压控制盒的主要作用是(　　)。
   A. 连接快充　　B. 连接 PTC　　C. 连接动力蓄电池　　D. 分配高压电路

3. 下列关于北汽纯电动汽车高压控制盒说法错误的是(　　)。
   A. 车辆慢充时,充电电流通过高压控制盒中车载充电机熔断器后充入动力蓄电池
   B. 车辆快充时,充电电流通过高压控制盒快充熔断器后充入动力蓄电池
   C. 动力蓄电池中高压直流电通过高压控制盒供入电机控制器中
   D. 电力电池中高压直流电通过高压控制盒压缩机熔断器后供入电动空调控制器

4. 目前,很多车企将车载充电机、DC/DC 变换器、高压控制盒集成一体,称为(　　),以减少生产成本。
   A. PEU　　B. PDU　　C. PFU　　D. PWU

5. 北汽新能源纯电动汽车的高压控制盒中没有(　　)。
   A. 车载充电机熔断器
   B. 压缩机熔断器
   C. PTC 加热器熔断器
   D. 快充熔断器

二、简答题

1. 高压控制盒的作用是什么?
2. 高压控制盒的工作原理是什么?

学习单元 2.2　DC/DC 变换器结构原理与检修

【情境导入】

修理工在某新能源汽车 4S 店工作,一天接了一辆纯电动汽车,与客户交流得知,该车无法启动,无法进行慢充充电,仪表板上蓄电池警告灯点亮,12V 蓄电池已使用半年。经过检查,初步判断为 DC/DC 变换器不能给 12V 蓄电池充电。对此故障你能正确进行检修吗?

【学习导航】

传统发动机汽车上的电源系统由蓄电池和发电机组成,发电机是由发动机驱动发电的,如果发电机正常工作,可以给蓄电池进行充电。纯电动汽车没有发动机,混合动力汽车发动机不需要一直工作,因此,它们都不能用发电机给低压蓄电池供电。同时,车辆上除高压系统以外,所有的用电设备和控制器(包括高压系统控制器)均由低压蓄电池供电。因

此，纯电动汽车和混合动力汽车需要 DC/DC 变换器对低压蓄电池充电。本课程主要学习 DC/DC 变换器的结构原理及检修方法。

【学习目标】

1. 能够正确叙述 DC/DC 变换器的作用及结构。
2. 能够正确检修 DC/DC 变换器。
3. 能够正确更换 DC/DC 变换器。
4. 能够养成严谨细致、工作认真的良好习惯。

2.2.1 DC/DC 变换器的作用、结构与原理

2.2.1.1 DC/DC 变换器的作用

对于纯电动汽车来说，DC/DC 变换器的功能相当于传统汽车的发电机。其作用是将动力蓄电池的高压直流电转换为低压直流电，给整车低压用电系统供电及低压蓄电池充电。DC/DC 变换器具有效率高、体积小、耐受恶劣工作环境等特点。

纯电动汽车上的控制器如整车控制器、蓄电池管理系统、电机控制器和车身电气系统等，均采用低压 12V 直流电。如果低压电源电压过低，则纯电动汽车可能不工作或不能点亮 READY 灯，导致车辆无法启动。

DC/DC 变换器大多安装在电动汽车发动机舱内，如图 2-17 所示。

图 2-17　老款北汽 EV160 发动机舱内的 DC/DC 变换器

2.2.1.2 DC/DC 变换器的结构

1. 外部结构

DC/DC 变换器外部与高压控制盒通过高压电缆相连接，产生的低压直流电通过低压输出正极端子和低压输出负极端子与低压电路相连接，DC/DC 变换器工作时通过低压控制端与整车控制器进行通信，以保证 DC/DC 变换器与整车协调工作。另外，DC/DC 变换器工作时会产生大量的热量，因此，外壳会装有散热片以便通风散热。图 2-18 所示为 DC/DC 变换器外部结构。

低压输出负极和低压输出正极分别与低

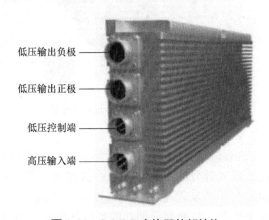

图 2-18　DC/DC 变换器外部结构

压蓄电池相连接，图 2-19 所示为 DC/DC 变换器正极输出与低压蓄电池正极之间的熔丝。

图 2-19　DC/DC 变换器正极输出与低压蓄电池正极之间的熔丝

DC/DC 变换器低压控制端如图 2-20 所示，其与整车控制器相连，图中 A 端子为控制电路电源正极兼使能信号端子，工作时，整车控制器给 DC/DC 变换器提供 12V 使能信号；不工作时，该端子电压信号为 0～1V；B 端子为 DC/DC 变换器电源状态信号输出端子，该线路为 12V 高电平时表明有故障，当该线路为低电平时表明线路正常；C 端子接地。

高压输入端如图 2-21 所示，其通过高压控制盒与动力蓄电池相连接。图中 A 端子为高压电源负极；B 端子为高压电源正极；1 为高压互锁信号输出，其通往加热器 PTC 插接件；2 为高压互锁信号输入，来自高压控制盒插接件。

图 2-20　DC/DC 变换器低压控制端

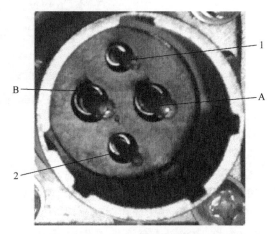

图 2-21　DC/DC 变换器高压输入端

2. 内部结构

内部结构主要分为高压输入部分、电路板和整流输出部分，如图 2-22 和图 2-23 所示。高压输入部分的主要功能是将从高压控制盒过来的高压直流电输入 DC/DC 变换器内部。电路板的主要功能是把高压直流电逆变成高压交流电，再把高压交流电通过变压器降压至低压交流电。整流部分的功能是将低压交流电整流成低压直流电。

学习情境2　新能源汽车充电系统结构原理与检修

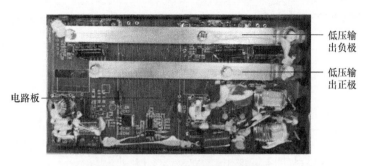

图 2-22　DC/DC 变换器正面结构

图 2-23　DC/DC 变换器内部背面

2.2.1.3　DC/DC 变换器电路工作原理

DC/DC 变换器是将一种直流电变换为另一种直流电的技术，主要对电压、电流实现变换，它在新能源汽车中起着能量转换和传递的作用。DC/DC 变换器分为单向 DC/DC 变换器和双向 DC/DC 变换器。单向 DC/DC 变换器的能量只能单向流动，而双向 DC/DC 变换器的作用是在保持转换器两端的直流电压极性不变的前提下，根据需要改变电流的方向，从而实现能量双向流动的直流转换。

目前，新能源汽车主要使用单向 DC/DC 变换器将动力蓄电池中几百伏的直流电转变为低压蓄电池的 14V 直流电。双向 DC/DC 变换器在丰田混合动力汽车增压转换器中应用较多。例如第三代丰田普锐斯中增压转换器的主要功能是利用降压（Buck）斩波电路、升压（Boost）斩波电路等原理将 201.6V 高压电与 650V 高压电进行转换。

下面以纯电动汽车中应用的单向 DC/DC 变换器为例，分析其工作原理。图 2-24 所示为 DC/DC 变换器电路原理图。

该电路分为 DC/AC 逆变电路、变压器、整流电路及滤波电路四部分。DC/AC 逆变电路部分采用高频电路交替控制四个大功率开关管的导通和截止，将高压直流电转换为高压高频的交流电，其频率和占空比由高频电路的频率和控制功率开关管的导通时间决定。该交流电经过高频变压器的降压，将原来高频高压的交流电电压降低，变为高频低压交流电。然后通过二极管整流电路和电容器的滤波，高频低压交流电转换成低压直流电，完成电压的转换，供给整车和低压蓄电池。

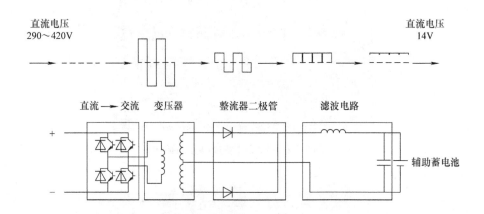

图 2-24　DC/DC 变换器电路原理图

2.2.1.4　典型纯电动汽车 DC/DC 变换器

下面介绍 2016 款北汽 EV200 纯电动汽车的 DC/DC 变换器。

1. 主要性能参数

北汽 EV200 纯电动汽车的 DC/DC 变换器正常工作状态下，输入直流电压为 240～410V，输出直流电压为 13.8～14V，最大输出功率为 800W，采用风冷方式冷却，电源转换效率大于 88%，防水、防尘的防护等级为 IP67。

2. 保护功能

1）输入欠电压保护，保护点为 DC190V±10V，恢复点为 DC210V±10V。

2）输入过电压保护，保护点为 DC430V±10V，恢复点为 DC410V±10V。

3）输出欠电压保护，电压低于 DC6V 时，启动关机保护，电压正常后可自动恢复。

4）输出过电压保护，电压高于 DC18.5V 时，启动关机保护，电压正常后可自动恢复。

5）过热保护，DC/DC 变换器内部温度达到 85℃±2℃开始降低额定功率输入，温度超过 100℃±5℃时关机，温度低于 85℃±2℃时可自动恢复。

6）过电流保护，保护点为 110A±10A。

7）输出短路保护，DC/DC 变换器出现短路，启动关机保护，故障解除，可自动恢复。

8）DC/DC 变换器内部有故障时，立即关机锁死。

【实践技能】

2.2.2　DC/DC 变换器的检修

2.2.2.1　DC/DC 变换器输出电压检测

对 DC/DC 变换器是否正常进行检查时，一般采用测量输出电压的方式就可以判断。

1. 检测步骤

1）在保证整车线束正常连接的情况下，车钥匙置于 LOCK 档位，使用万用表测量低压蓄电池端电压，此时测量电压应为低压蓄电池电压 12V 左右。

2）车钥匙置于 ON 档位整车上电后，继续用万用表测量低压蓄电池端电压，查看变化情况，如果数值在 13.8～14V，那说明 DC/DC 变换器工作正常。

3）如果整车上电后，低压蓄电池电压为 12V 左右，则说明 DC/DC 变换器工作不正常。

2. 故障原因

1）DC/DC 变换器低压电路故障。例如熔丝、使能信号、接地等部位有问题。

2）DC/DC 变换器自身故障。

3）DC/DC 变换器高压供电故障。例如高压线束、高压熔断器等部位有问题。

3. 故障检测步骤

1）车钥匙置于 LOCK 档位，检查 DC/DC 变换器与低压蓄电池之间的熔丝是否熔断，如果熔断，则更换熔丝并检查其熔断的原因；如果正常，则检查 DC/DC 变换器输出负极连接是否松动、连接不良，若连接不良，则紧固或更换螺栓。同时用万用表电阻档，检查 DC/DC 变换器低压输出正极和低压输出负极线路是否断路，如果断路，则更换线束。

2）车钥匙置于 LOCK 档位，断开 DC/DC 变换器低压控制插头。将车钥匙置于 ON 档位，用万用表电压档位测量 DC/DC 变换器使能信号即供电信号，若为 12V，则说明供电正常；若电压为 0V，则检查 DC/DC 变换器至 VCU 之间使能信号线是否有断路或短路故障，若有，则更换线束；若正常，则检查 VCU 是否正常，否不正常，则更换 VCU。

3）如果 DC/DC 变换器使能信号正常，则检查 DC/DC 故障信号，用万用表电压档测量故障信号电压，若为 12V 高电平，则有故障，应更换 DC/DC 变换器；若为低电平，则说明 DC/DC 变换器正常。

4）如果 DC/DC 变换器使能信号、故障信号均正常，则将车钥匙置于 LOCK 档位，用万用表电阻档测量 DC/DC 变换器搭铁是否正常。

5）若 DC/DC 变换器低压控制电路均正常，则检查 DC/DC 变换器高压电路。在检查高压电路时要注意高压安全防护。按照标准进行高压下电后，断开 DC/DC 变换器输入高压电缆，用专用工具或跨接线短接互锁信号后，高压上电，测量 DC/DC 变换器高压输入端是否有 240～410V 高压电；若没有高压电，则在高压下电后，用万用表电阻档测量 DC/DC 变换器高压输入线束电阻；若阻值过高，则更换高压线束；若阻值正常，则拆卸高压控制盒上盖，检查高压控制盒内 DC/DC 熔断器是否熔断及内部连接线束是否正常，如熔断，则更换熔断器。

2.2.2.2 DC/DC 变换器的更换

当 DC/DC 变换器发生故障时，需要进行更换，具体更换步骤如下。

1. 准备工作

给车辆安装"三件套"；打开发动机舱盖，安装翼子板布、前格栅布。

2. 下电

按照规范流程进行下电操作。

3. DC/DC 变换器拆卸流程

1）依次断开低压和高压线束，如图 2-25 所示。

2）拆卸固定螺栓，如图 2-26 所示。

图 2-25 断开低压、高压线束

图 2-26 拆卸固定螺栓

3）取下 DC/DC 变换器，如图 2-27 所示。

4. 更换新的 DC/DC 变换器

将 DC/DC 变换器安装到位后，安装固定螺栓；安装高压线束和低压线束，如图 2-28 所示。

图 2-27 取下 DC/DC 变换器

图 2-28 安装线束

5. 安装后检查

1）将车钥匙置于 LOCK 档位，用万用表测量低压蓄电池电压，应为 12V 左右。

2）将车钥匙置于 ON 档位，用万用表测量低压蓄电池电压，应为 14V 左右。

3）取下前格栅布、翼子板布以及"三件套"。

情境小结

1.DC/DC 变换器的作用是将动力蓄电池中的高压直流电转变为低压直流电，给低压蓄电池进行充电和给低压用电设备供电。

2.DC/DC 变换器相当于传统燃油车的发电机。

维修工单 2.2

任务名称	2.2 DC/DC 变换器的检修	时间		班级	
学生姓名		学生学号		成绩	
实训设备	纯电动汽车 2 辆、绝缘工具 2 套、防护用具 2 套、车间安全防护用具 2 套、工具车和绝缘工具 2 套、检测仪器（绝缘万用表、放电工装、电流钳等）2 套	实训场地		日期	
任务描述	修理工在某新能源汽车 4S 店工作，一天接了一辆纯电动汽车，经过询问以及客户反映得知，该车无法启动，无法进行慢充充电，仪表板上蓄电池警告灯点亮。对此故障你能正确进行检修吗？					
任务目的	能够准确识别 DC/DC 变换器外部结构，能够正确检修和更换 DC/DC 变换器。					

一、DC/DC 变换器外部结构

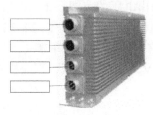

二、检修步骤

1. 验证故障现象

车钥匙位置：□START □ON □ACC □LOCK

车辆启动：□能 □不能

车辆仪表板点亮后：□蓄电池警告灯点亮 □蓄电池警告灯不亮

2. 故障检测

（1）DC/DC 变换器电压测量

① 车钥匙置于 LOCK 档位时，低压蓄电池电压为_____V。

② 车钥匙置于 ON 档位时，低压蓄电池电压为_____V。

测量结果：□无故障 □有故障

（2）DC/DC 变换器低压控制电路检测

① 检查 DC/DC 变换器低压熔丝，□正常 □熔断

② 检查 DC/DC 变换器低压负极输出线束电阻为_____Ω，□正常 □不正常

③ 检查 DC/DC 变换器低压正极输出线束电阻为_____Ω，□正常 □不正常

④ 测量 DC/DC 变换器低压供电电压为_____V，□正常 □不正常

⑤ 测量 DC/DC 变换器故障线电压为_____V，□正常 □不正常

⑥ 测量 DC/DC 变换器搭铁线电阻为_____Ω，□正常 □不正常

（3）高压电路检测

① 作业前安全检查。安全工装检查、着装：□正常 □不正常

　　　　　　　　　车辆安全准备：□正常 □不正常

② 高压下电后，断开 DC/DC 变换器高压输入线束，测量 PTC 高压线束电压：_____V，□正常 □不正常；故障位置：_____

③ 更换 DC/DC 变换器步骤：_____

_____

④ 测量 DC/DC 变换器高压输入正极线束电阻为_____Ω，□正常 □异常；故障位置：_____

测量 DC/DC 变换器高压输入负极线束电阻为_____Ω，□正常 □异常；故障位置：_____

⑤ 拆卸高压控制盒，检查 DC/DC 变换器熔断器：□正常 □熔断；故障位置：_____

3. 恢复车辆，检查故障是否消失

_____

自我评价	组长评价	教师评价	总分

课后习题

一、选择题

1. 北汽新能源纯电动汽车中 DC/DC 变换器的作用是（　　）。
   A. 将 12V 升压为高压电　　　　B. 将动力蓄电池电压降为 14V
   C. 进行稳压　　　　　　　　　D. 对动力蓄电池进行充电

2. 纯电动汽车处于上电状态时，用万用表电压档测量低压蓄电池的电压，这时所测得的电压值为（　　）的电压。
   A. 车载充电机　　B. DC/DC 变换器　　C. 高压控制盒　　D. 电机控制器

3. 判断 DC/DC 变换器工作输出电压的范围是（　　）V。
   A. 8~12　　　　　B. 13.8~14　　　　　C. 24~36　　　　　D. 10~12

4. 检测 DC/DC 变换器使能信号的方法：在车辆（　　）后，检查 DC/DC 低压控制插接件的 A 端子对地电压，应为 12V，如没有电压，则应检查整车控制器，必要时更换。
   A. 正常起动　　　B. 充电　　　　　　C. 停驶　　　　　　D. 清洁

5. 新能源汽车高压上电前，（　　）必须开始工作，保证系统低压供电。
   A. 车载充电机　　B. DC/DC 变换器　　C. 电机控制器　　　D. PTC

二、简答题

1. DC/DC 变换器的作用是什么？
2. DC/DC 变换器的检测步骤是什么？

学习单元 2.3　车载充电机结构原理与检修

【情境导入】

修理工在某新能源汽车 4S 店工作，一天接了一辆纯电动汽车，经过询问以及客户反映得知，该车无法进行慢充充电，且仪表板上充电连接指示灯不亮。经过修理工检查，该车车载充电机故障灯点亮；接着检查，发现车载充电机内部主控板损坏，需要更换车载充电机。你能正确进行车载充电机的检修吗？

【学习导航】

充电机是对新能源汽车动力蓄电池进行充电的设备。按照是否安装在车上，充电机可分为车载式充电机和固定式充电机。固定式充电机是安装在充电桩内的大型充电机，主要以大功率和快速充电为主。而车载式充电机安装在车内，其优势是可以在车库、住宅等任何地方随时充电，功率相对较小。本课程主要学习车载充电机的结构原理及检修方法。

【学习目标】

1. 能够正确叙述车载充电机的作用及结构。

2. 能够正确检修车载充电机。
3. 能够正确更换车载充电机。
4. 能够养成严谨细致、认真工作的良好习惯。

2.3.1 车载充电机的作用、结构与原理

2.3.1.1 车载充电机的作用

车载充电机（OBC）又称为交流充电机，安装在车上的充电机是新能源汽车慢充充电系统的重要组成部分，其可将民用的 220V、50Hz 的交流电转换为动力蓄电池所需要的高压直流电，实现动力蓄电池的电量补充。为能够实现新能源汽车动力蓄电池安全、可靠、自动地充满电，充电机依据整车控制器和蓄电池管理系统提供的数据，自动调节充电电流或充电电压等参数，从而满足动力蓄电池的充电需求，以完成充电任务。车载充电机工作不良或损坏会导致车辆不能充电或充电不足等故障。

车载充电机通常安装在整车发动机舱内，图 2-29 所示为北汽老款 EV160 车载充电机安装位置。有些纯电动汽车将车载充电机安装在车辆动力蓄电池附近，图 2-30 所示为比亚迪 E6 车载充电机的安装位置。

图 2-29　老款北汽 EV160 发动机舱内的车载充电机

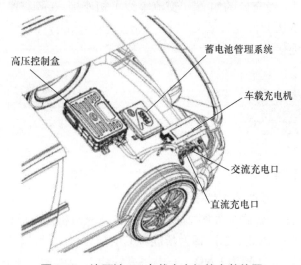

图 2-30　比亚迪 E6 车载充电机的安装位置

2.3.1.2 车载充电机的结构

1. 车载充电机外部结构

车载充电机上游连接慢充口，下游连接高压控制盒，同时与整车控制器、蓄电池管理系统等进行通信，为了保持车载充电机中各电子元件不被烧坏，外部有直流输出端子、交流输入端子、低压通信控制端子和散热片及散热风扇。车载充电机外部结构如图 2-31 所示。

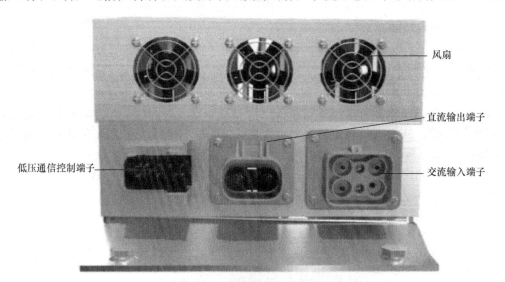

图 2-31 车载充电机外部结构

（1）直流输出端子

该端子接口通过高压控制盒与动力蓄电池的直流输出接口相连，如图 2-32 所示。A 端子为动力蓄电池电源负极输出端子，B 端子为动力蓄电池电源正极输出端子。

（2）交流输入端子

该端子接口通过高压线与慢充充电口连接，如图 2-33 所示。1 脚与慢充口的 L 端（交流相线）相连接；2 脚与慢充口的 N 端（交流零线）相连接；3 脚与慢充口的 PE 端（地线）相连接；4 脚为空脚；5 脚与慢充口的 CC 端（充电连接确认线）相连接；6 脚与慢充口的 CP 端（控制确认线）相连接。

图 2-32 直流输出端子

图 2-33 交流输入端子

（3）车载充电机低压通信控制端子

该端子接口共有 16 个针脚，如图 2-34 所示。车载充电机低压通信控制端各针脚定义分别为，1 针脚为新能源 CAN-L，2 针脚为新能源 CAN-GND，5 针脚为高压互锁输出（到高压控制盒低压插接件），8 针脚为 GND（充电机搭铁线），9 针脚为新能源 CAN-H，11 针脚为 CC 信号输出（即 CC 线与 VCU36 针脚连接，慢充连接确认线），13 针脚为高压互锁输入（来自空调压缩机低压插接件），15针脚为慢充唤醒信号线，唤醒电压为12V，16针脚为充电机电源12V。其余各针脚预留或未使用。

（4）冷却系统

车载充电机在长时间大电流充电状况下，车载充电机内的电子元器件会产生大量的热量，如果散热不良，会导致车载充电机降低充电电流，以免烧坏充电机。因此，为控制车载充电机温度不至于过高，目前单体式的车载充电机采用风冷方式。集成的车载充电机一般采用水冷方式。

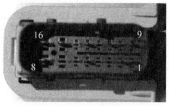

图2-34 低压通信控制端子

2. 车载充电机内部结构

车载充电机内部主要由主电路、控制电路、线束及标准件三部分组成。

（1）主电路

在主电路中前端为一个输入回路，将交流电整流为直流电；其后端为功率变换器，将直流电转变为高频交流电，通过变压将220V电压升压为所需的充电电压；还有输出电路，通过整流滤波将交流电转变为直流电供给动力蓄电池。

（2）控制电路

主要控制功率开关控制器的通断以此来控制直流电转变为高频交流电以及高频交流电的升压等；控制与蓄电池管理系统之间的通信，检测充电机状态；控制与慢充充电桩通信握手等。

（3）线束及标准件

用于主电路和控制电路的连接、固定元器件及电路板。

车载充电机工作电压属于高压电，为了防止高压电路产生触电危险，机壳上设计有高压互锁控制电路，并且与车身有可靠的绝缘性能，如果高压互锁电路没有连接或高压绝缘电阻偏低，BMS将切断动力蓄电池总正、总负接触器的吸合，不能输出动力蓄电池的电能。

2.3.1.3 车载充电机电路原理

1. 车载充电机电压转换过程

车载充电机在对车辆进行充电时，首先将民用的交流220V电整流成稳定的直流电压，然后通过高频开关电路将直流电逆变为高频交流电，再将高频交流电转换为合适的交流电压，最后通过整流得到合适的直流充电电压。

车辆在慢充充电过程中，因为采用高频电路转换电压，不采用传统的变压器提升电压，所以可减小充电机体积、减小重量、提高转换效率。车载充电机充电转换过程如图2-35所示。

2. 车载充电机电路原理

车载充电机要实现上述电压转换过程，需要两大部分：主电路和充电机控制电路。

充电机控制电路主要是实现对主电路进行控制、检测、计量、计算、修正、保护以及与外界网络通信等功能，是车载充电机的"大脑"。

主电路的主要作用是将220V交流电转化为充电所需的直流电电压，电源部分又分为有源功率因数校正电路（PFC）和谐振电路（LLC）两部分，实际上可以把PFC看成是AC/DC变换器，而把LLC看成是DC/DC变换器。车载充电机电路原理图如图2-36所示。

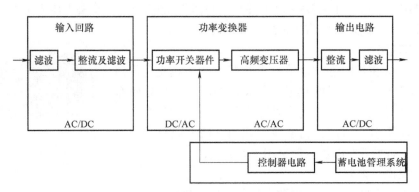

图 2-35　车载充电机充电转换过程示意图

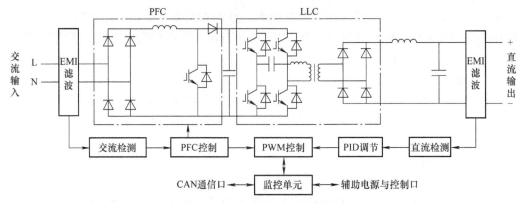

图 2-36　车载充电机电路原理示意图

图 2-36 中，通过 EMI 滤除电磁干扰波。220V 三相交流电通过全桥整流电路整流成直流电。在整流过程中只有在 220V 交流电压的正负峰值附近二极管才导通，产生脉冲电流，造成电源功率因数降低。因此，在整流电路后面加上一个升压的 Boost 拓扑结构。于是，通过控制 PFC 开关管的导通，输入电流能跟踪输入电压而变化。在这个电路中，PFC 电感在开关管导通时储存能量，在开关管截止时，电感上感应出右正左负的电压，将导通时储存的能量通过升压二极管对大的滤波电容充电，输出能量。在此过程中整流后的直流电压转换成交变的高频电压。

交变的高频电压通过 LLC 电路中的变压器升压到合适的充电电压后通过整流二极管整流成直流电，充入动力蓄电池中。LLC 电路通过软开关技术，可以降低电源的开关损耗，提高功率变换器的效率和功率密度。

2.3.1.4　典型纯电动汽车车载充电机

车载充电机属于纯电动汽车慢充装备，目前国内市场上主要有两种功率：3.3kW（输入：AC220V/16A，输出：DC200~420V/10A）和 6.6kW（输入：AC220V/32A，输出：DC200~420V/20A）。

下面介绍北汽新能源 EV200 车载充电机。北汽 EV200 的输入电压为 AC220V，输出电压为 DC410V，提供给动力蓄电池充电电流约为 7A；根据动力蓄电池容量为 30kW·h，一般在 7~9h 充满电，充电机功率约为 3.3kW，电流约为 16A。

1. 主要技术参数

主要技术参数见表 2-1。

表 2-1　北汽新能源 EV200 车载充电机主要技术参数

项目		参数
输入参数	输入相数	单相
	输入电压（AC）/V	220（1±20%）
	输入电流/A	≤16（在额定功率下）
	频率/Hz	45~65
	起动冲击电流/A	≤10
	软起动时间/s	3~5
输出参数	输出功率（额定）/W	3360
	输出电压（额定）(DC)/V	240~410
	输出电流/A	0~7.5
	稳压精度	≤±0.6%
	负载调整率	≤±0.6%
	输出电压纹波（峰值）	<1%
转换效率		≥99%
冷却方式		风冷

2. 车载充电机的保护功能

为了保护车载充电机免受过电流、过电压损坏，其自身具有以下保护功能。

1）输入过电压切断保护功能。
2）输入欠电压报警和切断功能。
3）输入过电流、欠电流切断保护功能。
4）直流输出过电流切断保护功能。
5）输出短路切断保护功能。
6）输出电极接反保护功能。

在输入电压远远超过额定电压时，会烧毁车载充电机。在长时间大电流充电状态下，车载充电机会积聚大量的热量，如果散热不良，会导致车载充电机起动保护功能，降低充电电流。充电电流过大或温度过高会导致充电机损坏。

车载充电机还具有以下优点。

1）根据动力蓄电池特性设计充电曲线，可以延长动力蓄电池的寿命。
2）使用方便，维护简单，单独对 BMS 进行供电，由 BMS 控制智能充电，无须人工值守。
3）保护功能齐全，使用范围广，具有多重保护功能。

4）整机温度保护为 75℃，当机内温度高于 75℃时，充电机输出电流减小，高于 85℃时，充电机停止输出。

【实践技能】

2.3.2 车载充电机的检修

2.3.2.1 车载充电机的故障检查

1. 故障判断

根据车载充电机指示灯判断故障。车载充电机上有三个指示灯，如图 2-37 所示，用来显示充电状态。

图 2-37 车载充电机上的指示灯

（1）各指示灯功能

POWER 灯：电源指示灯（绿色），当接通交流电后，电源指示灯点亮。

RUN 灯：正常工作指示灯（绿色），当充电机接通动力蓄电池进入充电状态后，充电指示灯点亮。

FAULT 灯：警告灯（红色），当充电机内部有故障时点亮。

（2）显示充电状态

当充电正常时，POWER 灯和 RUN 灯点亮。

当起动 0.5min 后仍只有 POWER 灯点亮，有可能动力蓄电池无充电请求或已充满电，即没有对车辆进行充电。

如果 FAULT 灯点亮，则说明充电系统出现异常情况，没有对车辆进行充电。

如果三个灯都不点亮，则说明没有对车辆进行充电，检查充电桩以及充电线束及插接件。

2. 故障检查

（1）车载充电机 POWER 灯和 FAULT 灯不亮

首先检查充电连接是否完好，若连接完好，检查慢充桩或家用 220V 插座是否有电，若没电，则更换慢充桩或 220V 插座。在充电电源正常的情况下，检查充电连接线，若连接线正常，检查车载充电机低压供电是否正常。连接好充电线后，用万用表直流电压档测量车载充电机 16 端子是否有 12V 电压，若没有 12V 电，检查车载充电机供电端；若低压供电正常，则断开充电连接，用万用表电阻档测量车载充电机搭铁是否正常（即 8 端子与车身搭铁之间），若搭铁故障，则检查搭铁端。

（2）车载充电机 POWER 灯点亮但充电指示灯不亮

首先检查动力蓄电池 SOC 值，检查动力蓄电池是否有充电需求。若 SOC 值低，并且不能进行充电，则检查充电插座或充电桩搭铁是否正常，如果不正常，则更换充电插座或充电桩；如果充电电源端搭铁正常，则更换充电线，如仍不能正常充电，则检查慢充口 PE 端搭铁是否正常。若搭铁不良，则测量充电口 PE 端至车载充电机 PE 端之间的导线是否断路；若搭铁正常，则用万用表测量慢充口 CC 端到车载充电机 CC 端是否导通。若导线断路，则更换线束；如果导通，则连接好充电枪，用万用表电压档测量 VCU 慢充唤醒信号电压是否为 12V。若电压为零，则测量车载充电机至 VCU 之间唤醒线是否断路，若断路，则更换线束；若正常，使用万用表测量 VCU 慢充连接，确认信号线是否有 12V 电压（即 VCU36 端子电压）。若电压不正常，则测量车载充电机至 VCU 之间连接确认信号线是否断路，若断路，则更换线束；若慢充连接确认信号正常，则检查慢充口 CP 端至车载充电机 CP 端导线是否连接正常。若断路，则更换线束；若 CP 端线束正常，则检查 VCU、BMS 以及动力蓄电池技术状况。

（3）车载充电机 FAULT 灯点亮

若 FAULT 灯点亮，则说明车载充电机自身控制系统故障或车载充电机冷却系统故障，应更换车载充电机。

2.3.2.2 车载充电机的更换

当车载充电机发生故障时，需要进行更换，更换步骤具体如下。

1. 准备工作

给车辆安装"三件套"；打开发动机舱盖，安装翼子板布、前格栅布。

2. 断电

按照规范流程进行高压下电操作。

3. 车载充电机拆卸流程

1）依次断开低压和高压线束，如图 2-38 所示。

2）拆卸固定螺栓，如图 2-39 所示。

图 2-38　断开低压、高压线束

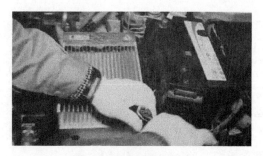

图 2-39　拆卸固定螺栓

3）取下车载充电机，如图 2-40 所示。

图 2-40　取下车载充电机

4. 更换新的车载充电机

将车载充电机安装到位后，安装固定螺栓及高压线束和低压线束。

5. 安装后检查

1）安全检查，检查各部件安装是否牢固，高、低压线束安装是否到位。

2）进行慢充充电，检查仪表显示慢充正常，如图 2-41 所示。

3）拔下充电枪，取下前格栅布、翼子板布以及"三件套"。

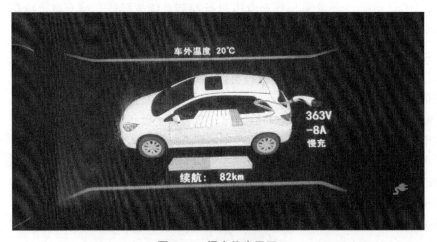

图 2-41　慢充仪表显示

情境小结

1. 车载充电机是指固定安装在新能源汽车上的充电机，是将市电的 220V、50Hz 的交流电转化为直流电输送给高压控制盒，从而能够为动力蓄电池充电。车载充电机根据蓄电池管理系统提供的数据，能动态调整充电电流或电压参数，为新能源汽车动力蓄电池安全、自动地充电，其在工作过程中需要协调交流充电桩和 BMS 等部件。

2. 独立安装的车载充电机对外接口主要有低压通信控制端子、直流输出端子和交流输入端子。

维修工单 2.3

任务名称	2.3 车载充电机的检修		时间		班级	
学生姓名			学生学号		成绩	
实训设备	纯电动汽车 2 辆、绝缘工具 2 套、防护用具 2 套、车间安全防护用具 2 套、工具车和绝缘工具 2 套、检测仪器（绝缘万用表、放电工装、电流钳等）2 套			实训场地		日期	
任务描述	修理工在某新能源汽车 4S 店工作，一天接了一辆纯电动汽车，经过询问以及客户反映得知，该车无法进行慢充充电，且仪表板上充电连接指示灯不亮。你能正确进行车载充电机的检修吗？
任务目的	能够准确识别车载充电机外部结构，能够正确检修和更换车载充电机。

一、车载充电机各指示灯含义

指示灯	含 义
POWER	
RUN	
FAULT	

二、检修步骤

1. 验证故障现象

车钥匙位置：□START □ON □ACC □LOCK
连接充电枪：□能充电 □不能充电
车辆仪表板显示：□充电连接指示灯点亮 □充电连接指示灯不亮
　　　　　　　　充电电压为_____V 充电电流为_____A

2. 故障检测

（1）检查车载充电机指示灯
□POWER □RUN □FAULT

（2）车载充电机低压控制电路检测
①测量车载充电机低压供电电压为_____V，□正常 □不正常
②测量车载充电机搭铁线电阻为_____Ω，□正常 □不正常
③测量车载充电器 CC 端至慢充口 CC 端导线电阻为_____Ω，□正常 □不正常
④测量车载充电器 CP 端至慢充口 CP 端导线电阻为_____Ω，□正常 □不正常
⑤测量 VCU 慢充唤醒电压为_____V，□正常 □不正常
⑥测量 VCU 连接确认信号电压为_____V，□正常 □不正常

3. 车载充电机更换

（1）车辆高压下电流程
作业步骤：_____
_____

（2）按照流程更换车载充电机
作业步骤：_____
_____

4. 恢复车辆，检查故障是否消失
作业步骤：_____
_____

自我评价	组长评价	教师评价	总分

课后习题

一、选择题

1. 北汽新能源纯电动汽车中车载充电机简称（　　）。
   A. CPU　　　　　B. ECU　　　　　C. OBC　　　　　D. MCU
2. 北汽新能源纯电动汽车采用车载充电机慢充时（　　）充电唤醒。
   A. 需要 12V　　　B. 需要 5V　　　C. 需要 CAN 总线　　D. 需要 LIN 总线
3. 车载充电机提供相应的保护功能，不包括（　　）措施。
   A. 过电压保护　　B. 欠电压保护　　C. 过电流保护　　D. 绝缘监测
4. 车载充电机具有整机温度保护功能，当充电机内温度高于（　　）时，充电机输出电流变小；高于 85℃时，充电机停止输出。
   A. 45℃　　　　　B. 55℃　　　　　C. 65℃　　　　　D. 75℃

二、简答题

1. 车载充电机的作用是什么？
2. 车载充电机上各指示灯的含义是什么？

学习单元 2.4　充电系统结构原理与检修

【情境导入】

修理工在某新能源汽车 4S 店工作，一天接了一辆纯电动汽车，经过询问以及客户反映得知，该车无法慢充充电。经过修理工检查，初步判断为慢充系统充电枪故障。你能正确检修该充电系统故障吗？

【学习导航】

新能源汽车的充电过程相当于给传统能源汽车进行加油。但是，新能源汽车的充电系统相对于传统能源汽车的燃油加注系统，无论其结构还是使用过程都有着天壤之别。新能源汽车的充电系统是整车高压系统的主要部分，由慢充系统、快充系统组成。其高压部件结构及其工作原理、慢充系统组成及其控制原理、快充系统组成及其控制原理是本课程需要讲解的内容。

【学习目标】

1. 应知慢充系统的组成及控制原理。
2. 应知快充系统的组成及控制原理。
3. 能够按照标准步骤进行慢充和快充充电。
4. 能够正确检测慢充系统和快充系统。
5. 能够养成严谨细致、专注负责的工作态度。

2.4.1 慢充系统

通常，纯电动汽车充电可分为快充充电和慢充充电两种方式，慢充充电是纯电动汽车补充电能最常见的方式，慢充桩将外部的 220V 交流电通过车载充电机转化成高压直流电并充入动力蓄电池，又称为交流充电。慢充充电的特点是充电电流小，充电时间较长。

2.4.1.1 慢充系统的组成

纯电动汽车慢充系统外部设备由充电设备即慢充桩和充电枪组成，如图 2-42 所示。车上设备由车载充电机、DC/DC 变换器、高压控制盒、动力蓄电池、VCU、慢充口和慢充线束等部件组成，如图 2-43 所示。通过车载充电机将 220V 交流电转换为车辆充电所需的高压直流电，通过高压控制盒将高压直流电输送给动力蓄电池。在充电过程中，车载充电机、BMS、VCU、慢充桩等部件通过 CAN 总线进行信息交换。

图 2-42 慢充桩和充电枪

图 2-43 车上的慢充设备

慢充口一般位于车身左后侧传统燃油箱加注口位置。北汽新能源 EV200 车型慢充口位置就设置在车身左后侧传统燃油箱加注口位置；车载充电机、DC/DC 变换器、高压控制盒位于车辆发动机舱，动力蓄电池位于车辆底部。所有高压电力传输的高压线束都是橙色的，通信及控制线束用低压线束。

2.4.1.2 慢充系统部件

1. 慢充桩

慢充充电桩简称慢充桩，相当于一个交流电源，充电枪输出的仍然是 220V 交流电。

2. 慢充充电枪

慢充充电枪有多种形式，图 2-44 所示为纯电动汽车随车充电枪，由交流插头、控制盒、电缆和充电枪组成。还有两头都是充电枪和充电桩自带充电枪（图 2-45）的类型。两头都是充电枪的充电线，充电线两端分别连接车辆慢充口和充电桩电源口，连接时需要注意枪头标签，一端有"充电桩"标签或标明"交流枪供电插头"的枪应连接到充电桩；另一端有"电动汽车"标签或标明"交流枪车辆插头"的枪应连接到车辆。不同种类的充电线，规定了不同的充电电流，由车载充电机检测充电枪内 CC 线的 R_C 电阻值的不同来区分。不同的 R_C 电阻值对应不同的充电电流，例如 R_C 为 100Ω 时，充电线电流限制为 63A；R_C 为 220Ω 时，充电线电流限制为 32A；R_C 为 680Ω 时，充电线电流限制为 16A；R_C 为 1500Ω 时，充电线电流限制为 10A。

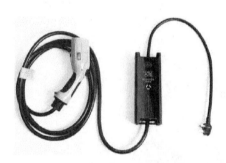

图 2-44 电动汽车随车充电枪

图 2-45 自带充电枪的慢充桩

3. 慢充口及慢充线束

慢充口及针脚如图 2-46 所示。

图中接口 L 和 N 对应线束上 1 针脚和 2 针脚，是外部输入的交流电的相线和零线。PE 为接地线，车身接地通过 PE 线与外部电源的接地相连。CP 为充电控制确认线，充电桩通过 CP 信号确认充电枪与车辆的连接状况并通过 CP 线接收来自车辆的充电请求信号。CC 线为充电连接确认线，车辆通过检测 CC 线的 R_C 电阻值来确定充电枪能承受的充电电流限制大小。最下面两个针脚为预留针脚。

慢充线束如图 2-47 所示，该线束一端与慢充口连接在一起，另一端与车载充电机交流输入端相连接。

图 2-46 慢充口及针脚

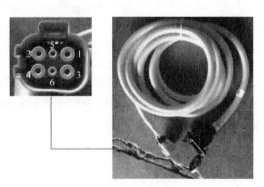

图 2-47 慢充线束

图 2-47 中针脚定义：1 针脚为交流电源相线 L，2 针脚为交流电源零线 N，3 针脚为车身接地 PE，4 针脚为空针脚，5 针脚为充电连接确认线 CC，6 针脚为充电控制确认线 CP。

4. 车载充电机及其线束端子

慢充线束一端连接到车载充电机的交流输入端，然后通过车载充电机进行滤波整流、斩波变为高频交流电，通过升压后再整流成为动力蓄电池所需的高压直流电，通过车载充电机的直流输出端输出。车载充电机的交流输入端和直流输出端内容在学习单元 2.3 中已讲述。

5. 高压线束总成

高压线束总成即高压附件线束，如图 2-48 所示，主要指高压控制盒连接到车载充电机线束插接件、DC/DC 变换器线束插接件、空调压缩机线束插接件和空调 PTC 线束插接件。

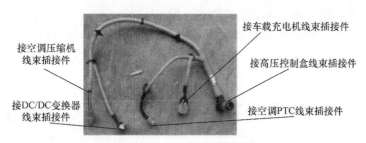

图 2-48　高压线束总成

高压线束总成接高压控制盒插接件共有 11 个针脚，如图 2-49 所示。连接到车载充电机直流输出端插接件有 4 个针脚，如图 2-50 所示。

图 2-49 中各针脚定义：A 针脚为 DC/DC 变换器电源正极，B 针脚为 PTC 电源正极，C 针脚为压缩机电源正极，D 针脚为 PTC-A 组负极，E 针脚为车载充电机直流输出正极，F 针脚为车载充电机直流输出负极，G 针脚为 DC/DC 变换器电源负极，H 针脚为压缩机电源负极，J 针脚为 PTC-B 组负极，K 针脚为空针脚，L 针脚为高压互锁端子。

图 2-50 中针脚定义：A 针脚为电源负极，B 针脚为电源正极，中间两个针脚为高压互锁端子。

图 2-49　高压线束总成接高压控制盒插接件

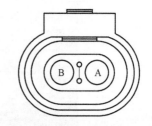

图 2-50　高压线束总成接车载充电机端

6. 动力蓄电池高压电缆

动力蓄电池高压电缆如图 2-51 所示，是连接高压控制盒到动力蓄电池之间的高压电缆。

图 2-51 动力蓄电池高压电缆

图 2-51 中左侧插接件连接到高压控制盒端，A 针脚为电源负极，B 针脚为电源正极，C、D 针脚为高压互锁端子。右侧插接件连接到动力蓄电池端，1 针脚为电源负极，2 针脚为电源正极，中间两个针脚为高压互锁端子。

2.4.1.3 慢充系统充电控制策略

慢充系统充电控制引导电路示意图如图 2-52 所示。

该引导电路图中，供电控制装置安装在慢充桩内。车辆控制装置有些纯电动汽车集成在车载充电机内或是集成在 VCU 中。电阻 R_C、R4 和开关 S3 安装在车端的慢充充电枪内，如图 2-53 所示。

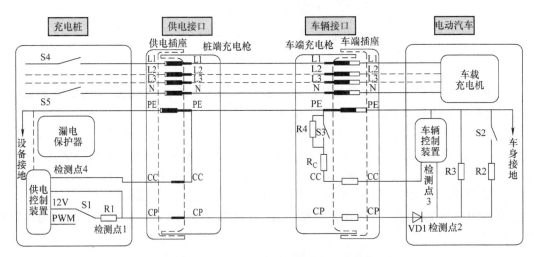

图 2-52 慢充系统充电控制引导电路示意图

图 2-53 车端慢充枪内的开关

S3 开关与慢充枪的下压按钮联动，按钮下压，则开关 S3 断开；按钮弹起回位，则 S3 闭合。开关 S1 为慢充桩内部开关。开关 S2 为车辆内部开关，在北汽新能源 EV160 和 EV200 中为常闭开关。R1 电阻值为 1000Ω，R2 电阻值为 1300Ω，R3、R4 电阻值为 2740Ω。

在慢充操作时，一旦慢充枪与车辆慢充口连接，则车辆的总体设计方案使车辆处于不可行驶状态。

慢充控制过程如下。

1. 充电桩与充电枪连接确认

慢充桩与充电枪连接确认通过供电控制装置检测检测点 4 的信号来确定。当检测点 4 检测到电压变为接地时，慢充桩确认充电桩与充电枪连接完成。

2. 慢充口与充电枪连接确认

慢充口与充电枪连接确认是通过车辆控制装置检测检测点 3 与 PE 之间的电阻值来确认的。

在慢充枪没有插入慢充口时，开关 S3 没有被下压，处于闭合状态。当下压开关 S3 准备与慢充口连接时，检测点 3 检测到 CC 与 PE 端处于断开状态，检测电压为 12V（有些车辆为 5V）。慢充枪与车端慢充接口连接完成后，开关 S3 没有回弹，仍然处于断开时，检测点 3 检测到 R_C 和 R4 两电阻之和；当开关 S3 弹回闭合后，R4 电阻被短路，检测点 3 只能检测到 R_C 电阻值，此时，车辆控制装置确认慢充口与充电枪连接完成，车辆控制装置根据 R_C 电阻值来确认充电枪所能流过的最大限制电流值。

3. 确认充电连接装置完全连接

充电桩与充电枪、慢充口与充电枪均已完成连接后，充电桩要确认充电线两端都已正确连接。

如图 2-52 所示，开关 S1 与供电控制装置 12V 电源端连接。充电枪两端均与充电桩和充电口连接完成，则从供电控制装置到车身接地电路接通，其电路为供电控制装置 12V → 开关 S1 → R1 → 二极管 VD1 → R3 → 车身接地。此时检测点 1 检测到的电压约为 9V，充电桩确认充电连接装置完全连接。然后车辆控制装置将开关 S1 由 12V 常电端转换到脉冲宽度调制（Pulse Width Modulation, PWM）端连接。

PWM 端发出 12V 的占空比电压信号，当车辆控制装置检测到检测点 2 有 9V 占空比信号时，车辆控制装置确认充电连接完成。

4. 车辆充电准备就绪

在车载充电机完成自检后确定无故障，并且蓄电池模块处于可充电状态后发出充电请求，车辆控制装置闭合开关 S2，车辆充电准备就绪。

5. 慢充桩充电准备就绪

车辆充电准备就绪的信号会通过检测点 1 占空比电压值的信号变化检测到，当信号由占空比峰值电压 9V 变为 6V 时，充电桩内的控制开关 S4、S5 闭合，交流电到达车载充电机。

6. 充电开始

首先车辆控制装置需要完成车载充电机最大允许充电电流设置。车载充电机最大允许充电电流取决于充电桩的可供电能力、充电电缆载流值和车载充电机额定电流值三者之间最小电流值。其中，充电桩可供电能力可以通过检测点 2 的 PWM 占空比信号峰值电压获得；

充电电缆限流值可通过 R_C 电阻值获得。当车辆控制装置完成车载充电机最大允许充电电流设置后，车载充电机开始对电动汽车进行充电。

7. 充电过程检测

在充电过程中需要阶段性检查充电桩与充电口之间的连接情况，以及供电能力的变化情况。前者检测周期不大于 50ms，后者检测周期不大于 5s。

8. 充电结束

正常条件下的充电结束分两种情况。一种是车辆达到充电结束条件，如蓄电池已充满，则车辆控制装置切断开关 S2，并使车载充电机停止充电。另一种是充电桩达到了充电结束条件，如操作人员进行了充电结束刷卡，则供电控制装置将开关 S1 从 PWM 端切换到 12V 状态，并断开开关 S4、S5，停止充电。

2.4.2 快充系统

纯电动汽车慢充充电时间较长，一般在 8h 以上，紧急情况下会影响日常使用。为了满足人们对纯电动汽车快速充电的期望，近年来陆续推出的快充系统备受人们欢迎，快充系统现已经成为大部分纯电动汽车的常见配置。

快充系统一般充电时间在 0.5~1h 就能完成基本充满的目标，快充过程中需要采用高电压、大电流，直接对动力蓄电池快速充电，为此，快充系统比慢充系统设计更要可靠，确保充电过程的高效和安全。

2.4.2.1 快充系统的结构

纯电动汽车快充系统外部设备由充电设备即快充桩和充电枪组成，如图 2-54 所示。车上设备由高压控制盒、动力蓄电池、VCU、快充口及快充线束等部件组成，如图 2-55 所示。纯电动汽车快充系统的结构相对于慢充系统更为简单，整个车载系统没有变压和其他控制设备，外部电源直接将充电所需的高压直流电通过充电接口与高压控制盒送入动力蓄电池，充电过程的通信和连接检测等由快充桩与 BMS 等控制系统共同完成。

图 2-54　快充桩和快充枪

学习情境 2　新能源汽车充电系统结构原理与检修

图 2-55　车上快充设备

快充充电口有些车型设置在车辆前端车标位置，如北汽新能源纯电动汽车。有些车辆将快充充电口设置在车辆后方传统燃油箱盖的位置与慢充口并排安装，例如比亚迪 E6、E5。下面我们以北汽新能源 EV200 纯电动汽车为例讲解快充系统。

2.4.2.2　快充系统部件

1. 快充桩

快充桩与慢充桩的不同在于快充桩代替了车载充电机的作用。由于快充充电功率大，对应的元器件体积与价格都会增大，配备在车辆上会造成成本大幅上升并且整车布置困难。由于快充充电时间短、设备周转率较高，目前快充充电桩集成了充电机的作用，直接将高压直流电通过快充接口连接到车辆。

2. 快充枪

快充系统充电电流大，充电枪与快充口连接阻值必须要小，而且要求连接可靠，防止出现拔枪断电拉弧等现象，因此，快充枪一端通过高压电缆与快充桩直接连接，与快充口连接的枪内设置电子锁，如图 2-56 所示。

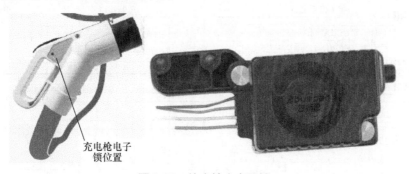

图 2-56　快充枪内电子锁

3. 快充口及快充线束

图 2-57 所示为快充口结构。

从图 2-57 中可以看出，快充口有 9 个针脚，其相关定义：1 针脚为 S- 充电通信 CAN-L，2 针脚为 CC2 充电连接确认，3 针脚为 S+ 充电通信 CAN-H，4 针脚为 CC1 充电连接确认，5 针脚为 DC- 直流电源负，6 针脚为 DC+ 直流电源正，7 针脚为 A- 低压辅助电源负极，8 针脚为 PE 车身接地，9 针脚为 A+ 低压辅助电源正极。

快充接口中，DC+、DC-通过高压控制盒后与动力蓄电池高压正、负极母线相连，CC1 为充电桩的充电连接确认信号，CC2 连接 VCU 为快充口连接确认信号，A+、A- 为 12V 低压辅助电源，S+、S- 为快充 CAN 信号线。

快充线束如图 2-58 所示。

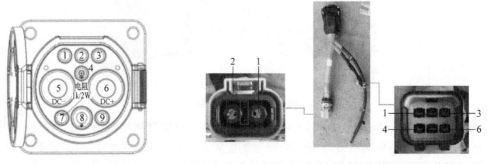

图 2-57　快充口针脚　　　　　图 2-58　快充线束

从图 2-58 中可以看出，快充口与整车连接低压线束为 6 针脚插接件。各针脚定义：1 针脚为 A- 低压辅助电源负极，2 针脚为 A+ 低压辅助电源正极，3 针脚为 CC2 充电连接确认，4 针脚为 S+ 充电通信 CAN-H，5 针脚为 S- 充电通信 CAN-L，6 针脚为空针脚。

与高压控制盒快充线束插接件相连的高压线束为 4 针脚插接件。各针脚定义：1 针脚为 DC- 直流电源负，2 针脚为 DC+ 直流电源正，中间两个针脚为高压互锁端子。

2.4.2.3　快充系统充电控制策略

1. 快充系统充电控制过程

快充系统充电控制引导电路示意图如图 2-59 所示。

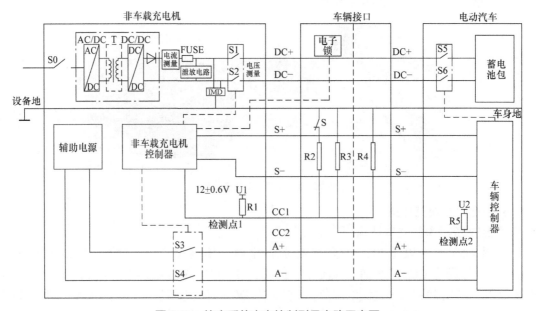

图 2-59　快充系统充电控制引导电路示意图

该引导电路示意图中的辅助电源和非车载充电机控制器集成在快充桩内。电阻 R2、R3 和开关 S 安装在快充枪内，开关 S 为常闭开关。电阻 R4 安装在车辆快充口内。车辆控制器大部分车型为 VCU，有些车型将其集成在 BMS 中，可以控制开关 S5、S6 的通断。开关 S5、S6 一般安装在高压控制盒内。电阻 R1、R2、R3、R4、R5 的电阻值为 1000Ω。

在快充操作时，一旦快充枪与车辆快充口连接，则车辆的总体设计方案使车辆处于不可行驶状态。

（1）车辆快充口连接确认

非车载充电机控制器检测检测点 1 的电压值。当快充枪未接入时，快充枪上的开关 S 处于闭合状态，检测点 1 的电压为 6V。快充枪上的开关 S 被压开时该点电压为 12V。接入快充枪而开关 S 仍断开时，检测点 1 的电压为 6V，开关 S 回弹闭合后，检测点 1 的电压为 4V。此时快充桩确认充电枪完全接入车辆快充口，随即非车载充电机控制器控制 S3、S4 开关闭合，快充桩内的低压辅助电源开始通过 S3、S4 给车辆控制器进行供电。

车辆控制器通过检测检测点 2 电压判断车辆与充电枪的连接情况。当快充枪未接入时，该点电压为 12V，快充枪连接完成后，该点电压变为 6V。此时，车辆控制器确认快充枪与快充口连接完成。非车载充电机控制装置控制电子锁锁定充电枪使其不能从快充口处断开。

（2）非车载充电机控制器自检

车辆快充口连接完成后，非车载充电机控制器控制开关 S1、S2 闭合，非车载充电机控制器通过绝缘表（IMD）对桩内到高压控制盒处的 DC+、DC- 两根充电电缆进行对地绝缘检测。

自检通过后断开 S1、S2，然后通过泄放电路将 DC+、DC- 上的残余电释放掉。

（3）充电开始

车辆端由车辆控制器控制开关 S5、S6 闭合，非车载充电机控制器检测到动力蓄电池电压正常后，控制开关 S0、S1、S2 闭合，使直流供电回路导通，开始对动力蓄电池进行充电。

（4）充电过程检测

在充电过程中，车辆控制装置向非车载充电机控制装置实时发送动力蓄电池充电需求参数。非车载充电机控制装置相应调整充电电压和充电电流，并相互发送各自的状态信息（充电桩输出电压电流、动力蓄电池电压、电流、SOC 值等）。

（5）充电结束

正常条件下充电结束分两种情况。一种是车辆达到充电结束条件，如蓄电池已充满。另一种是充电桩达到了充电结束条件，如操作人员进行了充电结束刷卡。车辆控制装置开始周期发送蓄电池管理系统终止充电报文，并断开开关 S5 和 S6。非车载充电机控制器则周期发送充电机终止充电报文，并控制充电机停止充电，在确认充电电流小于 5A 后断开开关 S0、S1 和 S2，将充电机的输出电压投入泄放电路，避免对操作人员造成电击伤害，最后断开开关 S3 和 S4，解锁电子锁，拔出充电枪，完成充电。

2. 快充唤醒

快充唤醒是为了配合快充完成，车辆其他相关系统从原来的休眠状态转入充电状态。相应的唤醒过程为，快充枪与车身快充口连接完成后，快充桩低压开关 S3 和 S4 闭合，12V 低压辅助电源输入 VCU、RMS 和仪表，唤醒各部件并通电工作，为车与充电桩的握手对话做准备。同时，VCU 输出 BMS 唤醒信号，BMS 进入充电准备状态；VCU 输出快充使能信号给 DC/DC 变换器，使其进入工作状态，保障充电中所需要的辅助电能；VCU 输出快充唤醒信号，保障充电桩和车握手时的数据通信，也保障充电过程中充电桩和车数据通信。图 2-60 所示为北汽新能源 EV200 纯电动汽车快充唤醒信号控制图。

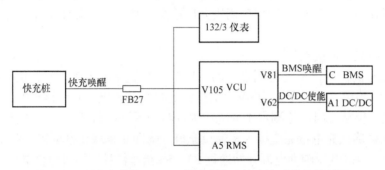

图 2-60　北汽新能源 EV200 纯电动汽车快充唤醒信号控制图

3. 快充 CAN 网络通信

快充控制过程中，充电桩内的非车载充电机控制器与车辆控制器之间的数据交换是通过 CAN 总线系统进行通信的。

北汽新能源纯电动汽车快充系统的 CAN 总线系统称为快充 CAN。快充 CAN 电路由数据采集终端、蓄电池管理系统、直流充电桩和诊断接口组成，如图 2-61 所示。在快充时完成三个部件的数据传输，RMS 数据采集终端只提供检测数据。

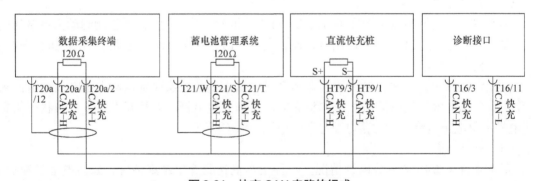

图 2-61　快充 CAN 电路的组成

快充的整个过程中，充电桩与车辆不断交换信息，在完成连接确认后，充电枪与车通过快充 CAN 进行握手通信，快充桩主要完成 BMS、车辆识别、动力蓄电池充电参数和充电需求等信息的采集，车辆端主要完成充电机辨别、充电机最大输出能力等信息的采集，满足双方协议后，充电桩开始输送电量，车上动力蓄电池接受充电。在进入充电状态时，车辆端仍然需要向快充桩传输允许充电电流值、蓄电池温度、SOC 值、绝缘状况、连接状况、充电终止等信息，快充桩向车辆端传输输出的最大电流、电压、充电终止等信息。以上这些重要信息出现问题时，车辆和快充桩都可以终止充电并向对方发送信息，保护动力蓄电池和整车不受损坏，保障充电过程快速和安全。

【实践技能】

2.4.3 充电系统的检修

2.4.3.1 慢充检查

1. 充电线及充电枪检查

1）检查充电线外观有无裂纹、破损等情况。

2）检查充电枪有无裂纹，破损等情况。

3）使用万用表测量车端充电枪 CC 与 PE 之间的电阻值，若电阻值不在国标电阻范围，则充电枪内 RC 电阻、线路或开关出现故障，如图 2-62 所示。然后按下慢充枪开关，旧国标（GB/T 18487.2—2001《电动车辆传导充电系统 电动车辆与交流/直流电源的连接要求》）充电枪万用表应显示为无穷大，新国标（GB/T 18487.1—2015《电动汽车传导充电系统 第 1 部分：通用要求》）万用表显示电阻为 RC 电阻值 +R4 电阻值（2740Ω）；闭合开关后，恢复正常电阻值，否则，充电插头开关损坏。

4）将充电线一端与慢充桩或电源端连接完成后，使用万用表测量车端充电枪 CP 与 PE 之间的电压，应为 12V 左右，否则，充电线内 CP 或 PE 线路有故障，如图 2-63 所示。

图 2-62 测量车端充电枪内 RC 电阻

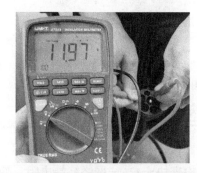

图 2-63 测量车端充电枪 CP 与 PE 之间的电压

2. 慢充口检查

1）检查慢充口是否有裂纹、破损等情况。

2）用万用表测量慢充口 CC 与 PE 之间的电压，电压应为低压蓄电池电压，否则，CC 端供电不正常，检查慢充口 CC 端电源供电线路是否有故障，如图 2-64 所示。注意：在车钥匙处于 LOCK 档时，电压略低，一般为 10~11V；车钥匙处于 ON 档时，电压略高，一般为 11~12V。

2.4.3.2 快充检查

1. 充电线及充电枪检查

1）检查充电线外观有无裂纹、破损等情况。

2）检查充电插头有无裂纹、破损等情况。

3）使用万用表测量快充枪 CC2 与 PE 之间的电阻值，应为 1000Ω 左右，否则，CC2

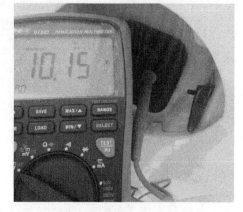

图 2-64 测量 CC 端电压

与 PE 之间的电阻或线路损坏，如图 2-65 所示。

4）使用万用表测量快充枪 CC1 与 PE 之间的电阻值，应为 1000Ω 左右，否则，CC1 与 PE 之间的电阻或线路损坏；然后按下快充枪开关，万用表应显示为无穷大，闭合开关后，恢复正常电阻值，否则，快充枪开关损坏。

5）使用万用表测量 S+ 和 S- 对地电压，其电压均为 2.5V 左右，否则，说明快充枪或快充桩内快充 CAN 网络故障，如图 2-66 和图 2-67 所示。

图 2-65 测量 CC2 与 PE 之间的电阻

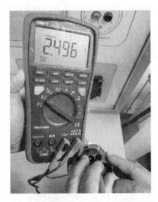

图 2-66 测量 S+ 与 PE 之间电压

图 2-67 测量 S- 与 PE 之间电压

2. 快充口检查

1）使用万用表测量 CC1 与 PE 之间的电阻，应为 1000Ω 左右，否则，快充口内 CC1 至 PE 电阻或线路损坏，如图 2-68 所示。

2）检查快充 CAN 网络终端电阻，使用万用表测量 S+ 与 S-，其电阻值应为 120Ω，否则，终端电阻有故障，如图 2-69 所示。

图 2-68 测量 CC1 与 PE 之间的电阻

图 2-69 测量快充 CAN 网络终端电阻

3）快充口绝缘检测

① 检查绝缘手套绝缘等级和密封性，佩戴绝缘手套。

② 将绝缘万用表档位旋至 500V。

③ 用绝缘万用表检测快充口 DC+ 端子与车身之间的绝缘电阻，绝缘电阻应大于

2.5MΩ，如图 2-70 所示。

④ 用绝缘万用表检测快充口 DC− 端子与车身之间的绝缘电阻，绝缘电阻应大于 2.5MΩ，如图 2-71 所示。

⑤ 若绝缘电阻值小于标准值，应检查并更换快充线束。

图 2-70　测量快充口 DC+ 绝缘电阻　　　图 2-71　测量快充口 DC− 绝缘电阻

2.4.3.3　充电测试

1. 充电测试方法

1）将慢充线连接到充电机上（或连接到具有可靠接地的 220V/16A 的交流电源上）。

2）按下充电枪开关，将充电枪插入慢充口。

3）确保连接正常后，松开充电枪开关。

4）观察仪表板，应显示充电状态。

2. 充电注意事项

在进行新能源汽车快充或慢充时，需要注意以下几点，以防出现人身及车辆伤害。

1）雷雨天气不能进行户外充电。

2）不要用湿手或站在水里去连接或断开充电枪。

3）不建议使用快速充电将动力蓄电池充至满电。

4）连接充电枪时需要按下按钮再慢慢接入接口。

5）快充枪内含电子锁，在控制端未结束充电时不能强行拔下充电枪。

情境小结

1. 动力蓄电池是新能源汽车的能量源，需要外部进行充电。现有的常用充电方式为慢充和快充两种。

2. 慢充充电是慢充桩将外部的 220V 交流电通过车载充电机转化成高压直流电并充入动力蓄电池。慢充充电系统外部设备由充电设备即慢充桩和充电枪组成，车上设备由车载充电机、DC/DC 变换器、高压控制盒、动力蓄电池、VCU、慢充口及慢充线束等部件组成。

3. 纯电动汽车快充系统外部设备由快充桩和充电枪组成，车上设备由高压控制盒、动力蓄电池、VCU、快充口、快充线束等部件组成。

维修工单2.4

任务名称	2.4 充电系统结构原理与检修	时间		班级	
学生姓名		学生学号		成绩	
实训设备	纯电动汽车2辆、绝缘工具2套、防护用具2套、车间安全防护用具2套、工具车和绝缘工具2套、慢充线、快充线、慢充桩、快充桩、检测仪器（绝缘万用表、放电工装、电流钳等）2套	实训场地		日期	
任务描述	修理工在某新能源汽车4S店工作，一天接了一辆纯电动汽车，经过询问以及客户反映得知，该车无法慢充电。你能正确检修充电系统故障吗？				
任务目的	能够准确识别慢充口内端子定义，能够正确检修充电系统。				

一、慢充口端子定义

端子名称	含义
CP	
CC	
N	
GND	
L	

二、检修步骤

1. 验证故障现象

车钥匙位置：□START □ON □ACC □LOCK

连接充电枪：□能充电 □不能充电

车辆仪表板显示：□显示充电连接指示灯 □不显示充电连接指示灯

充电电压为_____V 充电电流为_____A

车辆仪表板有无文字提示：□无 □有 文字提示内容：_____

2. 故障检测

1）检查充电连接插座：供电电压为_____V 或检查慢充桩供电：□正常 □不正常

2）检查充电连接插座接地：□有接地 □无接地

3）测量慢充枪CC端电压为_____V。□正常 □不正常

4）拔下慢充枪，测量交流充电CC与PE（或GND）之间的电阻为_____Ω。□正常 □不正常

5）检查慢充开关，开关闭合时，CC与PE（或GND）之间的电阻为_____Ω；开关断开时，CC与PE（或GND）之间的电阻值为_____Ω。□正常 □不正常

3. 更换充电枪并充电

车辆充电步骤：_____

_____

4. 恢复车辆，检查故障是否消失，能否正常充电

_____

自我评价	组长评价	教师评价	总分

课后习题

一、选择题

1. 新能源汽车为了识别不同充电线，在充电枪车辆端的（　　）端子间安装 RC 电阻。
   A. CC-PE　　　　B. CP-PE　　　　C. CC-N　　　　D. L-N

2. 纯电动汽车，充电方式主要分为（　　）。
   A. 2 种　　　　B. 3 种　　　　C. 5 种　　　　D. 1 种

3. 快充系统是由（　　）唤醒 VCU 的。
   A. 车载充电机　　　B. 快充桩内非车载充电机
   C. BMS　　　　　　D. 低压蓄电池

4. 纯电动汽车随车配备了 16A 或 32A 慢充充电线，其中，16A 充电线在连接车辆慢充口的充电插头中 CC 与 PE 端接有（　　）的电阻。
   A. 220Ω　　　　B. 320Ω　　　　C. 680Ω　　　　D. 860Ω

5. 车载充电机根据在连接车辆慢充口的充电插头中 CC 与 PE 端接有的电阻来判断充电线的规格，如电阻为 220Ω 的充电线应为（　　）的充电线。
   A. 8A　　　　B. 6A　　　　C. 24A　　　　D. 32A

6. 电动汽车使用交流充电桩充电时通常需要的时间为（　　）。
   A. 1～2h　　　　B. 2～4h　　　　C. 4～8h　　　　D. 8h 以上

二、简答题

1. 慢充充电控制过程是怎样的？
2. 快充充电控制过程是怎样的？

学习情境 3

新能源汽车驱动电机及控制系统结构原理与检修

学习单元 3.1 新能源汽车驱动电机结构原理与检修

【情境导入】

某修理工在某新能源汽车 4S 店工作,一天接了一辆纯电动汽车,修理工检查后发现电机工作有异响,需要进一步检查电机。你知道如何安全、规范地检测和拆装电机吗?

【学习导航】

在新能源汽车中,采用驱动电机代替传统能源汽车中的发动机,并在电机控制器的控制下,将电能转换为机械能来驱动汽车行驶。其中,在纯电动汽车、串联式混合动力汽车、燃料电池电动汽车中,驱动电机是唯一的驱动装置;在并联式和混联式混合动力汽车中,驱动电机作为耦合动力装置。目前,新能源汽车主要应用的驱动电机有直流电机、交流感应电机、交流永磁电机和开关磁阻电机。常用电机的结构、工作原理及机械特性等相关知识是本课程需要讲述的内容。

【学习目标】

1. 应知电动汽车常用电机的分类。
2. 应知直流电机的结构组成、工作原理、机械特性及控制方法。
3. 应知无刷直流电机的结构组成及工作原理。
4. 应知交流异步电机的结构组成、工作原理、机械特性及控制方法。
5. 应知永磁同步电机的结构组成、工作原理及控制方法。
6. 应知开关磁阻电机的结构组成、工作原理及控制方法。
7. 能够养成团队协作、吃苦耐劳、严谨细致的工作态度。

3.1.1 驱动电机概述

3.1.1.1 电机的分类

1. 电机的分类方法

电机的分类方法有很多,主要有以下几种。

(1) 按工作电源分类

根据工作电源不同，电机可分为直流电机和交流电机。其中，直流电机又分为励磁式直流电机和永磁式直流电机；交流电机分为单相电机和三相电机。

(2) 按结构及工作原理分类

电机按结构及工作原理分类可分为直流电机、异步电机及同步电机。直流电机又分为无刷直流电机和有刷直流电机；异步电机分为感应电机和交流换向器电机；同步电机分为永磁同步电机、磁阻同步电机和磁滞同步电机。

(3) 按用途分类

电机按用途分类可分为驱动用电机和控制用电机。

(4) 按转子的结构分类

电机按转子的结构可分为笼型感应电机和绕线型感应电机。

(5) 按运转速度分类

电机按运转速度可分为高速电机、低速电机、恒速电机及调速电机。

纯电动汽车最早采用的是直流电机。随着电子技术和自动控制技术的发展及纯电动汽车技术要求的提高，无刷直流电机、异步电机、永磁同步电机及开关磁阻电机等显示出比直流电机更为优越的性能，所以在纯电动汽车中应用越来越广泛。

2. 各类电机介绍

(1) 直流电机

直流电机具有启动加速时驱动力大、调速控制简单、技术成熟等优点。但是直流电机的电枢电流由电刷和换向器引入，换向时产生电火花，换向器容易烧蚀，电刷容易磨损，需经常更换，维护工作量大。电刷与换向器接触部分存在磨损，不仅使电机效率降低，还限制了电机的工作转速。目前新能源汽车不采用这种有刷的直流电机。

针对直流电机中电刷和换向器的问题，人们采用电子换向装置代替原有的电刷和换向器，这时无刷直流电机应运而生。无刷直流电机是一种高性能的电机。它既保留了有刷直流电机优良的调速性能，又具有交流电机结构简单、运行可靠、维护方便等诸多优点。目前，本田汽车公司研发的IMA混合动力系统，采用超薄型直流无刷电机作为动力辅助装置。

(2) 交流异步电机

交流异步电机在特斯拉纯电动汽车上应用较多，这是因为，交流异步电机采用变频调速时，可以取消机械变速器，实现无级变速，使传动效率大为提高。另外，交流异步电机很容易实现正反转，再生制动能量的回收也更加简单。当采用笼型转子时，交流异步电机还具有结构简单、坚固耐用、价格便宜、工作可靠、效率高和免维护等优点。

(3) 永磁同步电机

永磁同步电机结构上与无刷直流电机相似，不同之处在于，它采用正弦波驱动，在具备无刷直流电机优点的同时，还具有低噪声、体积小、功率密度大、转动惯量小、脉动转矩小、控制精度高等优点。因此，永磁同步电机受到世界各大汽车生产厂商的重视。中国、日本等国家的纯电动汽车、混合动力汽车广泛应用永磁同步电机。

(4) 开关磁阻电机

开关磁阻电机是一种新型电机，因它具备结构简单、坚固、工作可靠、效率高，调速系统运行性能和经济指标比普通交流调速系统好等优点，具有很大潜力，被公认是一种极有发展前途的新能源汽车驱动电机。

随着电子技术和计算机技术的飞速发展,新的电机理论与控制方式层出不穷,正推动着新的电机驱动技术迅猛发展。高密度、高效率、轻量化、低成本、宽调速牵引电机驱动系统已成为各国研究和开发的主要热点,如永磁式开关磁阻电机、转子磁极分割型混合励磁结构同步电机及永磁无刷交流电机等。

各种电机的性能比较见表3-1。

表3-1 各种电机的性能比较

项目	直流电机	交流异步电机	永磁同步电机	开关磁阻电机
转速范围/(r/min)	4000~6000	12000~20000	4000~10000	>15000
功率密度	低	中	高	较高
功率因数	—	82~85	90~93	60~65
峰值效率(%)	85~89	94~95	95~97	85~90
负荷效率(%)	80~87	90~92	85~97	78~86
过载能力(%)	200	300~500	300	300~500
恒功率区比例	—	1:5	1:2.25	1:3
电机质量	重	中	轻	轻
电机外形尺寸	大	中	小	小
可靠性	一般	好	优良	好
结构坚固性	差	好	一般	优良
控制操作性能	最好	好	好	好
控制器成本	低	高	高	一般

3.1.1.2 电机的额定指标

电机的额定值是根据国家标准以及电机的设计、试验数据而确定的额定运行数据,是电机运行的基本依据。电机的额定指标主要包括以下各项。

1. 额定功率

额定功率是指额定运行情况下轴端输出的机械功率(单位为W或kW)。

2. 额定电压

额定电压是指外加于线端的电源线电压(单位为V)。

3. 额定电流

额定电流是指电机额定运行(额定电压、额定输出功率)情况下电枢绕组(或定子绕组)的线电流(单位为A)。

4. 额定频率

额定频率是指电机额定运行情况下电枢(或定子)的频率(单位为Hz)。

5. 额定转速

额定转速是指电机额定运行(额定电压、额定频率、额定输出功率)的情况下,电机转子的转速(单位为r/min)。

当电机在额定运行情况下输出额定功率时,称为满载运行,这时电机的运行性能、经济性及可靠性等均处于优良状态。输出功率超过额定功率时称为过载运行,这时电机的负载电流大于额定电流,将会引起电机过热,从而缩短电机使用寿命,严重时甚至烧毁电机。电机的输出功率小于额定功率时称为轻载运行,轻载运行时电机的效率和功率因数等运行性能均较差,因此,电机应尽量避免轻载运行。

3.1.1.3 新能源汽车对电机的要求

新能源汽车在行驶过程中,经常频繁地启动、停车、加速、减速等,这就要求新能源汽车使用的电机比一般工业用的电机性能更高,基本要求如下。

1)电机的运行特性要满足新能源汽车的要求,在恒转矩区,要求低速运行时具有大转矩,以满足新能源汽车启动和爬坡要求;在恒功率区,要求低转矩时具有较高的速度,以满足新能源汽车在平坦路面能够高速行驶的要求。

2)电机应具有瞬时功率大、带负载启动性能好、过载能力强、加速性能好及使用寿命长等特点。

3)电机应在整个运行范围内具有很高的效率,以提高一次充电的续驶里程。

4)电机应能够在新能源汽车减速时实现再生制动,将能量回收并反馈给动力蓄电池,使得新能源汽车具有最佳能量利用率。

5)电机应可靠性好,能够在较恶劣的环境下长期工作。

6)电机应体积小,质量轻,一般为工业用电机的 1/3~1/2。

7)电机的结构要简单坚固,适合批量生产,便于使用和维护。

8)价格便宜,从而能够降低新能源汽车整车成本,提高性价比。

9)运行时噪声低,减少噪声污染。

3.1.2 有刷直流电机

有刷直流电机就是将直流电能转换成机械能的电机,是电机的主要类型之一,具有结构简单、技术成熟、控制容易等特点,在早期的新能源汽车得到应用,特别是场地用电动汽车和专用电动汽车上应用更为广泛。

1. 有刷直流电机的励磁方法

有刷直流电机分为绕组励磁式直流电机和永磁式直流电机。在新能源汽车所采用的有刷直流电机中,小功率电机采用的是永磁式直流电机,大功率电机采用的是绕组励磁式直流电机。

绕组励磁式有刷直流电机根据励磁方式的不同,可分为他励式、并励式、串励式和复励式四种励磁方式。根据四种励磁方式形成以下四种类型有刷直流电机。

(1)他励式直流电机

他励式直流电机的励磁绕组与电枢绕组无连接关系,而由其他直流电源对励磁绕组供电。因此,励磁电流不受电枢端电压或电枢电流的影响。永磁直流电机也可看作他励直流电机。

他励直流电机在运行过程中励磁磁场稳定而且容易控制,容易实现新能源汽车的再生制动要求,但当采用永磁材料时,虽然电机效率高、重量轻且体积较小,但由于励磁磁场固定，电机的机械特性不理想，驱动电机产生不了足够大的输出转矩来满足新能源汽车启动和加速时的大转矩要求。

（2）并励式直流电机

并励式直流电机的励磁绕组与电枢绕组相并联，共用同一电源，性能与他励式直流电机基本相同。并励绕组两端电压就是电枢两端电压，但是励磁绕组用细导线绕成，其匝数很多，因此具有较大的电阻，使得通过它的励磁电流较小。

（3）串励式直流电机

串励式直流电机的励磁绕组与电枢绕组串联在直流电路中，这种直流电机的励磁电流就是电枢电流。电机内磁场随着电枢电流的改变有显著的变化。为了使励磁绕组中不致引起大的损耗和电压降，励磁绕组的电阻越小越好，因此串励式直流电机通常用较粗的导线绕成，它的匝数较少。

串励式直流电机在低速运行时，能给新能源汽车提供足够大的转矩，而在高速运行时，电机电枢中的反电动势增大，与电枢串联的励磁绕组中的励磁电流减小，电机高速运转时的弱磁调速功能易于实现，因此，串励式电机驱动系统能较好地符合新能源汽车的特性要求。但串励式直流电机由低速到高速运行时弱磁调速特性不理想，随着新能源汽车行驶速度的提高，驱动电机输出转矩快速减小，不能满足新能源汽车高速行驶时由于风阻大而需要输出较大转矩的要求。串励式直流电机运行效率低；在实现新能源汽车的再生制动时，由于没有稳定的励磁磁场，再生制动的稳定性差；另外，由于再生制动需要增加接触器切换，驱动电机控制系统的故障率较高，可靠性差。串励式电机的励磁绕组损耗大，体积和质量也较大。

（4）复励式直流电机

复励式直流电机有并励和串励式两个励磁绕组，电机的磁通由两个绕组内的励磁电流产生。若串励绕组产生的磁通量与并励绕组产生的磁通量方向相同，则称为积复励；若两个磁通量方向相反，则称为差复励。

复励式直流电机的并励部分容易产生稳定的磁场，因此，用该类电机构成驱动系统时易实现再生制动功能。同时，由于电机的串励部分，通过控制励磁绕组的励磁电流大小，能克服永磁他励或并励式电机不能产生足够的输出转矩的缺陷，以满足新能源汽车低速或爬坡时的大转矩要求，而电机的质量和体积比串励式电机要小。

各种励磁方式直流电机的电路如图3-1所示，图中I_a为电枢电流，I_f为励磁电流，U为电源电压，U_f为励磁电压，I为负载电流。

新能源汽车所使用的直流电机主要是他励式直流电机（包括永磁直流电机）、串励式直流电机和复励式直流电机三种类型。

小功率（0.1~10kW）电机采用的是小型高效的永磁直流电机，可以应用在小型、低速的搬运设备，如休闲用电动汽车、高尔夫球车、电动叉车等。

中等功率（10~100kW）电机采用的是他励、复励或串励式直流电机，可以用于结构简单、转矩要求较大的电动货车。

大功率（大于100kW）直流电机采用串励式，可用在要求低速、高转矩的专用电动汽车上，如矿石搬运电动汽车等。

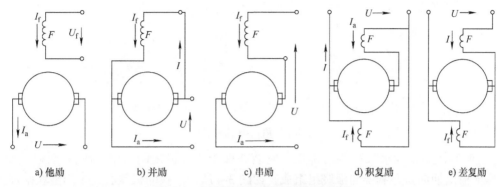

a) 他励　　b) 并励　　c) 串励　　d) 积复励　　e) 差复励

图 3-1　各种励磁方式直流电机的电路

2. 直流电机的结构

直流电机由定子和转子两部分组成。定子和转子之间的间隙称为气隙。直流电机的结构如图 3-2 所示。

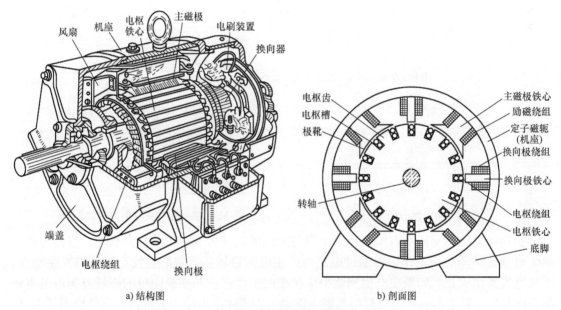

a) 结构图　　b) 剖面图

图 3-2　直流电机的结构

（1）定子部分

直流电机定子主要由主磁极、机座、换向极和电刷装置等组成。

1）主磁极。主磁极由主磁极铁心和套装在铁心上的励磁绕组组成，如图 3-3 所示。主磁极铁心一般由 1~1.5mm 的低碳钢板冲压成一定形状后叠装固定而成，用螺钉固定在机座上。主磁极铁心是主磁路的一部分。励磁绕组用扁铜线或圆铜线绕制而成，然后套装在铁心上，并用绝缘材料使二者绝缘。为了使主磁通在气隙中分布更合理，主磁通铁心下部（靠近电枢表面部分）比励磁绕组的部分要宽，这部分称为磁极的极靴。主磁极用来产生气隙磁场并使电枢表面的气隙磁通密度按一定波形沿空间分布。

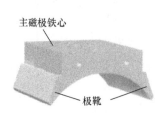
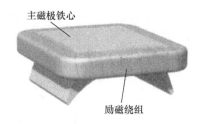

图3-3　直流电机主磁极

2）换向极。换向极又称为附加极，它装在两个主磁极之间，用来改善直流电机的换向。换向极由换向铁心和换向极绕组组成，如图3-4所示。换向极铁心大多用整块钢加工而成。但在整流电源供电的大功率电机中，为了更好地完善电机换向，换向极铁心也采用叠片结构。换向极绕组与主磁极绕组一样，也是用圆铜线或扁铜线绕制而成，经绝缘处理后套装在换向极铁心上，最后用螺钉将换向极固定在机座上。换向极绕组匝数不多时，一般与电枢绕组串联在一起，如图3-5所示。

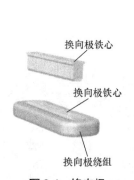
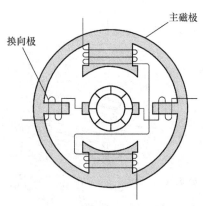

图3-4　换向极　　　　　图3-5　换向极与主磁极的位置关系

换向极的作用是减小电机运行时电刷与换向器之间可能产生的换向火花。直流电机电枢（也就是转子）在工作中因通过电流而产生电枢磁场，该磁场会使定子磁场发生畸变，造成电机换向火花。如果在电枢回路中串接换向极绕组，并使换向极的磁场方向与电枢磁场方向相反，就会形成换向极磁场抵消电枢磁场（实际上不能完全抵消，只是削弱了），保证定子磁场不发生太大的畸变，保证电机换向不产生火花或火花较小。

3）机座。机座一般用铸钢铸成或用厚钢板焊接而成。机座有两个作用：一是用来固定主磁极、换向极和电机端盖；二是作为磁场的通路，定子的导磁部分称为磁轭。机座要具有良好的导磁性能和足够的机械强度和刚度。

4）电刷装置。电刷装置的作用是通过电刷与换向器表面的滑动接触，把转动的电枢绕组与外电流相连。电刷装置一般由电刷、电刷盒、刷辫、压簧和电刷座等部分组成，如图3-6所示。电刷一般用石墨粉压制而成。电刷放置在电刷盒内，用压簧压紧在换向器上，电刷盒固定在电刷座上，成为一个整体部件。

（2）转子

转子又称为电枢，主要由换向器、电枢铁心、电枢绕组组成。

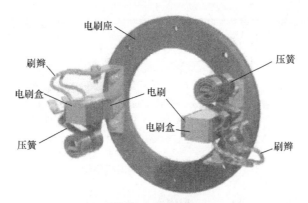

图 3-6 电刷装置

1)换向器。换向器的作用是机械整流,即在直流电机中,它将外加的直流电转换成电枢绕组内的交流电,以保证转子沿着一个方向旋转。

换向器由许多换向片组成,换向片之间的缝隙用云母片绝缘。换向片凸起的一端称为升高片,用以与转子绕组端头相连,换向片下部做成燕尾形,将绝缘套筒、换向片与绝缘缝隙紧固成一个整体,最后将换向器压装在电枢轴上。换向器结构如图3-7所示。

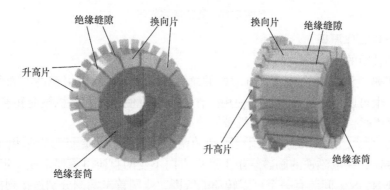

图 3-7 换向器

2)电枢铁心。电枢铁心是电机磁路的一部分,也是承受电磁力作用的部件。转子总成在磁场中旋转时,在电枢铁心中将产生涡流和磁滞损耗。为了减少这些损耗的影响,电枢铁心通常用0.5mm厚的钢片叠压而成,电枢铁心固定在电枢轴上。沿铁心外圈均匀地分布有槽,电枢绕组嵌放在槽内,如图3-8所示。

3)电枢绕组。电枢绕组的作用是产生感应电动势和电磁转矩,实现机电能量转换。电枢绕组通常用圆形或矩形截面的导线绕制而成,再按一定规律嵌放在电枢铁心槽内,上下层之间以及电枢绕组与铁心之间都要妥善地绝缘。直流电机的电枢绕组如图3-9所示。为了防止因离心力将绕组甩出槽外,槽口处需要将绕组压紧,伸出槽外的绕组端部分要绑紧。

图 3-8 直流电机电枢铁心

绕组端头按一定规律嵌放在换向器钢片的升高片槽内,并用锡焊或氩弧焊焊牢,如图3-10所示。

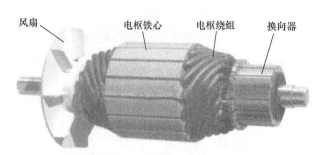

图 3-9 直流电机的电枢绕组

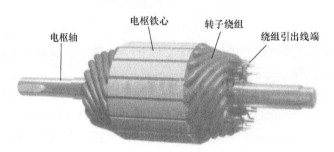

图 3-10 直流电机转子

3. 直流电机工作原理

（1）电磁转矩的产生

直流电机是直流发电机和直流电动机的总称。直流电机具有可逆性，既可以作为直流发电机使用，也可以作为直流电动机使用。作为发电机使用时，将机械能转换成电能输出；作为电动机使用时，则将电能转换成机械能输出。

如图 3-11 所示，N、S 为定子固定不动的两个主磁极，主磁极可以采用永久磁铁，也可以采用电磁铁，在电磁铁的励磁绕组上通以方向不变的直流电流便形成一定极性的磁极。在两个主磁极 N、S 之间装有一个可以转动的线圈，线圈首末两端分别连接到换向器上。线圈与换向器固定在一起随电枢轴转动，换向器中间分成了两部分，分别与电刷 A 和 B 滑动接触。

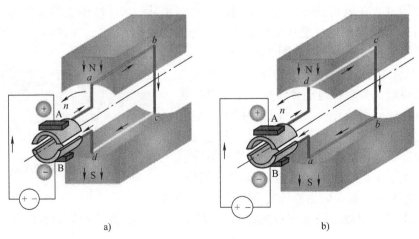

图 3-11 直流电机的工作原理示意图

电刷 A 与电源正极连接，电刷 B 与电源负极连接。线圈位于图 3-11a 中位置时，线圈瞬时电流的流向为电源正极→电刷 A →换向器→a→b→c→d→换向器→电刷 B →电源负极。

根据电磁力定律，载流导体 ab、cd 都受到电磁力的作用。导体受电磁力的方向用左手定则确定，在此瞬间时，ab 位于 N、S 极下，受力方向向左，cd 位于 N、S 极下，受力方向向右，电磁力对电枢轴和线圈形成了电磁转矩，线圈与电枢轴将进行逆时针旋转。

当线圈转过 90°，电刷不与换向器接触，而与换向器之间的绝缘缝隙接触，此时线圈中没有电流流过，但由于机械惯性的作用，线圈仍能转过一个角度，电刷 A、B 又将分别与换向器接触，只是两个换向器发生了对调。线圈中又有电流流过，此时导体 ab、cd 中的电流改变了方向，线圈仍然受到逆时针方向电磁转矩的作用，线圈始终保持同方向旋转。

由此可以看出，换向片和电刷在直流电机中起着改变电流方向的作用，使得 N 极和 S 极下的导体电流流动方向不变，产生单向的电磁力与电磁转矩。

实际的直流电机为产生足够大且稳定的电磁转矩，其电枢由多匝绕组串联而成，并由多个换向片组成换向器。根据安培定律，可以推导出直流电机通电后所产生的电磁转矩。

当电流流过电枢绕组时，载流导体在励磁磁场的作用下产生的电磁转矩 M 的表达式为

$$M = C_m I_a \Phi \tag{3-1}$$

式中，C_m 是电机的结构常数，与电机磁极对数 p、电枢绕组导线总匝数 Z 及电枢绕组电路的支路对数 a 有关，$C_m = pZ/2\pi a$；I_a 是电枢电流；Φ 是磁极磁通量。

（2）有刷直流电机转矩自动调节原理

1）直流电机工作时的电压平衡方程式。通电的直流电机的电枢在电磁转矩 M 的作用下转动起来时，电枢绕组就会因切割磁力线而产生旋转电动势，此电动势与电枢电流 I_a 的方向相反，故也被称为反电动势 E_f。E_f 与磁极的磁通量 Φ 和电枢的转速 n 成正比，即

$$E_f = C_e n \Phi \tag{3-2}$$

式中，C_e 是电机的结构常数（$C_e = pZ/60a$）。因此，电枢回路的电压平衡方程式为

$$U = E_f + I_a R_a \tag{3-3}$$

式中，R_a 是电枢回路的电阻，它包括电枢绕组的电阻和电刷与换向器的接触电阻。

2）直流电机通电后的工作过程。在直流电机刚接通电源的瞬间，其电枢转速为 0，电枢反电动势也为 0。这时，电枢绕组通过最大的电流，并产生最大的电磁转矩；如果最大的电磁转矩大于电机的阻力矩，则电枢就开始加速旋转。随着电枢转速的上升，电枢反电动势增大，电枢电流便开始下降，电磁转矩也随之减小。当电磁转矩降至与电机阻力矩相同时，电枢就在此转速下稳定运转。

从直流电机的工作过程可知，直流电机的启动转矩大，在用作新能源汽车的驱动电机时，新能源汽车的启步和加速性较好。

4. 有刷直流电机的机械特性

直流电机的机械特性是指在电源电压恒定、励磁调节电阻和电枢回路电阻不变的情况下，其转速与电磁转矩之间的关系，又称转矩 - 速度特性，是电机的重要特性。

不同励磁方式直流电机的机械特性是不同的，其性能也会有较大差别。不同励磁方式

下直流电机的机械特性如图 3-12 所示。

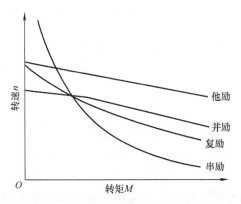

图 3-12　不同励磁方式直流电机的机械特性

（1）串励式直流电机的机械特性

串励式直流电机的特点是负载电流、电枢电流和励磁电流是一个电流，气隙主磁通随电枢电流的变化而变化，同时对电机转速产生较大影响。

由于串励式直流电机的励磁绕组很小，当电机工作后，在磁通量未达到饱和之前，磁通量受励磁电流的影响是线性的。

$$\Phi = C_\Phi I_a \tag{3-4}$$

式中，C_Φ 是励磁系数。

根据式（3-1）~式（3-4）可得：

$$n = \frac{\sqrt{C_m}U}{C_e\sqrt{C_\Phi M}} - \frac{R_a}{C_e C_\Phi} \tag{3-5}$$

根据式（3-5）可得串励式直流电机的机械特性：当电压一定时，随负载转矩的增大，转速下降很快，因此，串励式直流电机的机械特性比较"软"，电机不会因负载增大而过载。但其有较宽的恒功率调速范围，其缺点是加速性能比较差。这种机械特性非常适合低速牵引型电动汽车，但是负载转矩趋于 0 时，转速趋于无穷大，故串励式直流电机不能空载运行。

（2）他励式直流电机的机械特性

他励式直流电机的励磁电流一定时，磁通量为常数。

根据式（3-1）~式（3-3）可得：

$$n = \frac{U}{C_e \Phi} - \frac{R_a}{C_m C_e \Phi^2} M \tag{3-6}$$

根据式（3-6）可得他励式直流电机的机械特性：当电枢电压一定时，由于他励电机的电枢电阻很小，在负载转矩变化时，转速的变化不大，机械特性比较"硬"。他励式直流电机具有良好的线性和工作稳定性。此外，由于他励式直流电机可以通过分别控制励磁电流和电枢电压来控制电机的转速，因而其调速范围很大。另外，他励式直流电机很容易连接成发电机工作电路，实现电动汽车的制动能量回收。永磁直流电机和并励电机也有类似的机械特性。

（3）并励式直流电机的机械特性

并励式直流电机的励磁电流与电枢电压有关，负载变化时转速比较稳定，具有比较"硬"的机械特性。并励式直流电机的调速范围较宽，但提供转矩的能力较差。

（4）复励式直流电机的机械特性

复励式直流电机既有并励绕组，又有串励绕组，因此其特性介于串励式和并励式直流电机机械特性之间。

根据式（3-1）~式（3-3）可得：

$$n = \frac{U}{C_e \Phi} - \frac{R_a}{C_m C_e \Phi^2} M \tag{3-7}$$

式中，Φ是电机的总励磁磁通量，$\Phi = \Phi_1 + \Phi_2$，其中，并励磁通为Φ_1，其大小与电枢电流无关；串励磁通为Φ_2，其大小与电枢电流有关。

从式（3-7）可以看出，复励式直流电机的负载变化时转速变化较大，机械特性优于并励直流电机，适用于负载转矩变化较大的场合。

5. 直流电机的优缺点

（1）直流电机的优点

1）调速性能良好。直流电机具有良好的电磁转矩控制特性，可实现均匀平滑地无级调速，且具有较宽的调速范围。

2）启动性能好。直流电机具有较大的启动转矩，能适应新能源汽车起步驱动特性的需要，可实现快速起步。

3）具有较宽的恒功率范围。直流电机恒功率输出范围较宽，可确保新能源汽车具有良好的低速启动性能和高速行驶能力。

4）控制较为简单。直流电机可采用斩波器实现调速控制，具有控制灵活且高效、质量轻、体积小、响应快等特点。

5）价格较为便宜。直流电机的制造技术和控制技术都比较成熟，虽然直流电机本身的价格不低，但是其控制装置简单、价格较低，因而整个直流电机驱动系统的价格较便宜。

（2）直流电机的缺点

1）效率较低。总体上，有刷直流电机的效率低于交流电机和开关磁阻电机。

2）维护工作量大。有刷直流电机工作时电刷与换向器之间会产生换向火花，换向片容易被烧蚀，电刷也容易磨损，因此，电机的工作可靠性较差，需要经常进行维护。

3）转速低。有刷直流电机转速越高，电刷与换向器之间产生的换向火花就越大，严重时形成火花环，这就限制了直流电机转速的提高。

4）质量和体积大。有刷直流电机的结构较复杂，功率密度低，质量大，体积也大。

6. 直流电机的控制

（1）直流电机调速控制

在以上直流电机中他励式直流电机具有良好的线性特征和稳定的输出特性，通过分别控制电机的电枢电压和励磁电流即可扩大其调速范围，以满足新能源汽车驱动力的需求。

由机械特性分析可知，调速方法有电枢电压调节法、磁场调节法及电枢回路电阻调节法。

1）电枢电压调节法。电枢电压调节法是通过改变电枢电压来控制电机转速的方法。他励式直流电机采用电枢电压调节法的转速控制特性如图3-13所示。

电枢电压调节法适用于电机降速调节。电机电枢电压与转速之间近似于线性调节，而电机的负载转矩不变，因而也称其为恒转矩调节。该控制方法可使直流电机在较宽的速度范围内实现平滑的速度控制，调速比一般可达1:10。

电枢电压调节过程：当降低电枢电压时，在电机转速、阻力矩还没来得及改变时，电枢电流必然下降，电枢产生的电磁转矩下降，致使电枢转速下降；随着电枢转速的降低，电枢反电动势减小，电枢电流回升，电枢电磁转矩增大，直到与电机阻力矩相平衡，电机才会在比调压前低的转速下稳定运转。

2）磁场调节法。磁场调节法是通过调节磁极绕组励磁电流，改变磁极磁通量来调节电机转速的方法。由于通常电机额定运转时均已在磁通近饱和状态下，因此一般只能采用弱磁的方法来调速。他励式直流电机采用磁场调节法的转速控制特性如图3-14所示。

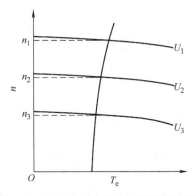

图3-13 电枢电压调节法的转速控制特性

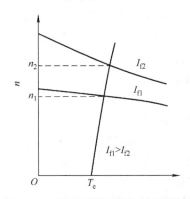

图3-14 磁场调节法的转速控制特性

磁场调节法适用于电机的升速控制。当电机电枢电流不变时，磁场调节法具有恒功率调速的特性。磁场调节法控制功率高，但调速范围较小（一般不超过1:3），且相应速度较慢。

磁场调节法的调速过程：减小磁通量，在机械惯性力的作用下，电枢转速还没来得及下降，而反电动势随着磁极磁通量的减小而下降，电枢电流随之增大，由于电枢电流增加的影响大于磁极磁通量减小的影响，因而电机电枢的电磁转矩增大；如果这时电机的阻力矩未变，则电枢的转速便会上升，随着电机转速的上升，电枢的反电动势增大，电枢电流随之减小，直至电磁转矩与阻力矩平衡时，电机就在比磁通量调节前高的转速下稳定运转。

3）电枢回路电阻调节法。电枢回路电阻调节法是在磁极绕组励磁电流不变的情况下，通过改变电枢回路的电阻，使电枢电流变化来实现电机转速调节的方法。电枢回路电阻调节法的转速控制特性如图3-15所示。

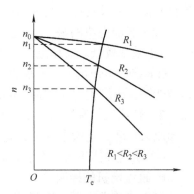

图3-15 电枢回路电阻调节法的转速控制特性

电枢回路电阻调节法的机械特性较"软",而且会使电机运转不稳定,加之电枢回路串入电阻消耗了电能,因而这种方式在新能源汽车上很少采用。

在实际的直流电机调速控制中,通常是电枢电压调节和磁场调节配合应用,如图3-16所示。在电机转速低于基速时,磁极磁场保持稳定,通过调节电枢电压来控制电机的转速;在电机转速高于基速时,电枢电压恒定,通过调节磁极磁通量来改变电机的转速,实现直流电机电枢电压与磁极磁通量配合调节。

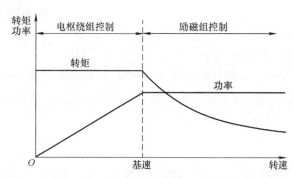

图3-16 电枢电压与磁极磁通量配合调节时的电机特性

（2）直流电机的再生制动控制

再生制动能量回收是提高新能源汽车续驶里程的有效手段。再生制动能量回收即新能源汽车在制动时,通过电机的再生制动控制将动能转换为电能储存在动力蓄电池,供驱动时使用,已达到延长新能源汽车续驶里程的目的;同时还可以减少制动系统工作强度,延长制动盘和摩擦片的使用寿命。

他励直流电机在作为电机驱动车辆行驶时,电源电压 U 与电枢反电动势 E_f 方向相反,而 $|U|>|E_f|$,电枢电流 I_a 从电源流向电枢,产生拖动转矩。电机从电源处得到的电功率大于零。

若在制动时,降低电源电压 U,使 $|U|<|E_f|$,则电枢反电动势 E_f 将迫使电枢电流 I_a 从电枢流向电源,电机实现再生发电,同时产生与电机旋转方向相反的反向电磁转矩实现制动。此时,电机的电功率小于零,电机向电源馈送功率。

3.1.3 无刷直流电机

无刷直流电机是用电子换向装置代替了有刷直流电机的机械换向装置,保留了有刷直流电机宽阔而平滑的优良调速性能,克服了有刷直流电机机械换向带来的一系列缺点,体积小,质量轻,可做成各种体积形状,高效率,高转矩,高精度,数字式控制,是较理想的调速电机之一,广泛使用在采用本田IMA混合动力系统的Insight、思域、雅阁、飞度以及CR-Z等车型上。

3.1.3.1 无刷直流电机的结构

无刷直流电机主要由电机本体、电子换向器、转子位置传感器及壳体等几部分组成。

1. 电机本体

无刷直流电机的电机本体由定子和转子两部分组成。

（1）定子

定子是电机本体的静止部分，又称为电枢，它由导磁的定子铁心、导电的电枢绕组及固定铁心和绕组的壳体等组成，如图3-17所示。

定子铁心中安放着对称的多相绕组，可接成星形或封闭形，各相绕组分别与电子开关线路中的相应晶体管相连接。

（2）转子

转子是电机本体的转动部分，是产生励磁磁场的部件，由永磁体、导磁体和轴承等组成。转子是由永磁材料制成一定极对数的永磁体，主要种类有将转子铁心外表面粘贴瓦片形磁钢，称为凸极式，如图3-18a所示；将磁钢插入转子铁心的沟槽中，称为嵌入式，如图3-18b所示；将磁钢埋入转子铁心内部，称为内埋式，如图3-18c所示。

图3-17 无刷直流电机定子结构

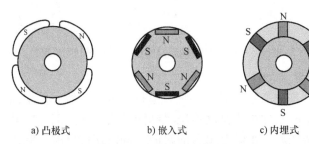

a）凸极式　　　b）嵌入式　　　c）内埋式

图3-18 永磁转子的结构形式

2. 电子换向器

电子换向器又称为电子开关，与转子位置传感器相配合，起到与机械换向器相似的作用。电子换向器主要由晶体管组成，有桥式和非桥式两种，图3-19所示为常用的几种电枢绕组连接方式，其中图3-19a、图3-19b是非桥式电路，其他为桥式电路。在桥式电路中，在每个工作瞬间，上下桥臂各有一个晶体管导通，使两相定子绕组通电。

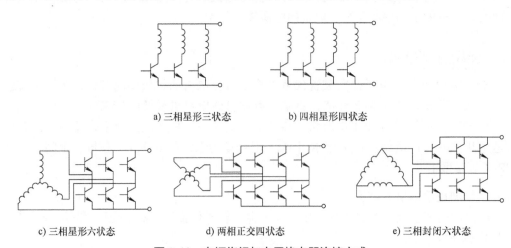

a）三相星形三状态　　　b）四相星形四状态

c）三相星形六状态　　　d）两相正交四状态　　　e）三相封闭六状态

图3-19 电枢绕组与电子换向器连接方式

图 3-19 中，晶体管的通断由电子开关触发器控制。电子开关触发器将位置传感器传递过来的信号进行解调、预放大、功率放大，然后触发晶体管，使电枢绕组按一定的逻辑程序通电，形成旋转磁场，以使电机转子可靠运转。

3. 转子位置传感器

转子位置传感器在无刷直流电机中起着检测转子磁极位置的作用，为功率开关电路提供正确的换向信息，即将转子磁极的位置信号转换成电信号，经位置处理电路处理后控制定子绕组换向。由于晶体管的导通顺序与转子转角同步，因而位置传感器与晶体管一起，起着与传统有刷直流电机的机械换向器和电刷相类似的作用。

转子位置传感器的种类一般有电磁式位置传感器、霍尔式位置传感器和光电式位置传感器三种。

（1）电磁式

这种传感器的结构如图 3-20 所示。它由定子和转子两部分组成。定子磁心及转子上的扇形部分均由高频导磁材料制成，导磁扇形片数等于电机极对数，放置在不导磁的铝合金圆盘上制成了转子。传感器定子由磁心和线圈组成，磁心的结构特点是中间为圆柱体，安放励磁绕组，外施高频电源励磁。圆周上沿轴向有凸出的极，极上套着信号线圈产生信号电压。可以看出，这实际上是一个有共同励磁线圈的几个开口变压器，扇形导磁片的作用是使开口变压器铁心接近闭合，减少磁阻，使信号线圈感应出较大的电动势。

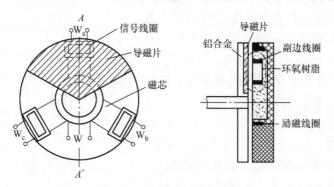

图 3-20 电磁式位置传感器

电磁式位置传感器具有输出信号大、工作可靠、寿命长、使用环境要求不高、适应性强、结构简单和紧凑等优点。但这种传感器的信噪比较低，体积较大，同时其输出波形为交流，一般需经过整流、滤波后才可使用。

（2）霍尔式

采用霍尔元件作为位置传感器的无刷直流电机通常称为霍尔式无刷直流电机。由于无刷直流电机的转子是永磁的，可以很方便地利用霍尔元件的霍尔效应检测转子的位置。图 3-21 所示为四相霍尔式位置传感器原理图。图中两个霍尔元件 H_1 和 H_2 以间隔 90° 电角度粘贴在电机定子绕组 A 和 B 的轴线上，并通上控制电流，电机转子磁钢兼作位置传感器的转子。

当电机转子旋转时，磁钢 N 极和 S 极轮流通过霍尔元件 H_1 和 H_2，因而产生对应转子位置的两个正的和两个负的霍尔电动势，经放大后去控制功率晶体管导通，使四个定子绕组轮流切换电流。

图 3-21 四相霍尔式位置传感器原理图

霍尔式无刷直流电机结构简单，体积小，但安装位置和定位不便，元件薄，易碎，对环境及工作温度有一定要求，耐振性能差。

（3）光电式

光电式传感器是由固定在定子上的几个光电耦合开关和固定在转子轴上的遮光盘所组成，如图 3-22 所示。遮光盘上按要求开出光槽（孔），几个光电耦合开关沿着圆周均布，每只光电耦合开关是由相互对着的红外发光二极管（或激光器）和光电管（光电二极管、晶体管或光电池）所组成。红外发光二极管（或激光器）通上电后，发出红外光（或激光）；当遮光盘随着转轴转动时，光线依次通过光槽（孔），使对着的光电管导通，相应地，产生反应转子相对定子位置的电信号，经放大后去控制功率晶体管，使相应的定子绕组切换电流。

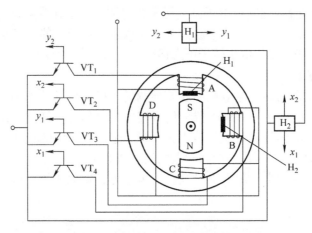

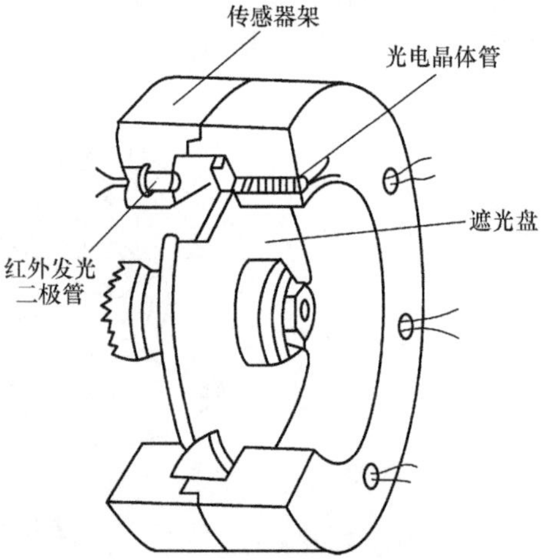

图 3-22 光电式位置传感器

光电式位置传感器产生的电信号一般都比较弱，需要经过放大才能去控制晶体管。但它输出的是直流电信号，不必再进行整流，这是它的一个优点。

3.1.3.2 无刷直流电机的工作原理

1. 三相星形非桥式

图 3-23 所示为一台采用非桥式晶体管开关电路驱动两极三相星形绕组，并带有电磁式位置传感器的无刷直流电机。转子位置传感器的励磁线圈由高频振荡器供电，通过导磁片的作用使信号线圈获得较大的感应电压，并经整流、放大加到开关电路功率三极管的基极上使其导通，因而与该管串联的定子绕组也就与外电源接通。

由于导磁片与电机转子同轴旋转，所以信号线圈 W_a、W_b、W_c 依次获得电压信号，三个功率晶体管依次导通，使得定子三相绕组轮流通电。

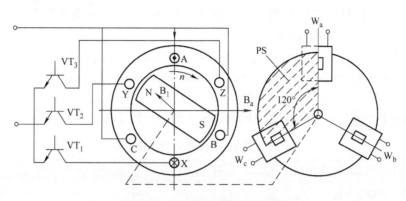

图 3-23 无刷直流电机工作原理

当电机转子处于图 3-23 所示瞬间，位置传感器 PS 的扇形导磁片位于图示位置处，它的信号线圈 W_a 开始与励磁线圈相耦合，便有信号电压输出，其余两个信号线圈 W_b、W_c 的信号电压为 0。线圈 W_a 提供的信号电压使晶体管 VT_1 开始导通，而晶体管 VT_2、VT_3 截止。这样，电枢绕组 AX 有电流通过，电枢绕组磁场 B_a 的方向如图 3-23 中所示向右。电枢绕组与永磁转子磁场相互作用就产生转矩，使转子按顺时针方向旋转。

当电机转子在空间转过 120° 电角度时，位置传感器的扇形片也转过同样角度，从而使信号线圈 W_b 开始有信号电压输出，W_a、W_c 的信号电压为 0。W_b 输出的信号电压便使晶体管 VD_2 开始导通，晶体管 VD_1、VD_3 截止。这样，电枢绕组 BY 有电流通过，电枢磁场 B_a 的方向如图 3-24a 所示。电枢磁场 B_a 与永磁转子磁场相互作用所产生的转矩，使转子继续沿顺时针方向旋转。

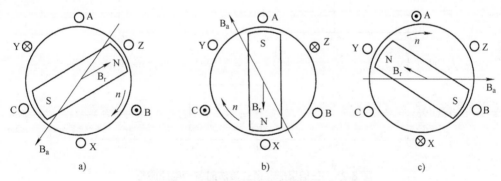

图 3-24 电枢磁场与转子磁场间的相对位置

若转子继续转过 120° 电角度，回到原来的起始位置，如图 3-24c 所示，通过位置传感器将重复上述的工作过程，如此循环下去，无刷直流电机在电枢磁场与永磁转子磁场的相互作用下，能产生转矩并使电机转子按一定的转向旋转。可以看出，在三相星形非桥式的无刷直流电机中，当转子转过 360° 电角度时，定子电枢绕组共有三个通电状态，每一个状态仅有一相导通，定子电流所产生的电枢磁场在空间跳跃着转动，相应地，在空间上也有三个不同的位置，称为三个磁状态，每一个状态持续 120° 电角度，这种通电方式称为一相导通三相星形三状态。每一个晶体管导通时转子所转过的空间电角度称为导通角。显然，转子位置传感器的导磁扇形片张角至少应该等于导通角。通常，为了保证前后两个导通状态之间不出现间断,就需要有个短暂的重叠时间,必须使张角略大于导通角。电枢磁场在空间保持某一状态时转子所转过的空间电角度,即定子上前后出现的两个不同磁场轴线间所夹的电角度称为磁状态角或称状态角。

三相星形非桥式无刷直流电机各相绕组与各晶体管导通顺序的关系见表3-2。可以看出,由于一个磁状态对应一相导通,所以导通角和状态角都等于120°。当电机是 p 对磁极时,位置传感器转子沿圆周应有 p 个均布的导磁扇形片,每个扇形片张角应大于等于 $120°/p$。无刷直流电机三相非桥式星形接法时各相电压波形如图3-25所示。

表 3-2　三相星形三状态导通顺序表

电角度	0°—120°	120°—240°	240°—360°
定子绕组的导通角	A	B	C
导通晶体管	VT_1	VT_2	VT_3

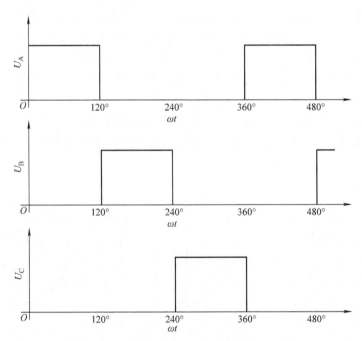

图 3-25　三相星形非桥式接法时各相电压波形

2. 三相星形桥式接法

若定子绕组仍为三相,而功率晶体管接成桥式开关电路如图3-26所示,相应的位置传感器原理图如图3-27所示。三相电枢绕组与各功率晶体管导通顺序见表3-3。可以看出,电机应有六个通电状态,每一个状态都是两相同时导通,每个功率晶体管导通角仍为120°,位置传感器扇形片张角大于等于 $120°/p$。

电枢合成磁场由通电的两相磁场所合成。若每相磁密在空间是正弦分布,用向量合成法可得合成磁密 B_a 的幅值等于每相磁密幅值的 $\sqrt{3}$ 倍,它在空间也相应有六个不同位置,状态角为60°。

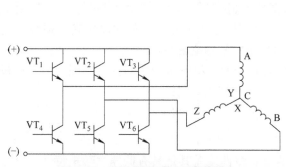

图 3-26 三相星形桥式开关电路

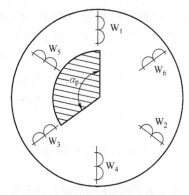

图 3-27 三相桥式电路的位置传感器

表 3-3 两相导通星形三相六状态导通顺序表

电角度	0°—60°	60°—120°	120°—180°	180°—240°	240°—300°	300°—360°
导电顺序	A	A	B	B	C	C
	B	C	C	A	A	B
VT_1	←导通→	←导通→				
VT_2			←导通→	←导通→		
VT_3					←导通→	←导通→
VT_4				←导通→	←导通→	
VT_5	←导通→					←导通→
VT_6		←导通→	←导通→			

无刷直流电机的转子采用永磁体会产生直轴位置的磁场,而定子为电枢绕组通过功率控制器控制各相绕组的通断状态。因为定子电枢绕组通断状态的组成方式是有限的,定子电枢绕组产生的电枢磁场位置也是有限的,不可能像交流感应电机一样产生幅值恒定又连续旋转的定子磁场,所以无刷直流电机定子绕组产生的磁场必定是跳跃前进的(也称步进式),这是不同于直流电机和交流电机电枢磁场运动的特征之一。但是,这种跳跃式前进的磁场仍然要与转子磁场保持相对同步。如果定子磁场相对于转子磁场始终超前 90° 电角度左右范围内运动,那么定子电枢磁场总是吸引转子永磁磁场,它们之间能够产生正的平均电磁转矩。虽然定转子磁场之间存在相对运动,但是转子能够不停地跟随定子磁场正向旋转。同样,如果定子磁场相对于转子磁场滞后 90° 电角度左右范围内运动,那么定子电枢绕组磁场同样能吸引转子永磁磁场,它们之间产生负的平均电磁转矩。虽然定转子磁场之间存在相对运动,但不会影响转子跟随磁场反向旋转。否则,定子电枢磁场与转子永磁磁场之间的相对运动将导致产生的平均电磁转矩很小甚至为 0,不能驱动负载连续运行,最终转子停止不动,这种情况称为失步。

总之,要保持定转子磁场产生恒定的平均电磁转矩,必须保证定转子磁场在空间内保持相对静止。这种相对静止有两层含义:一是恒定的平均电磁转矩而不是恒定的瞬时电磁转矩，即瞬时转矩可以变化，但总体上存在一定大小的平均值，这种电磁转矩瞬时变化由具有机械惯性的转子起到平滑作用，即转矩波动随着转子转动惯量增大而减小；二是定转子磁场在空间保持相对静止而不是保持相互之间的绝对静止，即使瞬时定转子磁场之间存在相对运动，但总体上始终保持同步以产生恒定的平均电磁转矩。

无刷直流电机的机械特性较"硬"，具有和普通直流电机同样的控制性能，可以通过调节供电电压实现无级调速，调节电枢电流达到控制转矩的目的。

3.1.3.3 无刷直流电机的特点

1. 优点

1）外特性好，非常符合新能源汽车的负载特性，尤其是具有低速大转矩特性，能够提供大的启动转矩，满足新能源汽车的加速要求。

2）可以在低、中、高宽速度范围内运行，而有刷电机由于受机械换向的影响，只能在中低速下运行。

3）效率高，尤其是在轻载车况下，仍能保持较高的效率，这对保存珍贵的蓄电池能量是很重要的。

4）过载能力强，比永磁交流电机可提高过载能力两倍以上，可满足新能源汽车的启动堵转需要。

5）再生制动效果好，因无刷直流电机转子具有很高的永久磁场，在新能源汽车下坡或制动时电机可完全进入发电机状态，给动力蓄电池充电，同时起到电制动作用，减轻机械制动负担。

6）体积小、质量轻、比功率大，可有效地减轻整车质量、节省空间。

7）无机械换向器，采用全封闭式结构，防止尘土进入电机内部，可靠性高。

8）控制系统比异步电机简单。

2. 缺点

无刷直流电机的控制系统比较复杂，励磁不能控制，机械特性较"硬"，不具有绕组式直流电机的机械特性。如果逆变器输出波形不理想，会出现较大的转矩脉动，影响电机的低速性能，电流耗损大，噪声较大。永磁体材料在受到高温时，会发生退磁现象。由于永磁体的作用，转子在高速旋转时电机会产生与转速成正比的反电动势，并通过逆变器反接二极管施加在高压母线上，此种方式会造成一定的安全隐患。

3.1.4 交流异步电机

交流异步电机又称感应电机，是由气隙旋转磁场与转子绕组感应电流相互作用产生电磁转矩，从而实现电能转换为机械能的一种交流电机。

异步电机的种类很多。最常见的方式是按转子结构和定子绕组相数分类。按照转子结构来分，有笼型异步电机和绕线型异步电机；按照定子绕组相数来分，有单相异步电机、两相异步电机和三相异步电机。异步电机是各类电机中应用最广、需要量最大的一种。在新能源汽车中，美国的特斯拉纯电动汽车主要使用笼型三相异步电机。

3.1.4.1 交流异步电机的结构

同所有电机的结构一样，交流异步电机是由静止的定子和可以旋转的转子组成，定子和转子之间为气隙，交流异步电机的气隙一般为 0.2~2.0mm，气隙的大小对交流异步电机的性能有很大影响。气隙越小，磁路中的磁阻越小，定子与转子之间的互相感应作用就越好，可以降低电机的励磁电流，提高电机的功率因数。但气隙过小，会对电机的装配带来困难，对定转子的同心度要求也会很高，并导致运行不可靠。交流异步电机的基本结构如图 3-28 所示。

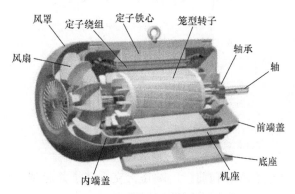

图 3-28　交流异步电机的基本结构

1. 定子

交流异步电机的定子主要由定子铁心、定子绕组和机座三部分组成，如图 3-29 所示。

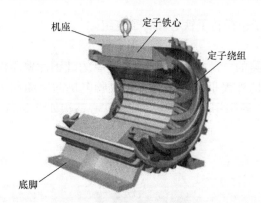

图 3-29　交流异步电机的定子

（1）定子铁心

定子铁心主要是作为电机主磁路的一部分并且用来嵌放定子绕组的，为了降低定子铁心的铁损耗，定子铁心一般由 0.35~0.50mm 厚表面涂有绝缘漆的硅钢片叠压而成。定子铁心如图 3-29 所示，在铁心的内圆冲有均匀分布的槽，用以嵌放定子绕组。

（2）定子绕组

定子绕组是电机的电路部分，通入三相交流电，其作用是吸收电功率和产生旋转磁场。定子绕组由三个在空间上互隔 120°、对称排列、结构完全相同的绕组组成。为了产生多对磁极的旋转磁场，每相绕组可以由多个线圈串联组成。每相绕组的各个导体按照一定的规律分散嵌放在定子铁心槽内。三相定子绕组要与交流电源相接。为此，将三相定子绕组的首、末端都引到固定的电机外壳的接线盒上。

三相定子绕组的接法有两种，分别为星形接法（通常表示为Y接法）和三角形接法

（通常表示为△接法），如图3-30所示。对于大、中型容量的高压异步电机定子绕组通常采用星形接法，只有三根引出线，如图3-30a所示。对于中小型容量的低压异步电机，通常把定子三相绕组的六根线头都引出来，根据需要可接成星形和三角形，三角形接法如图3-30b所示。定子绕组用绝缘的铜导线绕制而成，嵌放在定子槽内。

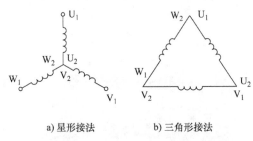

a）星形接法　　　　b）三角形接法

图3-30　定子绕组的接法

（3）机座

机座主要用于固定定子铁心和前、后端盖，支承转子并起到防护和散热等作用，一般作为磁路的组成部分。机座大多数采用铸铁铸造而成，大型容量的交流异步电机采用钢板焊接而成，微型交流异步电机多采用铸铝或塑料制成。根据电机的防护方式、冷却方式和安装方式的不同，机座的样式也不尽相同。

2. 转子

交流异步电机的转子包括转子铁心和转子绕组。

（1）转子铁心

转子铁心是电机磁路的一部分，它由0.5mm厚的硅钢片叠压而成。铁心固定在转轴或转子支架上，整个转子的外表呈圆柱形。为了改善电机的启动和运行性能，减少谐波，笼型异步电机的转子铁心一般采用斜槽结构。转子铁心结构如图3-31所示。

图3-31　交流异步电机转子铁心

（2）转子绕组

转子绕组是自成闭合回路的短路线圈。转子绕组不需要外接电源供电，其电流是由电磁感应作用产生的。它有两种结构形式，分别为笼型和绕线型。下面讲述三相笼型异步电机的转子绕组。

笼型转子绕组是在转子铁心槽内放置铜条，铜条两端用铜制短路环焊接起来，如图3-32所示。如果将转子铁心去掉，转子绕组的形状如鼠笼，故称为笼型转子。现在中、小型笼型电机的转子一般都采用铸铝转子，采用压力浇铸或离心浇铸的方法将转子槽中的导体、短路环以及端部的风扇铸造在一起，与转子铁心形成一个整体。笼型转子的优点是结构简单、价格便宜、运行安全可靠及使用方便等。

 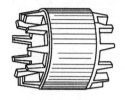

a) 铜条绕组　　b) 铸铝绕组

图 3-32　转子绕组

3.1.4.2　交流异步电机的工作原理

1. 基本原理

交流异步电机基本工作原理如图 3-33 所示。

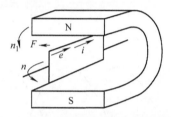

图 3-33　交流异步电机的基本工作原理

在蹄形磁体的两极间放置一个闭合导体，当转动蹄形磁铁时，磁铁所形成的磁场开始旋转，此时旋转磁场与闭合导体之间产生相对运动，闭合导体切割磁力线而在其内部产生感应电动势和感应电流。感应电流又使导体受到一个电磁力的作用，于是导体就沿磁铁的旋转方向转动起来，这就是交流异步电机的基本工作原理。

因此，欲使交流异步电机旋转，必须有旋转的磁场和闭合的转子绕组。

2. 工作原理

图 3-34a 所示为三相定子绕组 U_1U_2、V_1V_2、W_1W_2，它们在空间按互差 120° 的规律对称排列，并采用星形连接方式与三相电源相连。则三相定子绕组便通过三相对称电流，随着电流在定子绕组中通过，在三相定子绕组中就会产生旋转磁场。

$$\begin{cases} i_U = I_m \sin \omega t \\ i_V = I_m \sin(\omega t - 120°) \\ i_W = I_m \sin(\omega t - 240°) \end{cases} \quad (3-8)$$

如图 3-34b 所示，当 $\omega t = 0°$ 时，$i_U = 0$，U_1U_2 绕组中无电流；i_V 为负，V_1V_2 绕组中的电流从 V_2 流入 V_1 流出；i_W 为正，W_1W_2 绕组中的电流从 W_1 流入 W_2 流出；由右手螺旋定则可得，合成磁场的方向向下，如图 3-35a 所示。

如图 3-34b 所示，当 $\omega t = 60°$ 时，i_U 为正，U_1U_2 绕组中的电流从 U_1 流入 U_2 流出；i_V 为负，V_1V_2 绕组中的电流从 V_2 流入 V_1 流出；$i_W = 0$，W_1W_2 绕组中无电流；由右手螺旋定则可得，合成磁场的方向顺时针旋转了 60°，如图 3-35b 所示。

如图 3-34b 所示，当 $\omega t = 120°$ 时，i_U 为正，U_1U_2 绕组中的电流从 U_1 流入 U_2 流出；

$i_V = 0$,V_1V_2 绕组中无电流;i_W 为负,W_1W_2 绕组中的电流从 W_2 流入 W_1 流出;由右手螺旋定则可得,合成磁场的方向顺时针旋转了 120°,如图 3-35c 所示。

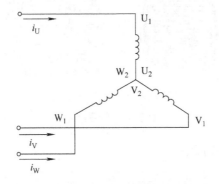

a) 三相对称绕组星形接法

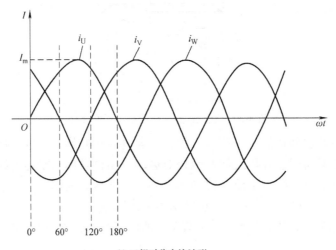

b) 三相对称电流波形

图 3-34 交流异步电机定子三相绕组

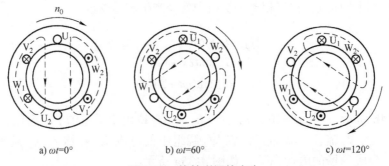

a) $\omega t=0°$　　　b) $\omega t=60°$　　　c) $\omega t=120°$

图 3-35 旋转磁场的产生

由此可见,当定子绕组中的电流变化一个周期时,合成磁场也按电流的相序方向在空间旋转一周。随着定子绕组中的三相电流不断地做周期性变化,产生的合成磁场也不断地旋转,因此形成旋转磁场。

旋转磁场的方向是由三相绕组中电流相序决定的，若想改变旋转磁场的方向，只要改变通入定子绕组的电流相序，即将三根电源线中的任意两根对调即可。这时，转子的旋转方向也跟着改变。

三相对称绕组通过对称电流产生旋转磁场，磁场在旋转过程中切割转子绕组。如图3-36所示，逆时针旋转的定子磁场切割转子绕组，相当于转子绕组顺时针切割定子磁场，根据右手定则，转子绕组产生如图3-36所示的感应电流；再根据左手定则可知，转子绕组在磁场作用下受电磁力作用，形成电磁转矩，驱动电机旋转，受力方向为逆时针方向。

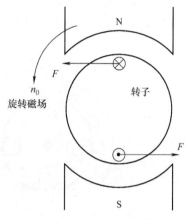

图3-36 转子转矩的产生

3. 交流异步电机的转速

（1）极数

交流异步电机的极数是指旋转磁场的极数。旋转磁场的极数和三相绕组的线圈缠绕形式有关。

当每相绕组只有一个线圈，绕组的始端之间相差120°空间角时，产生的旋转磁场具有一对磁极，$p=1$。

当每相绕组为两个线圈串联，绕组的始端之间相差60°空间角时，产生的旋转磁场具有两对磁极，即 $p=2$。如图3-37所示，U_1U_2 与 $U'_1U'_2$ 是 U 相上的两个串联线圈，V_1V_2 与 $V'_1V'_2$ 是 V 相上的两个串联线圈，W_1W_2 与 $W'_1W'_2$ 是 W 相上的两个串联线圈。

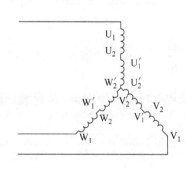 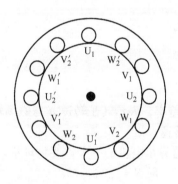

图3-37 两磁极电机绕组

同理，如果要产生三对磁极，即 $p=3$ 的旋转磁场，则每相绕组必须串联三个线圈，绕组的始端之间相差40°空间角。极对数 p 与绕组的始端之间的空间 θ 的关系为

$$\theta = \frac{120°}{p} \tag{3-9}$$

（2）转速

交流异步电机旋转磁场的转速 n_0 与电机磁极对数 p 有关，它们的关系为

$$n_0 = \frac{60 f_1}{p} \tag{3-10}$$

由式（3-10）可知，旋转磁场的转速决定于电流频率和磁场的极数。因此，当三相输入的电角度改变60°时，定子旋转磁场仅旋转30°，为$p=1$时的一半，如图3-38所示。

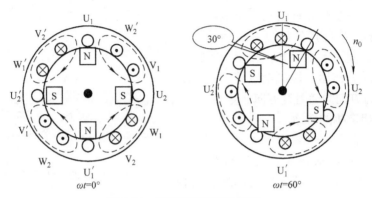

图3-38 两磁极电机磁场转角

（3）转差率

电机转子转动方向与磁场旋转方向相同，但转子的转速不可能达到与旋转磁场的转速相等，否则转子与旋转磁场之间就没有相对运动，因而磁力线就不能切割转子导体，转子电动势、转子电流以及转矩也就不存在了。因此，旋转磁场与转子之间存在转速差，故将这种电机称为异步电机，又因为这种电机的转动原理是建立在电磁感应基础上的，而称其为感应电机。

转差率为

$$S = \frac{n_0 - n}{n_0} = \frac{\Delta n}{n_0} \tag{3-11}$$

式中，S为转差率，表示转子转速n与磁场转速n_0相差程度的物理量；n_0是旋转磁场的转速，常称为同步转速。

转差率是异步电机的一个重要物理量。异步电机启动时$n=0$，$S=1$；$n=n_0$时，$S=0$；额定工况下，一般$S=1.5\%\sim6\%$。

3.1.4.3 交流异步电机特性及特点

1. 交流异步电机的机械特性

交流异步电机的机械特性是指电机在恒定电压和恒定频率的情况下，电机的转速与转矩之间的关系，是电机的重要特性。机械特性曲线一般包括交流异步电机的启动转矩、启动过程中的最小转矩、最大转矩、额定转矩、同步转速及额定转速等重要技术数据，以及电机转速随转矩变化的情况，如图3-39所示。

图3-39中T_m为最大转矩，T_{st1}、T_{st2}、T_{st3}分别为对应U_1、U_2、U_3电压下的启动转矩，T_N为对应U_1下的额定转矩，n_m为临界转速，n_N额定转速，n_0为同步转速。

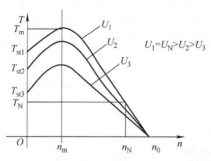

图 3-39 笼型交流异步电机不同电压的机械特性曲线

由图 3-39 可见 $U_1>U_2>U_3$，则启动转矩 $T_{st1}>T_{st2}>T_{st3}$。由图 3-39 还可以看出，在电机负载力矩不变的情况下，改变定子绕组所加的电压可得到不同的电机转速，也就是，交流异步电机可以通过调压来调速，但其转速调整范围较小。

（1）额定转矩 T_N

额定转矩是交流异步电机带额定负载时，转轴上的输出转矩。

（2）最大转矩 T_m

最大转矩又称为临界转矩，是电机可能产生的最大电磁转矩，它反映了电机的过载能力。

最大转矩与额定转矩之比称为电机的过载系数，一般交流异步电机的过载系统为 1.8~2.2。

在选用电机时，必须考虑可能出现的最大负载转矩，根据所选电机的过载系数算出电机的最大转矩，它必须大于最大负载转矩。

（3）启动转矩 T_{st}

启动转矩为电机启动初始瞬间的转矩，即 $n=0$、$S=1$ 时的转矩。

为确保电机能够带额定负载启动，必须满足：$T_{st}>T_N$，一般的异步电机 $T_{st}/T_N=1$~2.2。

2. 交流异步电机的特点

（1）交流异步电机的优点

相较于有刷直流电机，交流异步电机具有以下优点。

1）效率较高。交流异步电机的效率高于直流电机，这一特点对于车载能量有限的纯电动汽车来说显得格外重要。

2）结构简单、体积较小、质量轻。相比于直流电机，交流异步电机转子的结构简单，结构尺寸小，质量轻。

3）工作可靠、使用寿命长。交流异步电机无电刷和换向器，不存在换向火花问题，因而工作可靠性较高，使用寿命也较长。

4）免维护。由于不存在换向火花问题、无电刷磨损问题，因而在使用过程中无须维护。

5）电机本身的成本低。交流异步电机的结构简单，再加上技术成熟、使用广泛、大批量生产，因此，交流异步电机本身的成本低于其他类型的电机。

（2）交流异步电机的缺点

1）调速性能相对较差。由于转子的转速与定子旋转磁场的旋转速度存在转差率，因而调速性能较差。

2）功率因数较低。交流异步电机工作时，需从电力系统吸取无功功率以建立磁场，因而其功率因数小于1。

3）配用的控制器成本较高。交流异步电机的控制相对较复杂，配用的控制器的成本较高。

3.1.4.4 交流异步电机的控制

1. 交流异步电机的调速控制

电机调速就是在同一负载下能得到不同的转速，以满足新能源汽车可以在不同的车速下行驶。

调速方法根据式（3-10）和式（3-11）可得：

$$n = (1-S)n_0 = (1-S)\frac{60f}{p} \qquad (3-12)$$

由式（3-12）可见，可以通过三个途径进行调速，分别为改变电压频率、改变磁极对数、改变转差率。

（1）变频调速

此方法可获得平滑且范围较大的调速效果，且具有较"硬"的机械特性；但需要专门的变频装置即由晶闸管整流器和晶闸管逆变器组成，设备较复杂，成本较高。

（2）变极调速

变极调速就是改变电机定子绕组的接法使定子磁极改变，从而改变同步转速实现转子转速改变。变极调速是跳跃式调速，即速度变化非常大。

（3）变转差率调速

保持电压频率不变，也就是保持同步转速不变，改变转差率实现调速。改变笼型交流异步电机电源电压进行调速，属于改变转差率调速。

笼型交流异步电机负载分为恒转矩和变转矩两种负载形式，从图3-39可见，两种转矩负载下采用调压调速方法，其调速范围均很小。

综上所述，交流异步电机的调速方法中降压调速和变频调速都可以实现异步电机的无级调速。例如在恒转矩的情况下，降低定子端电压，转速就会降低；提高电源频率，旋转磁场转速以及转子转速都会提高。为了保持电机良好的运行性能，在调速过程中，常将调压和调频两种方法同时进行，这种调速方法称为变压变频调速。

2. 交流异步电机的制动控制

制动是给电机一个与转动方向相反的转矩，促使它在断开电源后很快地减速或停转。对电机制动，就是要求它的转矩与转子转动方向相反，这时的转矩称为制动转矩。

常见的电机制动方法如下。

（1）反接制动

当电机快速转动而需停转时，改变电压相序，使转子受一个与原转动方向相反的转矩而迅速停转。当转子转速接近零时，应及时切换电压，以免电机反转。

为了限制电流，对功率较大的电机进行制动时，必须在定子电路或转子电路中接入电阻。这种方法比较简单，制动力强，效果较好，但制动过程中的冲击也强烈，易损坏传动器件，且能量消耗较大，频繁反接制动会使电机过热。

（2）能耗制动

电机脱离三相电源的同时，给定子绕组接入一直流电源，使直流电流通入定子绕组。于是，在电机中便产生一方向恒定的磁场，使转子受与转子转动方向相反的力矩的作用，于是产生制动转矩，实现制动。

该直流电流的大小一般为电机额定电流的 0.5~1 倍。

由于这种方法是用消耗转子的动能来进行制动的，称为能耗制动。这种制动能量消耗小，制动准确且平稳，无冲击，但需要直流电流。

（3）再生反馈制动

当转子的转速超过旋转磁场的转速时，转差率小于 0，此时电机处于转子导体切割定子磁场的发电状态，实现能量再生反馈，这时产生反向制动转矩。

在采用变频器对异步电机进行调速时，降低变频器的输出频率使电机处于减速时，旋转磁场的转速低于电机的实际转速，异步电动机便成为异步发电机，它将机械负载和电动机所具有的机械能量反馈给变频器，并在电动机中产生制动力矩，实现发电反馈制动。

3. 交流异步电机的控制方法

交流异步电机的控制方法分为矢量控制（FOC）和直接转矩控制（DTC）两种。

（1）矢量控制

矢量控制的思想是模拟直流电机，求出交流电机电磁转矩与之对应的磁场和电枢电流，并分别加以控制。其特点如下。

1）可以从零转速开始进行控制，调速范围很宽。

2）转速控制响应速度快，且调速精度高。

3）可以对转矩实现较为精确的控制，电机的加速特性也很好。

4）系统受电机参数变化的影响较大，且计算复杂，控制相对烦琐。

目前矢量控制理论比较完善，并且趋于成熟，可基本满足新能源汽车的动力性要求。

（2）直接转矩控制

在定子坐标下，通过检测电机定子电压和电流计算电机的磁链和转矩，并且根据与给定值比较所得差值，实现磁链和转矩的直接控制。该方法不受转子参数随转速变化而变化的影响，简化了控制结构，动态响应快，因此受到了广泛的关注。其特点如下。

1）调速精度高，响应速度快。

2）计算简单，控制思想新颖，控制结构简单，控制手段直接。

3）信号处理的物理概念明确，动静态性能均佳。

4）调速范围较窄，低速特性有脉动现象。

在技术实现上，直接转矩控制往往很难体现出优越性，调速范围不及矢量控制宽，其根源主要在于其低速时，转矩脉动的存在以及负载能力的下降，这些问题制约了直接转矩控制进入实用化的进程。

3.1.5 永磁同步电机

永磁同步电机与传统的励磁电机相比，永磁电机特别是稀土永磁电机，具有体积小、重量轻、惯性小、响应快、高效率和高启动转矩、高功率因数，以及省电和运行可靠等显著优点，因而其应用极为广泛。

永磁同步电机与交流异步电机相比，可以显著提高功率因数，减少了定子电流和定子绕组损耗，从而使其效率比同规格交流异步电机提高2%~8%。而且，永磁同步电机在25%~120%额定负载范围内可保持较高的效率和功率因数，使轻载运行时节能效果更为显著。

由于永磁同步电机在反复起停、加速时仍能保持较高效率，对高速路网受限的工况是最佳选择。此外，我国稀土资源储量丰富，日本稀土永磁产业有配套基础。因此，目前我国、日本和其他很多国家，永磁同步电机是新能源汽车电机中应用最广泛的。

3.1.5.1 永磁同步电机的结构

1. 电机

永磁同步电机属于交流电机，定子绕组与交流异步电机相同。它的转子旋转速度与定子绕组所产生的旋转磁场的速度是一样的，因此称为同步电机。

永磁同步电机主要由机壳、定子和转子组成。定子包括定子铁心和定子绕组，如图3-40所示。定子绕组镶嵌在定子铁心中，绕组的作用是通电时可以产生旋转磁场，铁心的作用是可以提高磁导率。永磁同步电机定子结构和工作原理与交流异步电机相同，一般多采用四极形式，三相绕组按三相绕组四电极形式布置，通电产生四极旋转磁场。

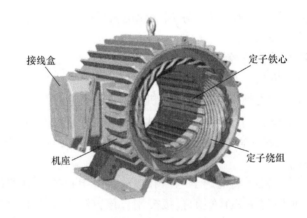

图3-40　永磁同步电机定子结构

永磁同步电机与普通三相交流异步电机的不同在于转子结构，永磁同步电机的转子上安装有永磁体磁极。永磁同步电机转子上安装的永磁体磁极可分为表面凸出式、表面嵌入式和内埋式三种。表面凸出式永磁转子的磁极安装在转子铁心圆周表面上，如图3-41所示。表面嵌入式永磁转子的永磁体嵌装在转子铁心表面，如图3-42所示。内埋式永磁转子的永磁体嵌装在转子铁心内，有径向式、切向式、U形混合式及V形径向式，如图3-43所示。在内埋式永磁体中径向式布置的转子铁心还会开有隔磁空槽，槽内也可以填充隔磁材料，如图3-44所示。

将转子和转轴做成一体，两端用轴承安装在机壳上，转子前端安装有散热风扇随轴转动，在定子绕组不断通电产生的磁场吸引下，转子即随定子产生的旋转磁场运行，如图3-45所示。

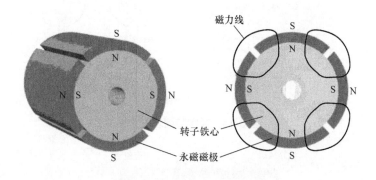

图 3-41 表面凸出式永磁转子

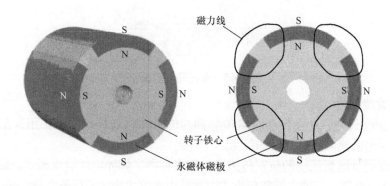

图 3-42 表面嵌入式永磁转子

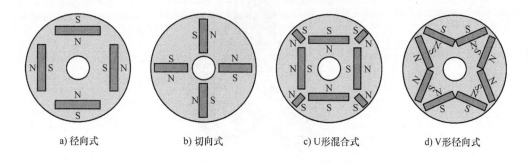

a) 径向式　　b) 切向式　　c) U 形混合式　　d) V 形径向式

图 3-43 内埋式永磁转子

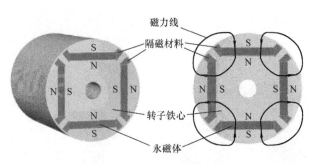

图 3-44　径向布置永磁转子

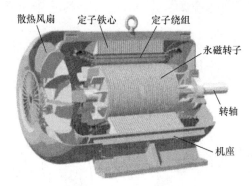

图 3-45　永磁同步电机

2. 转子位置传感器

在永磁同步电机中，通常转子位置传感器与电机转轴连接在一起，用来随时测定转子磁极的位置，为电机换向提供正确的信息。

目前，永磁同步电机系统的位置传感器有很多种类，如光电式、电磁式、霍尔式等，这些已在前文中做过介绍。目前在新能源汽车中常采用磁阻式旋转变压器来检测转子位置信息。

磁阻式旋转变压器由定子和转子两部分组成，如图 3-46 所示。

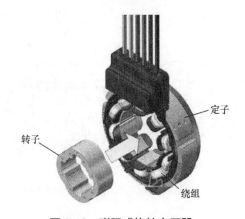

图 3-46　磁阻式旋转变压器

旋转变压器的定子安装在驱动电机后盖上；转子安装在电机转子轴上，随其共同旋转，如图 3-47 和图 3-48 所示。

图 3-47　旋转变压器定子安装位置　　　图 3-48　旋转变压器转子安装位置

在旋转变压器的定子上绕有励磁绕组、正弦绕组和余弦绕组。每个铁心槽中的励磁绕组匝数相等，相邻两槽中的励磁绕组绕向相反。正弦绕组的匝数随定子次序呈正弦分布，然后交替反向，具体方向也服从正弦分布。余弦绕组的匝数随定子次序呈余弦分布，绕向与正弦分布相似。

转子上有 4 个凸起，电机工作时，旋转变压器定子上的励磁绕组产生频率为 10kHz、幅值为 7.5V 的正弦波形作为基准信号。当电机转子与旋转变压器转子一起转动时，旋转变压器转子转过定子绕组，改变了定子绕组和转子之间的磁通，使得正弦绕组和余弦绕组受励磁绕组感应，信号幅值产生一定变化，呈正弦和余弦波形。波形的幅值和相位因与电机转子同转的旋转变压器转子的变化而变化，因此可判断出电机转子的位置、转速及旋转方向，旋转变压器波形如图 3-49 所示（图中绕组与图 3-52 中绕组对应）。

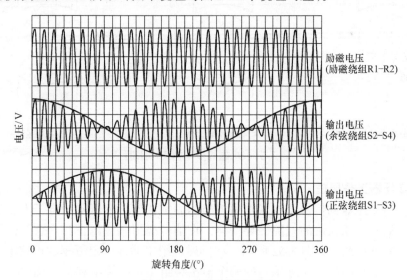

图 3-49　旋转变压器波形

3. 逆变器

位置传感器将转子的位置信号电压反馈给控制芯片，控制芯片经过电流采样和数学变化，并根据反馈的位置信息经过闭环运算，输出 PWM 占空比来触发功率元器件（IGBT 或 MOSFET），控制电机的转速。

3.1.5.2 永磁同步电机的工作原理

1. 永磁同步电机旋转原理

在永磁同步电机系统中,电机的旋转主要是靠控制单元给定命令执行,即控制器将输入的直流电逆变成电压、频率可调的三相交流电,供给三相交流永磁同步电机。

由电机控制器输出的频率和幅值可变的三相交流电,使电机的定子产生旋转磁场。根据磁极异性相吸、同性相斥的原理,不论定子旋转磁极与永磁磁极起始相对位置如何,定子旋转磁极总会由于磁力拖着转子同步旋转,故称为永磁同步电机,其工作示意图如图 3-50 所示。

旋转磁场与转子永磁体同步旋转时,通过位置传感器实时读取转子永磁体位置,变换成电信号控制电机控制器中的逆变器功率开关,调节电流频率和相位,使定子和转子磁动势保持稳定的位置关系,才能产生恒定的转矩。定子绕组中的电流大小是由负载决定的。

图 3-50 永磁同步电机工作示意图

永磁同步电机工作原理如图 3-51 所示。当定子产生一对磁极,上部为 N 极,下部为 S 极时,将会吸引转子到当前位置,即转子 S 极向上,N 极向下。在有负载状态下,定子旋转磁场在转速上稍微领先转子一点,吸引转子同步旋转,在理想空载状态下,转子与旋转磁场是完全对应的,在转子主动旋转,转子磁场会切割定子绕组从而产生感应电动势,此时电机状态为发电机,新能源汽车再生制动就是利用这个原理而来的。

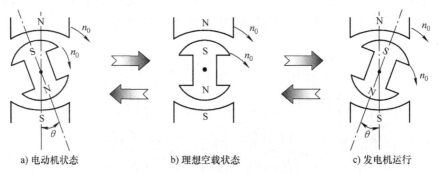

a) 电动机状态   b) 理想空载状态   c) 发电机运行

图 3-51 永磁同步电机工作原理

2. 旋转变压器工作原理

磁阻式旋转变压器的信号绕组和励磁绕组均固定在旋转变压器的定子上,仅通过转子凸极效应产生具有正弦轨迹的气隙磁导变化,在信号绕组感应出正弦、余弦信号。旋转变压器三相绕组关系示意图如图 3-52 所示。在励磁绕组中通入一定频率的正弦电压,随着转子位置的改变,励磁绕组与相互垂直的两个输出绕组(正弦绕组和余弦绕组)的耦合发生改变,从而使输出绕组的感应电动势随转子位置成正余弦规律变化。

图 3-53 所示为磁阻式多极旋转变压器的工作原理示意图,图中有 5 个定子齿,4 个转子齿。定子槽内安装了逐槽反向串接的输入绕组 1-1 和两个间隔绕制反向串接的输出绕组 2-2 和 3-3。当给输入绕组 1-1 加上交流正弦电压时,两个输出绕组 2-2 和 3-3 中分别得到两个电压,其幅值主要取决于定子和转子齿的相对位置间气隙磁导的大小。当转子相对定

子转动时,空间的气隙磁导发生变化,转子每转过一个转子齿距,气隙磁导变化一个周期;而当转子转过一周时,气隙磁导变化的周期数等于转子齿数。这样,转子的齿数就相当于磁阻式多极旋转变压器极对数,从而达到多极的效果。气隙磁导的变化,导致输入和输出绕组之间互感的变化,输出绕组感应的电动势也发生变化。实际应用中是通过输出电压幅值的变化而测得转子转角的。

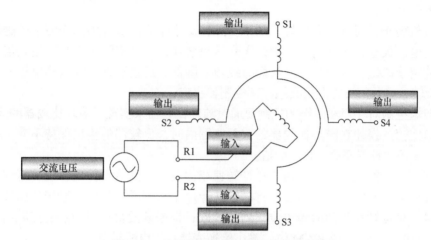

图 3-52 旋转变压器三相绕组关系示意图

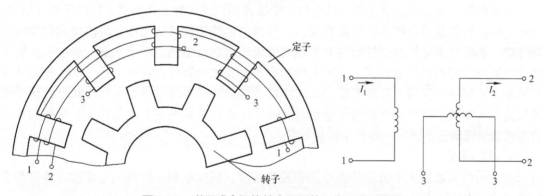

图 3-53 磁阻式多极旋转变压器的工作原理示意图

3.1.5.3 永磁同步电机控制原理

1. 恒压频比开环控制

恒压频比开环控制的控制变量为电机的外部变量即电压和频率,控制系统将参考电压和频率输入实现控制策略的调制器,最后由逆变器产生一个交变的正弦电压施加在电机的定子绕组上,使之运行在指定的电压和参考频率下。按照这种控制策略进行控制,供电电压的基波幅值随着速度指令成比例地线性增长,从而保持定子磁通的近似恒定。恒压频比开环控制的控制策略简单、易于实现,转速通过电源频率进行控制,不存在异步电机的转速差和转速差补偿问题,但同时,由于系统中不引入速度、位置等反馈信息,无法实现实时捕捉电机状态,致使无法精确控制电磁转矩。在突加负载或者速度指令时,容易发生失步现象,也没有快速的动态响应特性。因此,恒压频比开环控制只是控制电机的磁通,而没有控制电机的转矩，控制性能差，通常只用于对调速性能要求一般的通用变频器上。

2. 永磁同步电机直接转矩控制

在直接转矩控制中，电机定子磁链的幅值通过定子电压的矢量控制而保持为额定值，要改变转矩大小，可以通过控制定转子磁链之间的夹角来实现。而夹角可以通过电压空间矢量的控制来调节。由于转子磁链的转动速度保持不变，夹角的调节可以通过调节定子磁链的瞬时转动速度来实现。

假定电机转子逆时针方向旋转，如果实际转矩小于给定值，则选择使定子磁链逆时针方向旋转的电压矢量，这样角度增加，实际转矩增加，一旦实际转矩高于给定值，则选择电压矢量使定子磁链反方向旋转，从而导致角度降低。通过这种方式选择电压矢量，定子磁链一直旋转，且其旋转方向由转矩滞环控制器决定。

直接转矩控制对转矩和磁链的控制要通过滞环比较器来实现。滞环比较器的运行原理：当前值与给定值的误差在滞环比较器的容差范围内时，比较器的输出保持不变，一旦超过这个范围，滞环比较器便给出相应的值。

直接转矩控制原理：给定转速与估计转速相比较，得到给定转矩；经转矩调节器将转矩差做滞环处理得到转矩控制信号；将磁链估计值跟给定磁链相比，经滞环比较器得到磁链控制信号；根据计算得到的转子位移划分区段；根据区段及转矩和磁链控制信号，结合查找表得出空间矢量，生成PWM波；输出给逆变器，给电机供电。

3. 永磁同步电机矢量控制

矢量控制一般是通过检测或估计电机转子磁通的位置及幅值来控制定子电流和电压的，这样电机的转矩便只与磁通、电流有关，与直流电机的控制方法相似，可以得到很高的控制性能。永磁同步电机矢量控制与异步电机矢量控制有所不同。对于永磁同步电机，转子磁通位置与转子机械位置相同，其转子转速等于旋转磁场转速，转速差等于零，没有转速差功率，控制效果受转子参数影响小。这样通过检测转子实际位置就可以得知电机转子磁通位置，从而使永磁同步电机的矢量控制比异步电机的矢量控制大大简化。矢量控制是当前高性能交流调速系统的一种典型控制方案。

4. 智能控制

为了提高永磁同步电机的控制性能和控制精度，模糊控制、精神网络控制等各种智能控制开始应用于同步电机的控制。

采用智能控制方法的永磁同步电机控制系统，在多环控制结构中，智能控制器处于最外环充当速度控制器，而内环电流控制、转矩控制仍采用比例积分（PI）控制、直接转矩控制这些方法，这主要是因为外环是决定系统的根本因素，而内环主要的作用是改造对象特性以利于外环控制，各种扰动给内环带来的误差可以由外环控制或抑制。

在永磁同步电机系统中应用智能控制时，也不能完全摒弃传统的控制方法，必须将两者很好地结合起来，才能彼此取长补短，使系统的性能达到最优。

3.1.6 开关磁阻电机

开关磁阻电机调速系统（Switched Reluctance Drive，SRD）是20世纪80年代中期发展起来的新型交流调速系统，它由开关磁阻电机（SRM）、功率变换器、位置传感器及控制器组成，其系统构成与永磁无刷电机几乎相同，如图3-54所示。它以电机结构简单可靠、系统效率高、高速运行区域宽等优良性能成为交流调速领域中的一支新军。目前开关磁阻电机在新能源汽车中的混合动力汽车和纯电动汽车中已经得到成功应用，具有良好的应用前景。在一部分纯电动大客车与少数混合动力汽车上已经采用开关磁阻电机。

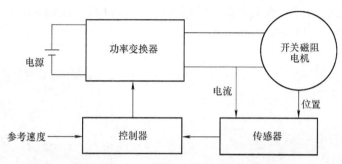

图 3-54 开关磁阻电机调速系统组成

3.1.6.1 开关磁阻电机的结构

开关磁阻电机主要由定子、转子、位置传感器、机壳及风扇等部分组成，如图 3-55 所示。

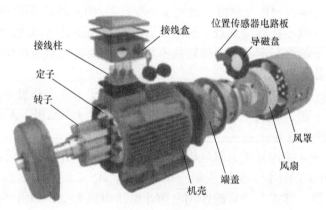

图 3-55 开关磁阻电机结构

1. 定子

如图 3-56 所示，开关磁阻电机的定子铁心有 6 个凸极，由导磁性良好的硅钢片冲压后叠加而成。6 个凸极上绕有 3 组定子绕组，即空间对称的 2 个凸极上缠绕一组线圈。定子的作用是定子绕组按顺序通电，产生的电磁力牵引转子转动。定子凸极的个数为偶数，一般为 6 个、8 个、12 个，最多的有 18 个。

2. 转子

开关磁阻电机的转子也是由导磁性能良好的硅钢片叠压而成的，转子的凸极上无绕组。转子的作用是构成磁场的磁通路，并在磁场力的作用下转动，产生电磁转矩。转子的凸极个数为偶数，图 3-57 所示为 4 个凸极的转子。实际应用的开关磁阻电机的转子凸极一般有 4 个、6 个、8 个、

图 3-56 定子

最多的有16个。

将图3-56和图3-57中的定子和转子组合到一起,称为三相6/4极开关磁阻电机。由不同个数凸极的定子和转子组合到一起,同时保证开关磁阻电机能连续旋转,可以得到各种不同相数、不同极数的开关磁阻电机,常用的有三相6/4极、四相8/6极、三相12/8极等。图3-58所示为三相6/4极开关磁阻电机。

图3-57 转子

图3-58 三相6/4极开关磁阻电机

3.1.6.2 开关磁阻电机的工作原理

开关磁阻电机的运行原理是遵循"磁阻最小原理",即磁通总要沿着磁阻最小的路径闭合,具有一定形状的铁心在移动到最小磁阻位置时,必须使自己的转子轴线与磁场的轴线重合。因此,当转子轴线与定子磁极的轴线不重合时,便有磁阻力作用在转子上并产生转矩,使其趋向于磁阻最小的位置。

图3-59所示为一个三相6/4结构开关磁阻电机,定子上6个凸极上有绕组,径向相对的两个绕组连接在一起,组成一相,共有3相;转子上有4个凸极。A、B、C三相绕组连接的是受开关控制的直流电。

图3-60所示为6/4结构开关磁阻电机功率变换器,通过开关晶体管向线圈供电。BG_1、BG_2、BG_3是三个开关晶体管,分别控制三相绕组A、B、C的电流通断,三个开关晶体管旁边并联续流二极管。续流二极管的作用是防止电压电流突变,提供回路,防止开关晶体管烧坏。在开关晶体管切断相应电路时,绕组A、B、C中会产生自感电动势。此时,续流二极管会提供回路,释放绕组中自感电流,防止自感电动势过高,击穿开关晶体管。

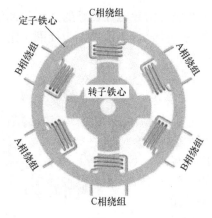

图3-59 6/4结构开关磁阻电机绕组状态

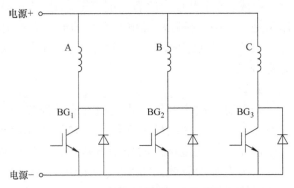

图3-60 6/4结构开关磁阻电机功率变换器

如图3-61所示,当开关晶体管BG_1在电机控制器控制下导通时,A相绕组通电产生磁通。磁力线从最近的转子凸极通过转子铁心,在磁力线的牵引下,转子开始逆时针转动。磁场力一直牵引转子转到30°为止,转到30°时转子不再转动,此时磁路最短。

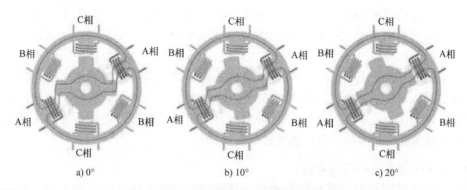

图3-61 开关磁阻电机A相绕组工作状态

为了使转子继续转动,在转子转到30°前控制开关晶体管BG_1截止切断A相控制电路,在30°时控制开关晶体管BG_2导通,接通B相绕组电路,如图3-62所示。磁通从最近的转子凸极通过转子铁心,于是转子继续转动,磁力线一直牵引转子转到60°为止。

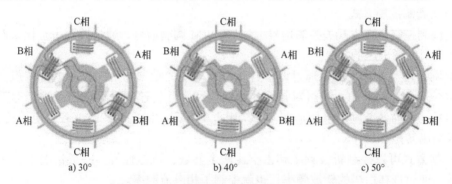

图3-62 开关磁阻电机B组绕组工作状态

在转子转到60°前控制开关晶体管BG_2截止,切断B相绕组控制电路,在60°时控制开关晶体管BG_3导通,接通C相绕组电路,如图3-63所示。磁通从最近的转子凸极通过铁心,转子继续转动,磁力线一直牵引转子到90°为止。

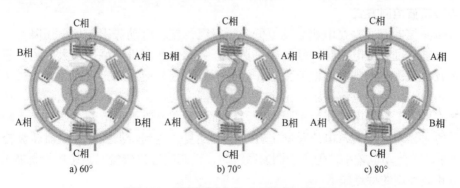

图3-63 开关磁阻电机C相绕组工作状态

当转子转到90°前控制开关晶体管BG_3截止,切换C相线圈控制电路,转子在90°时的状态与前面0°开始时的状态相同,重复前面的工作过程。开关晶体管BG_1导通,接通A相绕组电路,转子继续转动,这样不停重复,转子就会不停地旋转。

因为开关磁阻电机靠磁阻工作,跟磁通方向无关,即跟电流方向无关,所以在图中没有标明磁力线的方向。A、B、C各相绕组轮流通电看似简单,实际情况很复杂,绕组切断电源后产生的自感电动势不会立即消失,要提前切断电源进行续流;为增大力矩,相邻绕组流过电流的时间会有部分重合;调节电机的转速、转矩也要调整开关时间,各相绕组接通与切断时间与转子、定子之间的相对位置直接相关,故电机还装有转子位置传感器,为准时开关各相绕组电流提供依据,哪相绕组何时通断必须根据转子转到的位置与控制参数决定,这些都需要控制器对功率变换器进行控制。

3.1.6.3 开关磁阻电机的控制方式

开关磁阻电机的控制变量包括导通角、切断角、励磁电压及相电流上限,其控制方式可分为脉宽调制控制(PWM)、电流斩波控制(CCC)和角度位置控制(APC),虽然它们的控制变量不同,但都是调节励磁电流最终实现对电机运行的输出功率控制。在开关磁阻电机实际控制时,可以分别采用以上三种控制方式,也可以将三种控制方式中的两种组合在一起,汲取它们的优点,采用组合方式进行控制。

1. 脉宽调制控制方式

脉宽调制控制是在主开关控制信号上施加PWM调制信号,通过改变占空比来调节励磁电压而实现对励磁电压的控制。

脉宽调制控制方式实质是通过调节各相绕组两端的励磁电压来控制电磁转矩。具体方法是固定导通角和切断角,通过对转速的给定值和实际转速的反馈值之差进行运算,调节占空比信号,从而调节励磁电压加在各相绕组上的有限时间宽度,改变各相电压的有效值,进而改变输出转矩。

该控制方式可以控制斩波频率和占空比两个参数,可控性好。一般情况下,斩波频率是固定的,通过选择适当的斩波频率,也就控制了相电流频率。

占空比与相电流最大值之间有较好的线性关系,调节PWM的占空比即可调节相电流最大值。通过PWM方式调节绕组电压平均值,间接调节和限制过大的绕组电流。因此,该方式既能用于高速运行,又适用于低速运行。

当用于调速系统时,动态响应快,抗干扰能力强。但低速时,转矩脉动大。

2. 电流斩波控制方式

电流斩波控制方式是在电机启动、低速运行时,旋转电动势引起的电压降小,电流上升很快。为避免过大的电流脉冲峰值超过功率开关元件和电机允许的最大电流,通常会采用电流斩波的控制方式来限制电流大小。电流斩波控制是通过固定导通角,通过主开关元件的多次导通、切断将电流显示在给定电流上下限之间,实现电机恒转矩控制。在导通区间内,电流从零上升到电流斩波上限值时,切断开关,电流迅速下降;当电流下降到电流斩波下限值时,闭合开关,电流重新上升,如此反复,达到斩波控制。电流斩波控制产生的转矩较平稳,脉动也较小,但用于调速系统时,动态响应比较慢,系统抗干扰能力变差。

直流斩波控制的特点如下。

1)适用于低速和制动运行。电机在低速运行时,绕组中旋转电动势较小,电流上升速率大；在制动运行时，旋转电动势的方向与绕组端电压的方向相同，电流上升的速率比低速运行时更大，电流斩波方式可以有效地限制峰值电流，使电机获得恒转矩输出的机械特性。

2）电机输出转矩平稳。电流斩波时，电流波形呈较宽的平顶状，因此电机的转矩也比较平稳，合成转矩的脉动明显比其他控制方式小。

3）用作调速系统时，抗负载扰动的动态响应慢。在电流斩波控制中，由于电流峰值被限制，当电机转速在负载扰动下出现突变时，电流峰值无法自适应，系统在负载扰动下的动态响应十分缓慢。

3. 角度位置控制方式

角度位置控制方式是在直流电压的斩波频率和占空比确定时，加于各绕组两端的电压大小不变的情况下，可通过调节开关磁阻电机的主开关器件的导通角和切断角的值，来实现转矩和速度的调节。尤其是当旋转电机转速较高、旋转电动势较大、电机绕组电流相对较小时，最宜采取此种控制方式。在角度位置控制方式下，通过对转子位置信号进行倍频，从而获得分辨率较高的角度细分控制。在此基础上，我们可以获得不同导通角、切断角控制条件下的不同波形和幅值的各相电流，实现对电机的调控。

角度控制方式的特点如下。

1）转矩调节范围大。在角度控制下的电流占空比的变化范围几乎是 0~100%。

2）同时导通相数可变。同时导通相数越多，电机输出转矩越大，转矩脉动越小。因此，当电机的负载变化时，可以通过自动增加或减小同时导通相数来平衡电机负载。

3）电机效率高。通过角度优化能使电机在不同负载下保持较高的效率。

4）不适用于低速运行。在角度控制中电流峰值主要由旋转电机限制，当转速降低时，由于旋转电动势减小，容易使相电流峰值超过允许值，因此角度控制方式一般适用于较高的转速。

4. 组合控制

对于实际应用的开关磁阻电机控制，可以根据不同的运行工况并结合上述控制方式的优缺点，选用几种控制方式进行组合，使电机调速系统的性能更好。目前比较常用的组合控制方式有以下两种。

（1）高速与低速电流斩波控制组合

高速时采用角度控制方式，低速时采用电流斩波控制方式。这有利于发挥两者的优点。这种组合控制方式的缺点是，对中速时的过渡控制不容易掌握。一般要求在升速时的转换点和在降速时的转换点之间要有一定的回差，应使前者略高于后者，且要避免电机在速度切换点频率转换。

（2）变角度电压 PWM 控制组合

通过电压 PWM 来调节电机的转速和转矩，通过调节功率器件触发来解决相电流变化滞后的问题。在这种工作方式下，转速和转矩的调节范围大，高速和低速均有较好的电机控制特性，且不存在两种方式相互转换的问题。目前该组合控制方式已经得到了广泛应用。

3.1.6.4 开关磁阻电机控制系统的特点

1. 开关磁阻电机控制系统的优点

1）开关磁阻电机结构简单、成本低，适合高速运行。开关磁阻电机的结构比其他电机都要简单，其突出的优点是转子上没有绕组，可以用于超高速运转（10000r/min以上）。定子只有几个集中线圈，制造简单，绝缘容易，易于冷却。

2）电机各相独立工作，系统可靠性高。电机各相绕组和磁路相互独立。各自在一定轴角范围内产生电磁转矩，而不像其他电机必须在各相绕组和磁路共同作用下产生圆形磁场。在控制器结构方面，各相电路各自给一相绕组供电，互相独立工作，还可以断相运行并具有再生制动作用。因此，开关磁阻电机调速系统可靠性很高，适用于一些特殊场合。

3）功率电路简单可靠。开关磁阻电机转矩方面只与各相通电顺序有关，而和绕组电流的方向无关。只要控制主开关器件的导通和截止角度，便可以改变电机的工作状态，即只要控制各相在不同电感区域内的瞬时电流，电路不会出现直通故障，可靠性高。

4）启动转矩高，启动电流小。从电源吸收较少的启动电流，便能得到较大的启动转矩，是开关磁阻电机调速系统的一大特点。其典型产品的数据：启动电流为15%额定电流时获得启动转矩为100%的额定转矩；启动电流为额定值的30%时，启动转矩可达额定值的150%。非常适合需要重载启动和较长时间低速运行的机械，如纯电动汽车。

5）可控参数多，调速性能好。开关磁阻电机的控制参数有导通角、切断角、电压等。控制灵活方便，可以根据对电机的运行要求和电机的情况，采用不同控制方法和参数值，既可以使之运行于最佳状态，还可以实现各种不同要求的转矩-速度特性曲线。

6）适用于频繁启动、停车及正反转运行。开关磁阻电机调速系统具有高启动转矩、低启动电流的特点，在启动过程中电流冲击小，电机发热小，易于加减速。可控参数多使之能在制动运行时同电动运行时具有同样优点的转矩输出能力。适用于频繁启动、停车以及正反转运行，次数可达1000次/h。

7）效率高、损耗小。开关磁阻电机控制系统的电机转子上无线圈，没有铜损，可控参数多，灵活方便，易于在宽转速范围和不同负载下实现高效优化控制，其系统效率在很宽范围内都在87%以上。

2. 开关磁阻电机控制系统的缺点

以上各种优点使开关磁阻电机控制系统在新能源汽车上有很大的发展潜力。但由于开关磁阻电机为双凸极结构，不可避免地存在转矩脉动，噪声是开关磁阻电机存在的最主要的缺点。

1）由于是磁阻式电机，其能量转换密度低于电磁式电机。

2）转矩脉动较大，通常开关磁阻电机转矩脉动的典型值为15%左右。由转矩脉动所导致的噪声及谐振问题也较为突出。

3）电机相数越多，所需功率器件越多。

4）需要位置检测，增加了系统的复杂性和成本，降低了其可靠性。

【实践技能】

3.1.7 新能源汽车驱动电机的检修

3.1.7.1 驱动电机故障检修

新能源汽车驱动电机是由动力蓄电池的高压电驱动工作的，所以在检修前，应按照标准做好高压安全防护。在举升车辆后,工作人员应穿戴绝缘帽、绝缘手套、绝缘鞋和护目镜。当进行高压线束操作时,应先按照正确操作规范步骤进行高压下电,再进行其他相关操作。

驱动电机故障主要分为机械故障和电气故障。在机械故障中轴承故障概率较高,在电气故障中绕组故障出现概率较大。

1. 机械故障

常见的机械故障主要有扫膛、振动、轴承过热及损坏等。

1)一般轴承严重超差及端盖内孔磨损或端盖止口与外壳止口磨损变形,使电机外壳、端盖、转子三者不同轴引起扫膛。

2)振动一般是由转子动不平衡,以及轴承问题,转轴弯曲,端盖、外壳与转子不同轴,紧固件松动等造成。振动不但会有噪声,还会产生额外负荷。

3)轴承过热一般是由轴承配合太紧或太松、轴承损坏造成的。

2. 电气故障

常见的电气故障有电压不正常、绕组绝缘故障、绕组短路、绕组断路及缺相运行等。

1)电压不正常。电压偏高会使励磁电流增大,导致电机过热,过高的电压会造成电机的绝缘性能降低,使其有被击穿的危险。电压过低,电磁转矩会大大降低,相同负载下导致电机转速下降。三相绕组电压不对称,即一相电压偏高或偏低,会导致某相电流过大,电机发热而损坏绕组。

2)绕组绝缘故障。使绕组的导体与铁心或壳体之间相接触即为绕组绝缘故障。电机发生绝缘故障时容易产生触电危险。

3)绕组短路故障。绕组中相邻两条导线之间的绝缘损坏后,使两导体接触,就是绕组短路故障。发生在同一绕组中的绕组短路称为匝间短路,如图3-64所示。发生在两相绕组之间的绕组短路称为相间短路,如图3-65所示。无论哪种短路,都会引起某一相或两相绕组中电流增加,引起局部过热,使绝缘老化损坏电机。

图3-64 匝间短路

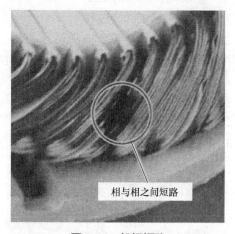

图3-65 相间短路

4)绕组断路故障。绕组断路故障是指电机的定子或转子绕组烧断等原因造成的故障。

5)缺相运行故障。永磁同步电机在运行过程中,断了一相绕组就会形成断相运行。如果电机的负载没有变化,则电机处于严重过载状态,定子电流将达到额定值的两倍甚至更高，时间稍长电机就会烧毁。

3. 电机故障检测方法

1）细听电机的运行声音是否异常。将车辆举升，使驱动电机运转，借助螺钉旋具等辅助工具，贴近电机两端听，以便判断电机是否存在异响以及发生异响的部位。

2）嗅电机的气味也可以判断故障。若发现有特殊的油漆味，说明电机内部温度过高；若发现较重的煳味，则可能是绝缘层被击穿或绕组已经烧坏。

3）可以用手触摸电机的一些部位，根据触摸部位温度判断故障。用手背去触碰电机外壳、轴承周围，若发现温度异常，其原因可能为散热不良、电机过载、定子绕组匝间短路或三相电流不平衡；若轴承周围温度过高，则可能是轴承损坏。

4）电机定子绕组检测。使用绝缘万用表的500V档测量电机三相绕组引出线与外壳之间的绝缘电阻，正常情况下应大于500Ω/V或电机整体绝缘电阻大于2MΩ/V。使用电桥测量仪测量电机三相绕组电阻值，一般在10mΩ左右，每相绕组电阻应接近，若有不同，则说明绕组损坏，如图3-66所示。

图3-66 测量定子绕组阻值

3.1.7.2 驱动电机总成的更换

1. 驱动电机总成拆卸过程

当驱动电机出现异响、电机转子消磁、传感器损坏、绝缘故障、驱动电机无法运转等现象时，需要将驱动电机总成从车上拆下进行检修或更换。

1）安全注意事项：在进行拆卸操作之前，按照规定进行操作场地、安全工装、工具设备检查。安装车辆"三件套"，打开发动机舱盖，安装翼子板布、前格栅布。

2）严格按照规范进行高压下电操作，拆卸下护板。

3）泄放电机系统冷却液，如图3-67所示。

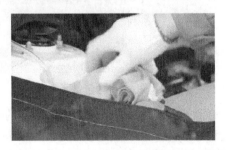 

图3-67 泄放电机系统冷却液

4）拆卸电机控制器低压插头和三相动力线，如图 3-68 所示。注意：在拆卸低压插头时可以使用翘板，翘起锁扣后再拔出插头，不要使用金属或尖锐部件插拔锁止机构，以免伤害插头；在拆卸三相动力线插头时，先将绿色锁舌轻轻向后拉出，然后反向推压锁扣拉手，待侧向锁片完全退出后即可拔出。

 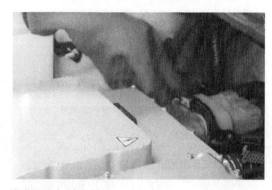

图 3-68　断开电压线束和三相动力线

5）拆卸电机控制器冷却液管，如图 3-69 所示。

图 3-69　拆卸电机控制器冷却液管

6）拆下左右前轮，如图 3-70 所示。

7）拆卸半轴螺母锁片，使用工具固定制动盘，拆下半轴螺栓，如图 3-71 所示。

图 3-70　拆下左右前轮　　　　　图 3-71　拆下半轴螺栓

8）举升车辆，断开驱动电机低压线束插接件，如图 3-72 所示。

9）拆下驱动电机冷却液管，如图 3-73 所示。

图 3-72 断开驱动电机低压线束插接件

图 3-73 拆下驱动电机冷却液管

10）拆卸车辆底部各高低压线束卡箍，如图 3-74 所示。

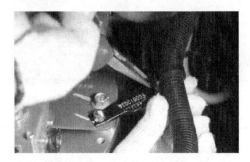

图 3-74 拆下车底各高低压线束卡箍

11）拆卸电动空调压缩机固定螺栓，如图 3-75 所示，将电动空调压缩机与驱动电机分离。

12）拆卸电动真空泵螺栓，如图 3-76 所示，将电动真空泵与驱动电机分离。

图 3-75 拆卸电动空调压缩机固定螺栓　　　　图 3-76 拆卸电动真空泵螺栓

13）在拆卸半轴前泄放电机驱动桥减速器润滑油，如图 3-77 所示。

14）拆卸转向横拉杆，如图 3-78 所示。

图 3-77 泄放电机驱动桥减速器润滑油　　　　图 3-78 拆卸转向横拉杆

15）拆卸左右下摆臂与转向节连接螺母，如图3-79所示。将左右下摆臂与转向节分离。拆下左右半轴，如图3-80所示。

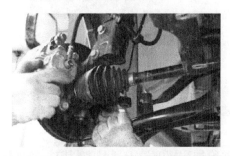

图3-79　拆卸半轴下摆臂与转向节连接螺母

图3-80　拆卸左右半轴

16）将举升机放置在驱动电机正下方，并紧贴驱动电机，拆卸驱动电机总成支架固定螺栓，如图3-81所示。

图3-81　用举升机支撑驱动电机并拆卸支架固定螺栓

17）拆卸驱动电机总成固定螺栓，并缓缓降下举升机，完成驱动电机总成拆卸。

2. 驱动电机总成安装过程

1）使用举升机将驱动电机总成缓慢升高到车辆底部，安装驱动电机总成固定螺栓，并按照维修手册要求的拧紧力矩拧紧螺栓，如图3-82所示。

2）安装驱动电机支架，并按照拧紧力矩要求拧紧螺栓，如图3-83所示。注意安装螺栓大小的顺序。

图3-82　安装驱动电机总成

图3-83　安装驱动电机支架

3）安装半轴。先将半轴插入差速器内，另一侧缓慢插入轮毂花键孔内，如图3-84所示。

4）安装下摆臂与转向节固定螺栓，如图3-85所示。

图 3-84　安装半轴　　　　　　图 3-85　安装下摆臂和转向节固定螺栓

5）安装转向横拉杆，拧紧螺栓并安装放松销，如图 3-86 所示。

6）按照维修手册规定，加注减速器润滑油，并给加注螺塞涂上适量密封胶，按规定力矩拧紧，如图 3-87 所示。

图 3-86　安装转向横拉杆　　　　　　图 3-87　加注润滑油

7）连接驱动电机低压线束和进出冷却液管并紧固卡箍，保证冷却液管连接牢固，如图 3-88 和图 3-89 所示。

 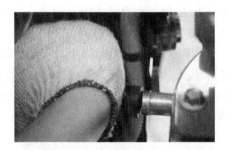

图 3-88　安装低压线束　　　　　　图 3-89　安装冷却液管

8）安装车辆底部的高低压线束卡箍，如图 3-90 所示。

9）安装电动空调压缩机固定螺栓，并按照规定力矩拧紧，如图 3-91 所示。

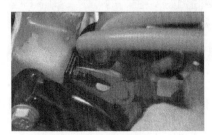 

图 3-90　安装高低压线束卡箍　　　　　　图 3-91　安装电动空调压缩机固定螺栓

10）安装电动真空泵固定螺栓，并按照规定力矩拧紧，如图 3-92 所示。

11）安装下护板后，安装电机控制器冷却液管，并紧固卡箍，如图 3-93 所示。

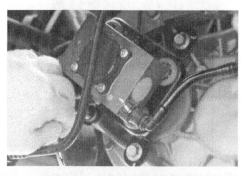

图 3-92 安装电动真空泵螺栓

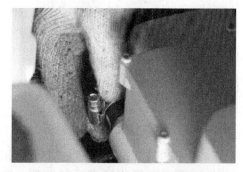

图 3-93 安装电机控制器冷却液管

12）安装电机控制器三相动力线和低压线束，如图 3-94 和图 3-95 所示。

图 3-94 安装电机控制器三相动力线

图 3-95 安装低压线束

13）安装左右两侧轮毂螺栓，并按规定力矩紧固，并锁止螺母，如图 3-96 所示。

14）安装左右两侧车轮，并按规定力矩紧固，如图 3-97 所示。

图 3-96 安装轮毂螺栓

图 3-97 安装车轮

15）驱动电机总成安装完成，按照标准规范进行高压上电，加注维修手册中要求的冷却液至标准位置并排气，拆除车辆"三件套"。最后检查车辆冷却液管路是否有漏液情况，各机械部件是否安装到位，电气部件是否连接牢固。

3.1.7.3 驱动电机总成的拆装

1. 驱动电机总成拆卸

1）分解驱动电机与减速驱动桥，如图 3-98 所示。

2）拆下三相动力线接线盒上盖，如图3-99所示。

图3-98 分解驱动电机与减速驱动桥

图3-99 拆下三相动力线接线盒上盖

3）拆下三相动力线固定螺栓，取下三相动力线，如图3-100所示。

4）拆下驱动电机旋转变压器盖板，取下接线盒与驱动电机之间的固定螺栓，如图3-101所示。

图3-100 拆下三相动力线固定螺栓

图3-101 拆下接线盒与驱动电机之间的固定螺栓

5）拆下驱动电机后部固定支架，如图3-102所示。

6）拆下驱动电机后端盖，如图3-103所示。

图3-102 拆下驱动电机后部支架

图3-103 拆下驱动电机后端盖

7）取下前端盖，使用压力机压出转子，如图3-104和图3-105所示。

图3-104 取下前端盖

图3-105 压出转子

2. 驱动电机总成安装

1）安装驱动电机转子，以及前端盖，按照规定力矩拧紧固定螺栓。
2）安装驱动电机后端盖，按照规定力矩拧紧固定螺栓。
3）安装驱动电机后部支架。
4）安装接线盒与驱动电机之间的固定螺栓和旋转变压器盖板。
5）安装三相动力线和接线盒上盖。
6）安装驱动电机与减速驱动桥，并按照规定力矩拧紧固定螺栓。

情境小结

1. 直流电机就是将直流电能转换成机械能的电机。直流电机由定子和转子两部分组成。直流电机调速性能良好，启动性能好，具有较宽的恒功率范围，控制较为简单，价格较为便宜。但是其效率较低，维护工作量大，转速低，质量和体积大。

2. 无刷直流电机主要由电机本体、电子换向器、转子位置传感器及壳体等部分组成。无刷直流电机是用电子换向器和转子位置传感器代替了直流电机的机械换向装置，保留了直流电机宽阔而平滑的优良调速性能，克服了直流电机机械换向带来的一系列缺点；同时，体积小、质量轻，可做成各种体积形状，高效率，高转矩，高精度，实现数字式控制。但其控制系统比较复杂，励磁不能控制，机械特性较"硬"，不具有绕线式直流电机的机械特性，永磁体材料在高温时会发生退磁现象。

3. 交流异步电机又称感应电机，是由气隙旋转磁场与转子绕组感应电流相互作用产生电磁转矩，从而实现电能转换为机械能的一种交流电机。交流异步电机的转子上没有绕组，也没有永磁体，结构简单坚固，耐高温能力强，不需要维护。

交流异步电机定子绕组由在空间相差120°电角度、对称排列、结构完全相同的三相绕组组成。为了产生多对磁极的旋转磁场，每相绕组可以由多个线圈串联组成。旋转磁场的方向是由三相绕组中电流相序决定的，若想改变旋转磁场的方向，只要改变通入定子绕组的电流相序即可。

4. 永磁同步电机属于交流电机，定子绕组与交流异步电机相同。它的转子旋转速度与定子绕组所产生的旋转磁场的速度是相同的，所以称为同步电机。永磁同步电机主要由机壳、定子和转子组成。它具有结构简单、体积小、质量轻、效率高及功率因数高等优点。

5. 开关磁阻电机主要由定子、转子、位置传感器、机壳及风扇等部分组成。其工作原理遵循磁阻最小原理，即磁通总是沿着磁阻最小路径闭合。开关磁阻电机结构简单、成本低、适合高速运行，电机各相独立工作，系统可靠性高，功率电路简单可靠，启动转矩高，启动电流小，调速性能好，适用于频繁启动、停车及正反转运行，效率高、损耗小。但是其能量转换密度低于电磁式电机，转矩脉动较大，系统的复杂性和成本较高，可靠性较差。

维修工单 3.1

任务名称	3.1 新能源汽车驱动电机结构原理与检修	时间		班级	
学生姓名		学生学号		成绩	
实训设备	纯电动汽车 2 辆、绝缘工具 2 套、防护用具 2 套、车间安全防护用具 2 套、工具车和绝缘工具 2 套、检测仪器（绝缘万用表、放电工装、电流钳、电桥测量仪等）2 套、电机举升机 2 台	实训场地		日期	
任务描述	修理工在某新能源汽车 4S 店工作，一天接了一辆纯电动汽车，修理工检查后发现电机工作异响，需要进一步检查电机。你知道如何安全、规范地检测和拆装电机总成吗？				
任务目的	能够准确识别电机正常运转的声音，能够正确更换驱动电机总成。				

1. 验证故障现象

车钥匙位置：□ START　□ ON　□ ACC　□ LOCK

车辆仪表板显示：□无故障灯　□有故障灯　故障灯类型：_____

车辆仪表板有无文字提示：□无　□有　文字提示内容：_____

电机是否有异响：□无　□有

2. 检查异响部位

异响发生在电机的前部：□无　□有

异响发生在电机的中部：□无　□有

异响发生在电机的后部：□无　□有

3. 检测定子绕组技术状况

（1）按照规范步骤进行高压下电，使用绝缘万用表分别测量

U 相绕组绝缘电阻值：_____

V 相绕组绝缘电阻值：_____

W 相绕组绝缘电阻值：_____

检测结论：□正常　□异常　故障部位：_____

（2）测量定子绕组电阻值

U 相绕组阻值：_____

V 相绕组阻值：_____

W 相绕组阻值：_____

检测结论：□正常　□异常　故障部位：_____

4. 更换驱动电机总成

更换驱动电机总成步骤：_____

_____

_____

_____

_____

_____

_____

_____

_____

_____

5. 恢复车辆，检查故障是否消失

_____

_____

自我评价	组长评价	教师评价	总分

课后习题

一、选择题

1. 造成直流电机转速低于其他电机的原因是（   ）。
   A. 电刷和换向器在高转速时易产生火环
   B. 直流电机质量大
   C. 直流电机效率低
   D. 直流电机体积大

2. 以下哪种不能作为无刷直流电机的位置传感器（   ）。
   A. 电磁式位置传感器   B. 霍尔式位置传感器
   C. 光电式位置传感器   D. 舌簧式位置传感器

3. 下面哪种纯电动汽车使用交流异步电机（   ）。
   A. 特斯拉   B. 比亚迪 E6   C. 日产聆风   D. 北汽 EV300

4. 以下哪种是新能源汽车所使用的交流异步电机的调速方法（   ）。
   A. 变频调速   B. 变极调速   C. 改变转差率调速   D. 改变电阻调速

5. 旋转磁场的方向是由（   ）决定的。
   A. 三相绕组中电流相序   B. 三相绕组缠绕方式
   C. 三相绕组的极对数   D. 三相绕组阻值

6. 异步电机在电动机状态时，转速、转差率分别为（   ）。
   A. 转速高于同步转速，转差率大于 1   B. 转速低于同步转速，转差率大于 1
   C. 转速高于同步转速，转差率小于 1   D. 转速低于同步转速，转差率小于 1

7. 同步电机与异步电机主要区别在于（   ）。
   A. 是否可直接使用 380V 三相电源   B. 同步电机的尺寸更大
   C. 同步电机转子有永磁体   D. 同步电机转速低

8. 以下选项中，对旋转变压器表述不正确的是（   ）。
   A. 旋转变压器主要检测电机转子的转速和转子的位置，并反馈给电机控制器
   B. 旋转变压器线圈固定在壳体上，信号齿圈固定在转子上
   C. 旋转变压器线圈由励磁、正弦、余弦三组线圈组成一个传感器
   D. 旋转变压器线圈固定在定子上，信号齿圈固定在转子，主要检测电机温度和转子的转速，并反馈给电机控制器

9. 电机的同步与异步，指的是（   ）。
   A. 电流方向同步   B. 电压方向同步
   C. 定子磁场转速与转子转速是否同步   D. 定子磁场方向与转子磁场方向是否同步

10. 目前国际上纯电动汽车常用的驱动电机类型可以简单分为（   ）两大类。
    A. 有换向器电机与无换向器电机   B. 永磁电机和励磁电机
    C. 笼型电机和绕线式电机   D. 永磁同步电机和交流异步电机

11. 开关磁阻电机的工作原理是（   ）。
    A. 磁场中导线流过电流产生的电磁力
    B. 闭合导线切割旋转磁场产生的感应电磁力

C. 旋转磁场对永磁体的电磁吸力
D. 遵循磁阻最小原理

二、简答题

1. 交流异步电机的工作原理是什么？
2. 永磁同步电机的工作原理是什么？
3. 开关磁阻电机的工作原理是什么？

学习单元 3.2　新能源汽车驱动电机控制系统结构原理与检修

【情境导入】

修理工在某新能源汽车4S店工作，一天接了一辆纯电动汽车，车主反映，打开启动开关后仪表板上多个故障灯点亮；车辆不显示"READY"，挂入D位后，车辆无法行驶。经过修理工初步检查，判断电机控制系统有故障，需要进一步检测电机控制系统。你知道如何安全、规范地拆装和检修电机控制系统吗？

【学习导航】

新能源汽车驱动电机控制系统是新能源汽车的核心部件，也是区别于传统能源汽车的最大不同点之一。汽车行驶时由动力蓄电池输出电能通过电机控制器驱动电机运转，电机输出的转矩经传动系统带动车轮前进或后退；同时，在制动和滑行过程中实现能量再生制动。

【学习目标】

1. 应知驱动电机系统的组成与各部件的作用。
2. 能够叙述驱动电机系统能量流动路线。
3. 应知驱动电机及控制器冷却系统的组成、冷却液管路及控制策略。
4. 应知电机控制器的作用、结构及工作原理。
5. 应知驱动电机系统的控制策略。
6. 能够养成团队协作、吃苦耐劳、严谨细致的工作态度。

3.2.1　新能源汽车驱动电机控制系统概述

3.2.1.1　驱动电机系统的组成与作用

驱动电机控制系统是新能源汽车中纯电动汽车三大核心部件之一，是车辆行驶的主要执行机构，其特性决定了车辆的主要性能指标，直接影响新能源汽车的动力性、经济性和用户驾乘感受。可见，驱动电机控制系统是纯电动汽车中十分重要的部件。纯电动汽车驱动电机控制系统结构如图 3-106 所示。驱动电机控制系统主要由整车控制器、电机控制器、驱动电机、机械传动装置和冷却系统等组成。

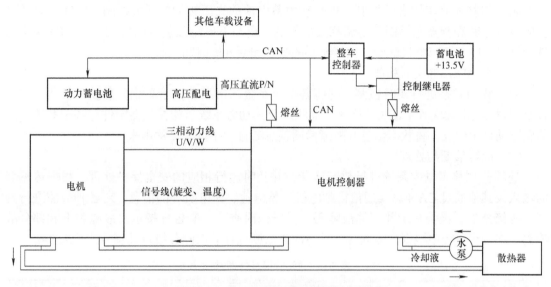

图 3-106　驱动电机控制系统结构示意图

1. 整车控制器

整车控制器相当于纯电动汽车的"大脑"，控制纯电动汽车的所有部件，其主要功能如下。

（1）识别驾驶人意图

对驾驶人操作信息及控制命令进行分析处理，将加速踏板、制动踏板的机械位移量转换为相应的电信号，输入到整车控制器中，整车控制器根据内部存储数据将相应电信号转化成驱动电机的转矩命令。驱动电机对驾驶人操作的响应性能取决于整车控制器对加速踏板电信号数据处理，直接影响驾驶人的控制效果和操控感觉。

（2）驱动控制

根据驾驶人操纵输入（如加速踏板、制动踏板以及选档开关）、车辆状态、道路及环境状况，向电机控制器发出相应指令，控制驱动电机的转矩来驱动车辆，以满足驾驶人对车辆驱动的动力性要求，以及保证行驶安全性和舒适性。

（3）制动能量回馈控制

在滑行制动和正常制动过程中，根据加速踏板和制动踏板位移量、车辆行驶状态信息以及动力蓄电池的 SOC 值来判断某一时刻能否进行制动能量回馈。制动能量回馈的原则如下：

1）能量回收制动不干预防抱死制动系统（Anti-lock Braking System，ABS）的工作。

2）当 ABS 进行制动力调节时，制动能量回收不参与工作。

3）当 ABS 报警时，制动能量回收不工作。

4）当电机驱动控制系统有故障时，制动能量回收不工作。

（4）整车能量优化管理

通过对新能源汽车的驱动电机系统、BMS、传动系统以及其他车载能源动力系统的协调和管理，提高整车能量利用效率，延长续驶里程。

（5）高压上下电控制

根据驾驶人对车钥匙的控制，进行动力蓄电池的高压接触器开关控制，以完成高压设备的电源通断和预充电控制。协调相关部件的上电与下电流程包括电机控制器、BMS 等部件的供电，以及预充电接触器、主接触器的吸合和断开的时间控制等。

（6）车辆状态的实时检测

对车辆的状态进行实时检测，并将各个子系统的信息发送给车载信息显示系统，其过程是通过传感器和 CAN 总线，检测车辆状态及其动力系统、相关电器附件、各子系统状态信息驱动显示仪表，将状态信息和故障诊断信息通过数字仪表显示出来。

（7）故障诊断与处理

连续监视整车电控系统进行故障诊断，并及时进行相应的安全保护处理。根据传感器的输入及其他通过 CAN 总线通信得到电机、蓄电池、充电机等的信息，对各种故障进行判断、等级分类、报警显示并存储故障码，供维修时查看。警告灯指示出故障类型和部分故障码。在行车过程中根据故障内容，进行故障诊断处理。故障分级及处理方式见表 3-4。

表 3-4　故障分级及处理方式

等级	名称	故障后处理	故障列表
一级	致命故障	紧急断开高压	MCU 直流母线过电压故障、BMS 一级故障
二级	严重故障	零转矩	MCU 相电流过电流，IGBT、旋转变压器等故障；电机节点丢失故障；档位信号故障
三级	一般故障	跛行回家	加速踏板信号故障
		降功率	MCU 电机超速保护
		限功率 <7kW	跛行故障，SOC<1%，BMS 单体欠电压，内部通信、硬件等二级故障
		限速 <15km/h	低压欠电压故障、制动故障
四级	轻微故障	仪表显示、能量回收故障、仅止能量回收	MCU 电机系统温度传感器、直流欠电压故障；VCU 硬件、DC/DC 变换器异常等故障

（8）其他功能

VCU 除了上述功能外，还具有充电过程控制、防溜车功能控制、电动化辅助系统管理、整车 CAN 总线网关及网络化管理、换档控制及远程控制等功能，其中远程控制包括远程查询功能、远程空调控制及远程充电控制。

2. 电机控制器

电机控制器的功能是接收整车控制器的指令，将动力蓄电池的高压直流电逆变成电压、频率、相序可调的三相交流电，实现对驱动电机转速、转矩和旋转方向的控制。电机控制器与驱动电机连接关系如图 3-107 所示。

实时检测驱动电机运行状态，如温度、母线电流、三相交流电压、动力蓄电池电压及高压线束的绝缘情况等，电机控制器内含有故障诊断电路。当诊断出现异常时，它将会激活一个故障码，通过 CAN 总线网络发送给整车控制器，同时存储该故障码和数据。

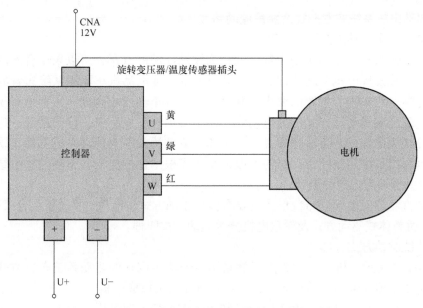

图 3-107 电机控制器与驱动电机连接关系

在能量回收过程中,电机控制器转变为整流滤波器,其功能是将发电机输出的三相交流电压经过整流、滤波和升压后转变为高压直流电,将电能回馈给动力蓄电池,实现能量回收。

3. 驱动电机

驱动电机在新能源汽车中承担着驱动车辆和发电的双重功能,即在正常行驶时发挥其主要的电动机功能,将电能转化为机械能;而在制动降速和下坡滑行时驱动电机转变为发电机,将车轮的惯性动能转换为电能。

4. 机械传动装置

机械传动装置的主要功能是将驱动电机的转速降低、转矩升高,以实现整车对驱动电机的转矩、转速需求。纯电动汽车较多地采用固定速比的减速装置,省去了变速器等部件,如图 3-108 所示。

图 3-108 减速器

3.2.1.2 驱动电机系统布置形式及能量流动路线

1. 纯电动汽车的动力系统布置形式

因为纯电动汽车是单纯用动力蓄电池作为驱动能源的汽车,所以采用合理的驱动系统布置形式来充分发挥电机驱动的优势是尤其重要的。纯电动汽车驱动系统布置的原则:符合车辆动力学对汽车重心位置的要求,并尽可能降低车辆质心高度。特别是对于采用轮毂电机驱动实现"零传动"方式的纯电动汽车,不仅去掉了发动机、冷却系统、排气消声系统和油箱等相应的辅助装置,还省去了变速器、驱动桥及所有传动系统部件,既减轻了汽车自重,也留出了许多空间,其结构可以说发生了根本性的变化。车辆的整个结构布局需要重新设计并全面考虑各种因素。

纯电动汽车的驱动系统布置形式主要有传统驱动方式、电机-驱动桥组合式驱动方式、电机-驱动桥整体式驱动方式及轮毂电机分散驱动方式四种。

(1)传统驱动方式

如图 3-109 所示,传统驱动方式仍然采用传统能源汽车的驱动系统布置方式,包括离合器、变速器、传动轴和驱动桥等总成,只是将发动机换成电机,属于改造型纯电动汽车。这种布置方式可以提高纯电动汽车的启动转矩,增加低速时纯电动汽车的后备功率。这种驱动系统布置形式有电机前置-驱动桥前置(FF)、电机前置-驱动桥后置(FR)等驱动模式。但是这种驱动系统布置形式结构复杂、效率低,不能充分发挥驱动电机的性能。

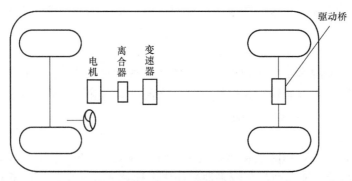

图 3-109 传统驱动方式

在此基础上,还有一种简化的传统驱动系统布置形式,采用固定速比减速器,去掉离合器,这种驱动系统布置形式可减小机械传动装置的重量,缩小其体积。由于采用调速电机,其变速器可相应简化,档位数一般有两个就够了,倒档也可利用驱动电机的正反转来实现。驱动桥内的机械式差速器使得汽车在转弯时左右车轮以不同的转速行驶。这种模式主要用于早期的纯电动汽车,省去了较多的设计,也适用于对原有汽车的改造。

(2)电机-驱动桥组合式驱动方式

如图 3-110 所示,这种方式即在驱动电机端盖的输出轴处加装减速齿轮和差速器等,电机、固定速比减速器、差速器的轴相互平行,一起组合成一个驱动整体。它通过固定速比的减速器来放大驱动电机的输出转矩,但没有可选的变速档位,也就省掉了离合器。这种布置形式的机械传动机构紧凑,传动效率高,便于安装。但这种布置形式对驱动电机的调速要求较高,不仅要求电机具有较高的启动转矩,而且也要求有较大的后备功率,以保证纯电动汽车的起步、加速、爬坡等动力性能。按照传统能源汽车的驱动模式来说,可以有驱动电机前置-驱动桥前置（FF）或驱动电机后置-驱动桥后置（RR）两种方式。这种方式具有良好的通用性和互换性，便于在现有的汽车底盘上安装，使用和维修也较方便。

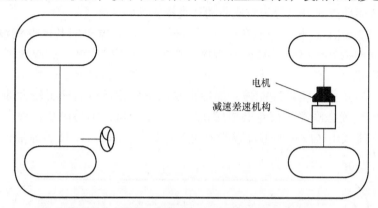

图 3-110　电机-驱动桥组合式驱动系统布置形式

（3）电机-驱动桥整体式驱动形式

这种驱动形式把电机、固定速比减速器和差速器集成为一个整体，两根半轴连接驱动车轮。电机-驱动桥整体式驱动形式有同轴式和双联式两种。

同轴式驱动系统的电机轴是一种特殊制造的空心轴，在电机输出轴处的装置有减速齿轮和差速器，再由差速器带动左右半轴，左半轴直接带动，右半轴通过电机的空心轴来带动。

图 3-111 所示为双联式驱动系统，又称为双电机驱动系统，由左右两台电机直接通过固定速比减速器分别驱动两个车轮，左右两台电机由中间的电控差速器控制，每个驱动电机的转速可以独立地调节控制，便于实现电子差速，不必选用机械差速器。

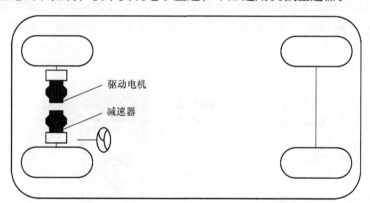

图 3-111　双联式电机-驱动桥整体式驱动形式

同样，电机-驱动桥整体式驱动系统在汽车上的布局也有电机前置-驱动桥前置（FF）和电机后置-驱动桥后置（RR）两种驱动模式。该驱动系统具有结构更紧凑、传动效率高、重量轻、体积小及安装方便的特点，并具有良好的通用性和互换性，在小型纯电动汽车上普遍得到应用。

（4）轮毂电机分散驱动式驱动形式

轮毂电机技术又称车轮内装电机技术，它的最大特点就是将动力装置、传动装置和制动装置都整合到轮毂内，因此，纯电动汽车的驱动系统中机械部分将大大简化。轮毂电机驱动方式与电机-驱动桥整体式驱动形式相比更优化了结构，结构更简单，传动效率更高。

轮毂电机的驱动方式可以分为减速驱动和直接驱动两大类。

在减速驱动方式下，电机一般在高速下运行，而且对电机的其他性能没有特殊要求，因此可选用普通的内转子电机。减速机构放置在电机和车轮之间，起减速增矩作用。减速驱动的优点：电机运行在高转速下，具有较高的功率密度和效率；体积小、质量轻，通过减速器增力后，转矩大，爬坡性能强；能保证在汽车低速运行时获得较大的平稳转矩。不足之处：难以实现液态润滑，齿轮磨损较快，使用寿命短，不易散热，噪声偏大。减速驱动方式适用于丘陵或山区以及要求过载能力较大等场合。图 3-112 所示为带轮边减速器的轮毂电机驱动方式。

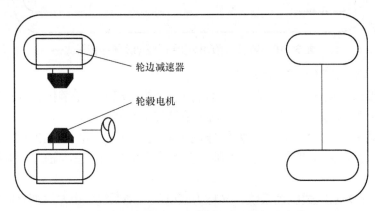

图 3-112 带轮边减速器的轮毂电机驱动方式

图 3-113 所示为内转子外定子轮毂电机结构，其转子作为输出轴与固定速比减速器的行星齿轮系统的太阳轮相连，而车轮轮毂与其齿圈连接，它能提供较大的减速比来放大其输出转矩。

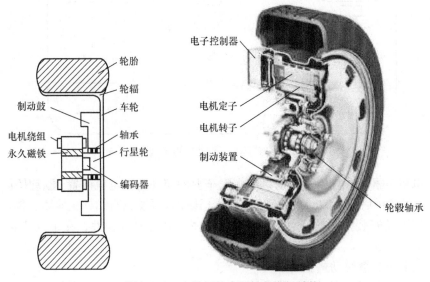

图 3-113 内转子外定子轮毂电机结构

在直接驱动方式下，电机多采用外转子（即直接将转子安装在轮辋上）。为了使汽车能顺利起步，要求电机在低速时能提供大的转矩；为了使汽车能够有较好的动力性，电机需具有较宽的调速范围。直接驱动方式的优点：不需要减速机构，因此不但整个驱动轮结构更加简单、紧凑，轴向尺寸也减小，而且效率进一步提高，响应速度也变快。缺点：起步、爬坡时驱动力偏小等。输出大转矩时需要大电流，易损坏蓄电池和永磁体；电机效率峰值区域很小，负载电流超过一定值后效率急剧下降。此方式适用于平路或负载较轻的场合。图 3-114 所示是轮毂电机直接驱动方式。

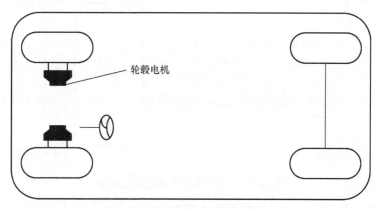

图 3-114　轮毂电机直接驱动方式

图 3-115 所示为内定子外转子轮毂电机。

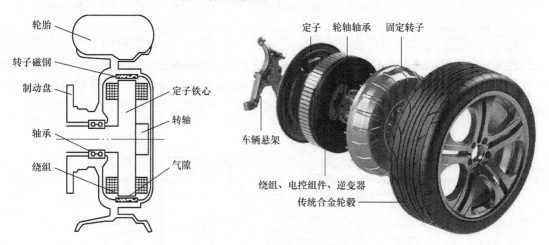

图 3-115　内定子外转子轮毂电机

如果纯电动汽车的行驶条件需要四轮驱动，用轮毂电机驱动另外两个车轮也方便易行。由此可见，轮毂电机驱动方式真正实现了全车传动的无任何机械连接、全车软连接（线）传动；电机直接装在轮毂中，直接驱动车轮，提高传动效率；节省空间，减轻悬架质量。

2. 纯电动汽车的能量流动路线

纯电动汽车动力系统能够实现两种功能模式，即驱动模式（将电能转换为机械能）和发电模式（将车轮惯性动能转换为电能）。因此，纯电动汽车动力传递路线可分为动力输出和能量回收两种路线。

(1) 驱动模式的能量流动路线

整车控制器根据车辆的不同情况（包括车速、档位、动力蓄电池 SOC 值）来决定电机的输出转矩及功率，并通过 CAN 总线传给电机控制器。当电机控制器从整车控制器处得到转矩输出命令时，将动力蓄电池提供的直流电转化成三相正弦交流电，驱动电机输出转矩，通过机械传输来驱动车辆，如图 3-116 所示。

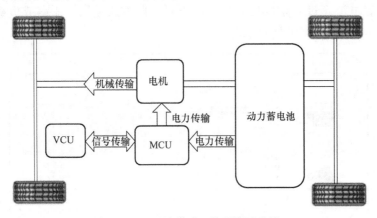

图 3-116　驱动模式下能量流动路线

能量流动路线为，动力蓄电池将高压直流电输送给高压控制盒，通过高压控制盒输送给电机控制器，电机控制器将直流高压电转变为交流高压电供给电机，电机再将电能转换为机械能，驱动二级主减速器运转，经过差速器带动两半轴转动，最终带动车轮旋转。

(2) 发电模式的能量流动路线

整车控制器根据车辆制动或减速情况（包括车速、档位、制动踏板信号）来决定电机是否进入发电模式，通过 CAN 总线传递给电机控制器。当电机控制器判断处于发电模式命令时，将控制电机处于发电状态。此时电机将车辆动能转化为交流电，并通过电机控制器整流后变为动力蓄电池需要的直流电，给动力蓄电池充电。其发电模式如图 3-117 所示。

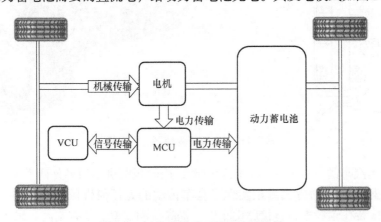

图 3-117　发电模式下能量流动路线

能量流动路线为，车轮处的惯性力通过半轴、差速器、二级减速器传递到电机，此时电机处于发电模式将机械能转化为电能，通过电机控制器整流成直流电，通过高压控制盒给动力蓄电池进行充电。

3.2.1.3 驱动电机及控制器冷却系统

1. 驱动电机及控制器冷却系统的作用

驱动电机及电机控制器工作时会产生损耗和热量。电机工作时，电流流过定子绕组会产生铜损耗；在铁心内当磁通变化时会产生铁损耗；轴承摩擦会产生机械损耗及附加损耗。电机产生的热量，首先通过传导方式传送到电机的外表面，然后借助辐射和对流作用将热量从电机外表面散发到周围的冷却介质中。电机的冷却情况决定了电机的温升，温升又直接影响电机的使用寿命和额定容量。电机控制器内设有 IGBT，电机控制器在工作时 IGBT 会产生大量的热，如果不能及时冷却会出现损坏。

纯电动汽车驱动电机及控制器采用水冷式冷却方式，即在电机控制器与驱动电机之中布置冷却液管道，由电动水泵驱动冷却液使之循环流动将热量带到散热器进行散热，该冷却系统的形式与传统能源汽车的发动机冷却系统类似。

驱动电机及控制器冷却系统的作用是冷却电机和电机控制器等部件，从而保证其能够在允许的温度范围内正常工作；否则，一旦电机和电机控制器温度过高会停止对外的动力输出。

2. 纯电动汽车电机及控制器冷却系统的组成

冷却系统由电动水泵、电机控制器冷却液管道、驱动电机冷却液管道、散热器、冷却风扇、膨胀水箱和冷却液管等组成，如图 3-118 所示。

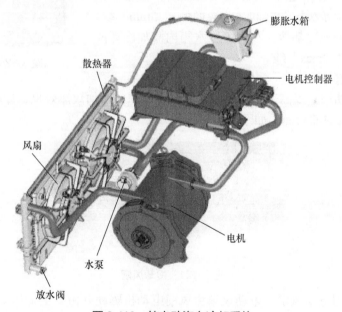

图 3-118 纯电动汽车冷却系统

3. 纯电动汽车电机及控制器冷却系统主要部件

（1）散热器

散热器俗称水箱，其作用是将冷却液吸收的热量散发到大气中。散热器必须有足够的散热面积，通常使用导热性能、结构刚度和防冻性能较好的铜、铝和铝锰合金等材料制造。

散热器的构造如图 3-119 所示。散热器由进水室、散热器芯和出水室等组成。现在散热器主要采用横流式，冷却液自进水室经散热器芯到出水室横向流过散热器。

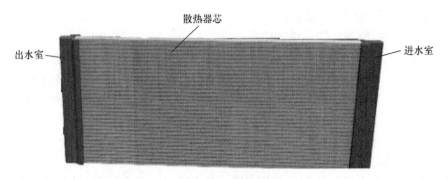

图 3-119　散热器

（2）膨胀水箱

膨胀水箱又称补偿水桶，是由塑料制造并用软管与散热器进水室上方的溢流管连接，膨胀水箱下方通过水管与散热器下方相连，其外形如图 3-120 所示。其作用是，当冷却液受热膨胀时，部分冷却液流入膨胀水箱；当冷却液降温时，部分冷却液又被吸回散热器，因此冷却液不会流失。膨胀水箱内的液面有时升高，有时降低，而散热器却总是被冷却液所充满。在膨胀水箱的外表面上刻有两条标记线：min 线和 max 线，膨胀水箱内的液面应位于两条标记线之间。若液面低于"min"线，应向膨胀水箱内补充冷却液。在向膨胀水箱内添加冷却液时，液面不应超过"max"线。

图 3-120　膨胀水箱

（3）冷却风扇

冷却风扇的功用是提高通过散热器芯的空气流速，增加散热效果，加速冷却液的冷却。风扇通常安装在散热器后面，如图 3-121 所示。

图 3-121　冷却风扇

目前广泛使用电动风扇。电动风扇由风扇电动机驱动并由车上低压电源系统供电。风扇的转速由电机中温度传感器决定。

（4）冷却液管道

驱动电机工作时，电流流过定子绕组产生热量，电机转子旋转摩擦产生热量，另外大部分纯电动汽车使用永磁同步电机，电机的永磁体因为温度过高会产生退磁现象；电机控制器中 IGBT 工作时会产生热量，因此要保证电机和电机控制器工作正常，需要在电机和电机控制器中设置冷却液管道进行冷却，图 3-122 和图 3-123 分别为电机的冷却液进出管及电机控制器冷却液管道。

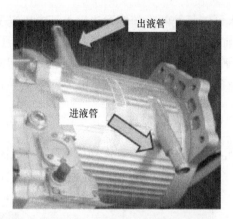

图 3-122 电机冷却液进出管

a) 电机控制器冷却液进出管　　　　　　b) 电机控制器冷却液管道

图 3-123 电机控制器冷却液管及管道

（5）电动水泵

电动水泵是整个冷却系统唯一的动力源，负责为冷却液的循环提供动能。电动水泵是由直流无刷电机、闭式水泵叶轮、蜗牛型的泵壳及轴承等组成，如图 3-124 所示。

a) 水泵　　　　　b) 直流无刷电机　　　　　c) 叶轮　　　　　d) 泵壳

图 3-124 电动水泵结构

直流无刷电机带动叶轮旋转，依靠离心力吸入冷却液，再将其加速甩出，泵往电机控制器与驱动电机。

水泵的叶轮与电机转子做成一体，水泵转子上带有永磁体。电机转子与定子之间的气隙由塑料罩隔离开，因此水泵转子处的冷却液无法进入到电机定子线圈中。

电动水泵安装在车辆前部右下方，将散热器内的冷却液加压后送到电机控制器冷却液管道中，冷却液对电机控制器进行冷却后再流向驱动电机冷却液管道，对电机进行冷却，冷却液最后从电机出水口流向散热器进水室，冷却液流向如图 3-125 所示。

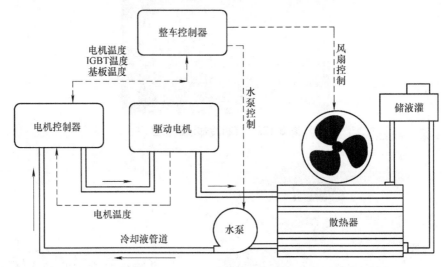

图 3-125　电机控制系统冷却液流向

4. 纯电动汽车电机及控制器冷却系统控制策略

（1）水泵控制

当车钥匙置于 ON 档，仪表显示"READY"时，电动水泵由整车控制器控制开始工作。而有些纯电动汽车则是当电机控制器温度达到一定值时，电动水泵才开始工作。

（2）冷却风扇控制

冷却风扇分为高速、低速两档，根据电机内温度传感器和电机控制器内温度传感器的信号通过整车控制器控制风扇档位的切换。

1）电机控制器温度控制。当电机控制器内散热基板温度大于 75℃时，整车控制器控制冷却风扇低速旋转。当电机控制器内散热基板温度大于 80℃时，整车控制器控制冷却风扇高速旋转；当电机控制器散热基板温度降至 75℃时，冷却风扇停止工作。当电机控制器散热基板温度高于 85℃时，进行超温保护，即电机控制器停止工作。当电机控制器散热基板温度在 75~85℃时，电机控制器实现降功率运行。

2）电机温度控制。当驱动电机温度在 45~50℃时，冷却风扇低速旋转。当电机温度大于 50℃时，冷却风扇高速旋转；当电机温度降至 40℃时，冷却风扇停转。当电机温度在 120~140℃时，电机降功率运行。当电机温度大于 140℃时，降功率至 0，即电机停止工作。

3.2.2　新能源汽车电机控制器

3.2.2.1　电机控制器的作用

电机控制器根据整车控制器发送过来的反应驾驶人意图的相关指令，做出响应及反馈，实时调整驱动电机输出，以实现整车的怠速、前进、倒车、停车、能量回收及驻坡等功能。

同时电机控制器还有另外一个重要的作用是通信和保护,实时进行状态和故障检测,保护驱动电机系统和整车安全可靠地运行。图 3-126 所示为电机控制器在车上的位置。

图 3-126　电机控制器在车上的位置

图 3-127 所示为驱动电机系统连接示意图。电机控制器接收来自动力蓄电池的高压直流电,根据整车控制器发送的驾驶人意图,在当前电机运转状况的基础上,逆变出一定频率和幅值的高压三相交流电驱动电机运转。电机的定子温度和转子位置信号通过低压信号线传输给电机控制器,供其获得电机当前的工作状态。

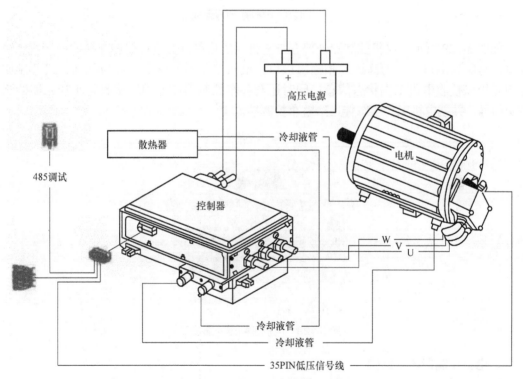

图 3-127　驱动电机系统连接示意图

3.2.2.2　电机控制器的结构

电机控制器内部由若干电路板和组件构成,如图 3-128 所示。主要由驱动板组件(其上装有 IGBT 模块)、屏蔽板组件、控制板组件、传感器支架组件、三相插接件和直流插接件等组成。

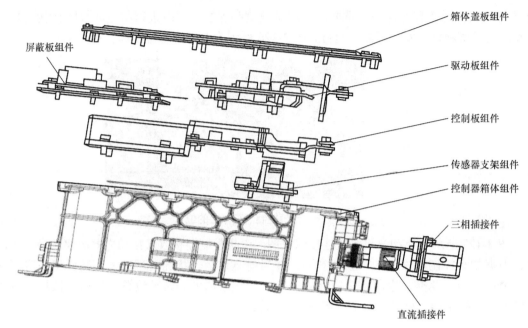

图 3-128 电机控制器组成

如图 3-129 所示,电机控制器外部有与来自高压控制盒直流母线相连接的高压直流输入接口,与驱动电机相连的高压三相输出接口。电机控制器低压插接件与驱动电机低压插接件相连用以接收电机工作状态信息;同时还与整车控制器相连用以接收整车控制器的驱动控制信号,并把电机工作状态传送给整车控制器。

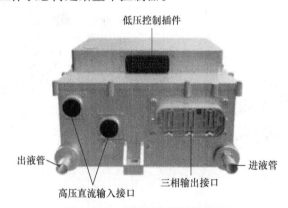

图 3-129 电机控制器外部接口

1. 电机控制器内部结构

（1）控制板

控制板在电机控制器内部最上层,安装在屏蔽板上,如图 3-130 所示。控制板上是弱电电路,用于和电机、整车控制器等部件互相通信,接收各类传感器信息,经过计算来控制驱动板上的 IGBT 模块输出相应的三相电,从而控制驱动电机按指令运转。为了减小下部驱动板上 IGBT 模块工作时高频高压开闭而产生的电磁干扰,控制板通过螺栓安装在屏蔽板上。控制板上有两根低压线束,一根用来将电机旋转变压器信号、温度信号、电机开盖信号送给控制板,并使控制板与整车控制器通信;另一根低压线束连接下部的驱动板,用来控制驱动板上的IGBT模块工作。控制板上有控制板主芯片、旋转变压器信号解码芯片和电机控制芯片。

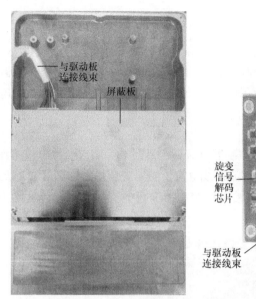
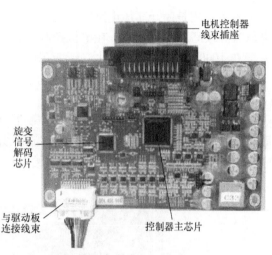

图 3-130　电机控制器屏蔽板和控制板

(2)驱动板

驱动板上含有6个IGBT的集成模块,用于产生三相交流电或将三相交流电整流成直流电,驱动板上有一根与控制板相连接的低压线束用来接收控制板的控制信号,同时将驱动板的工作状态信息传递给控制板。驱动板结构如图3-131所示。

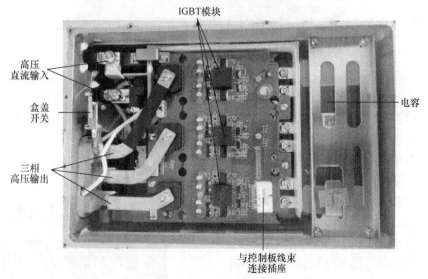

图 3-131　驱动板的结构

IGBT模块及驱动板是高压电路,其作用是在控制板的控制下,将高压盒传输过来的高压直流电逆变成三相交流电,输出给驱动电机,使其按指令运转。

(3)电容器

电容器安装在电机控制器内一端,其功用是在接通高压电路时给电容充电,保证电机工作时电压的稳定。

(4)放电电阻

放电电阻的作用是断开高压电路时,通过电阻给高压电容放电。放电电路发生故障时,会报放电超时导致高压下电故障。在电机控制器工作时,放电电阻会一直消耗电容器电能。该电阻一般在 1000~1500Ω,例如北汽新能源纯电动汽车所使用的电机控制器放电电阻为 1200Ω。放电电阻的安装位置如图 3-132 所示。

(5)电机控制器内传感器

1)电流传感器。电流传感器安装在电机控制器直流正极母线上,用以检测电机工作时的实际电流(包括母线电流、三相交流电流)。直流母线电流传感器安装位置如图 3-132 所示。

2)电压传感器。电压传感器用以检测供给电机控制器工作的实际电压(包括动力蓄电池电压、12V 蓄电池电压)。

图 3-132 放电电阻和电流传感器的安装位置

3)温度传感器。温度传感器用以检测电机控制系统的工作温度(包括 IGBT 模块温度、电机控制器板温度)。

2. 电机控制器低压插接口定义

电机控制器要接收电机传送过来的电机温度信号、旋转变压器信号、电机盒盖开盖信号等电机状态信息。同时,驱动电机系统的状态和故障信息会通过整车 CAN 网络上传给整车控制器。因此,电机控制器上的低压插接口包括与电机电压线束相连接插口和与整车控制器相连接插口。

下面以北汽新能源 EV200 低压插接口为例,介绍电机控制器低压插接口定义,图 3-133 所示为电机控制器低压插头。

图 3-133 电机控制器低压插接口

电机控制器低压插接口针脚定义见表 3-5。

表 3-5 电机控制器低压插接口针脚定义

针脚编号	信号名称	说明
1	12V+	控制电源接口
24	12V 接地	
9	TL	电机温度传感器插接口
10	TH	
20	TL	
21	TH	
12	励磁绕组 R1	电机旋转变压器插接口
11	励磁绕组 R2	
35	余弦绕组 S1	
34	余弦绕组 S3	
23	正弦绕组 S2	
22	正弦绕组 S4	
33	屏蔽层	
32	CAN-H	CAN 总线插接口
31	CAN-L	
30	CAN-PB	
29	CAN-SHIELD	
15	HVIL1（+L1）	高低压互锁插接口
26	HVIL1（+L2）	

由表 3-5 电机控制器低压插接口针脚定义可知，北汽新能源 EV200 电机控制器低压供电电源正极是通过 1 号针脚，负极是 24 号针脚。电机控制器电路连接线路如图 3-134 所示。

控制电源供电电压范围是 9~16V。1 号针脚与辅助蓄电池正极通过熔丝和继电器相连。继电器受整车控制器控制，当 VCU 接收到钥匙启动信号后，检测到 VCU 各针脚信号正常，且自检后给电机控制器低压正极供电。当电机控制器低压上电后，进行自检，自检完成后，才控制高压电上电。

当电机控制器低压供电有故障时，仪表会将动力蓄电池故障警告灯点亮，使系统警告灯点亮，能量回收关闭，且整车无法启动。此时应用万用表先检查 VCU 控制信号是否正常，如果是低电平，则 VCU 控制信号正常；然后检查熔丝和继电器是否有故障。如果用万用表测得 VCU 控制信号是高电平，则 VCU 控制信号不正常，需要检查 VCU 供电相关线路问题。

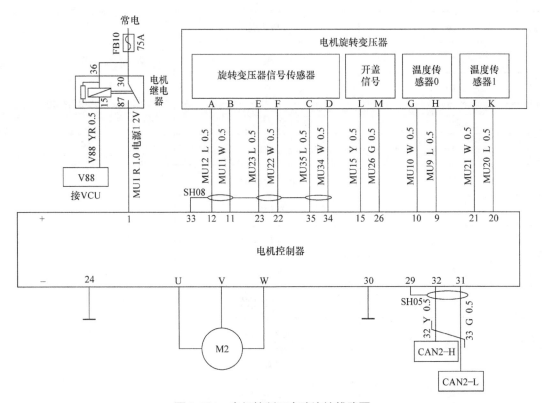

图 3-134　电机控制器电路连接线路图

3.2.2.3　电机控制器工作原理

电机控制器中的控制板对所有的输入信号进行处理，并将驱动电机控制系统运行状态的信息通过 CAN 网络发送给整车控制器。驱动电机控制器内含有故障诊断电路，当诊断出异常时，它将会激活一个故障码，发送给整车控制器，同时也会存储该故障码和数据。

在驱动电机系统中，驱动电机的输出动作主要是靠电机控制器给定命令执行，即控制器输出命令。电机控制器主要是将输入的直流电逆变成幅值、频率可调的三相交流电，驱动配套的三相永磁同步电机工作。在能量回收时，将交流电整流成直流电给动力蓄电池充电。电机控制器中的交直流转换的核心部件为 IGBT 模块。

IGBT 是一种功率开关电力电子元器件。功率开关器件主要有三种，分别是不可控元器件（如二极管）、半控型元器件（如晶闸管）和全控型元器件（如 IGBT）。IGBT 模块如图 3-135 所示。

图 3-135　IGBT 模块

目前大部分新能源汽车采用三相两电平电压源型逆变器。驱动电机系统的控制中心又称智能功率模块，是以IGBT模块为核心，辅以驱动集成电路、主控集成电路来完成逆变工作的。

如图3-136所示，IGBT模块共有6个IGBT，分别为VD_1、VD_2、VD_3、VD_4、VD_5、VD_6。每个IGBT工作过程就像一个晶体管，但它可以开关很大的电压和电流。当图中VD_1导通时，来自正极母线的电压通过VD_1到达U相绕组，此时若VD_4导通，则电流通过V相绕组回到负极母线，通过不断轮流切换6个IGBT可以在U、V、W三相绕组中产生可控的交流电。

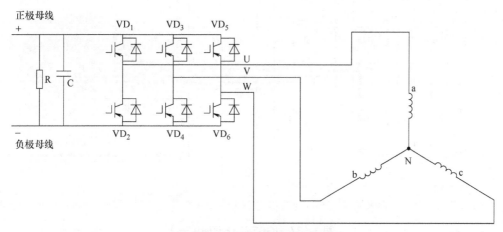

图3-136 电机控制器工作原理图

1. 直流电逆变为三相交流电

新能源汽车处于正常行驶状态时，电机控制器将高压直流电逆变为三相交流电，此时电机处于电动机状态。

当电机控制器控制第三组IGBT模块的第一个IGBT导通和第二组IGBT模块的第二个IGBT导通时，来自动力蓄电池的直流电从正极流入W相绕组，从V相绕组流出回到负极。此时，U相绕组没有电流流过，电压为0V。V相绕组和W相绕组电阻相同，电流流向相反，故所产生的电压值相同，但方向相反，即W相绕组电压为正，V相绕组电压为负，如图3-137所示电压坐标中的圆点位置。

当电机控制器控制第一组IGBT模块的一个IGBT和第三组IGBT模块的第一个IGBT导通，第二组IGBT模块的第二个IGBT导通时，来自动力蓄电池的直流电从正极分别流入W相绕组和U相绕组，从V相绕组流出回到负极。由于U、V、W三相绕组电阻相同，W相绕组和U相绕组电压相同，方向为正；V相绕组电压为W、U相绕组电压的两倍，方向为负，如图3-138所示电压坐标中的圆点位置。

当电机控制器控制第一组IGBT模块的第一个IGBT导通，第二组IGBT模块的第二个IGBT导通时，来自动力蓄电池的直流电从正极流入U相绕组，从V相绕组流出回到负极。此时，W相绕组没有电流流过，电压为0V。U相绕组和V相绕组电阻相同，电流流向相反，故所产生的电压值相同，但方向相反，即U相绕组电压为正，V相绕组电压为负，如图3-139所示电压坐标中的圆点位置。

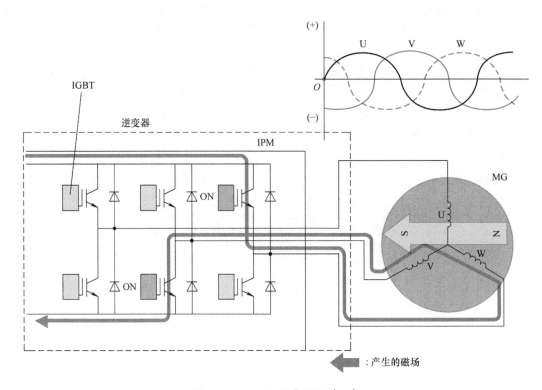

图 3-137　IGBT 工作原理（一）

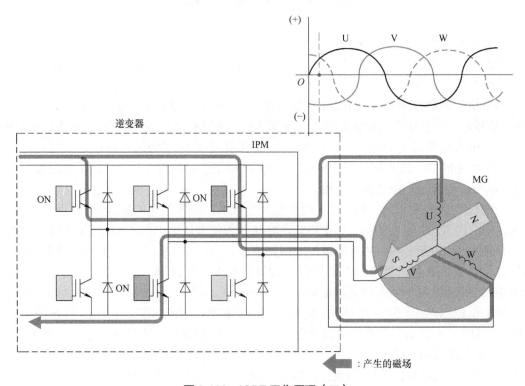

图 3-138　IGBT 工作原理（二）

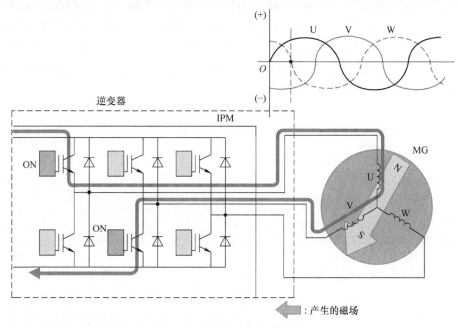

图 3-139　IGBT 工作原理（三）

当电机控制器控制第一组 IGBT 模块的第一个 IGBT 导通，第二组 IGBT 模块的第二个 IGBT 和第三组 IGBT 模块的第二个 IGBT 导通时，来自动力蓄电池的直流电从正极流入 U 相绕组，分别从 W、V 相绕组流出回到负极。由于 U、V、W 三相绕组电阻相同，U 相绕组电压值为 W、V 相绕组电压值的两倍，方向为正；W、V 绕组电压相同，方向为负，如图 3-140 所示电压坐标中的圆点位置。

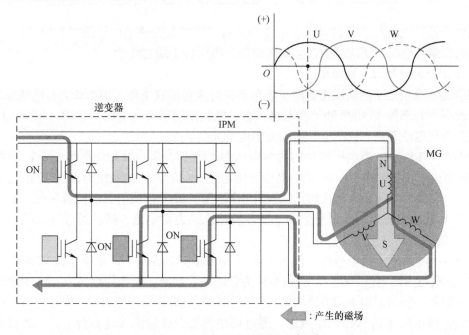

图 3-140　IGBT 工作原理（四）

当电机控制器控制第一组 IGBT 模块的第一个 IGBT 导通，第三组 IGBT 模块的第二个 IGBT 导通时，来自动力蓄电池的直流电从正极流入 U 相绕组，从 W 相绕组流出回到负极。此时，V 相绕组没有电流流过，电压为 0V。U 相绕组和 W 相绕组电阻相同，电流流向相反，故所产生的电压值相同，但方向相反，即 U 相绕组电压为正，W 相绕组电压为负，如图 3-141 所示电压坐标中的圆点位置。

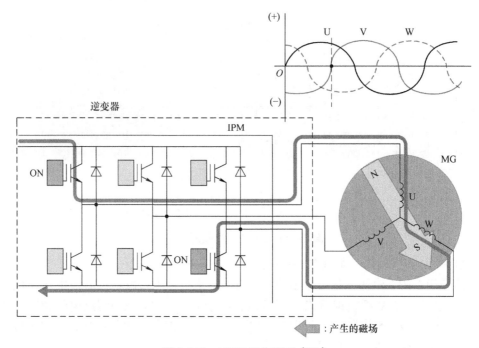

图 3-141 IGBT 工作原理（五）

以此类推，电机控制器将动力蓄电池中的直流电逆变为驱动电机所需要的三相交流电。此交流电在驱动电机定子绕组内产生旋转磁场，吸引转子随之转动。

2. 三相交流电整流为直流电

在新能源汽车处于制动或滑行时，若车辆符合能量回收条件（例如动力蓄电池 SOC 值、制动踏板踩下状态等），电机处于发电机状态，电机控制器将发电机产生的三相交流电整流为符合动力蓄电池需要的直流电，给动力蓄电池充电。

如图 3-142 所示，当电机产生的再生电压 U 相绕组为零、V 相绕组为正、W 相绕组为负时，V 相正电位为高电位，W 相负电位为低电位。此时，V 相绕组与 W 相绕组之间有较大电位差，使第二组 IGBT 模块的正二极管和第三组 IGBT 模块的负二极管导通。此时，再生电流从 V 相绕组流出，通过导通的正二极管流入动力蓄电池，然后通过导通的负二极管流回 W 相绕组。

如图 3-143 所示，当电机产生的再生电压为 V 相绕组为正、U 相绕组和 W 相绕组为负时，V 相正电位为高电位，U、W 相负电位为低电位。此时，V 相绕组与 U、W 相绕组之间有较大电位差，使第二组 IGBT 模块的正二极管和第一组、第三组 IGBT 模块的负二极管导通。此时，再生电流从 V 相绕组流出，通过导通的正二极管流入动力蓄电池，然后通过导通的两个负二极管流回 U 相绕组和 W 相绕组。

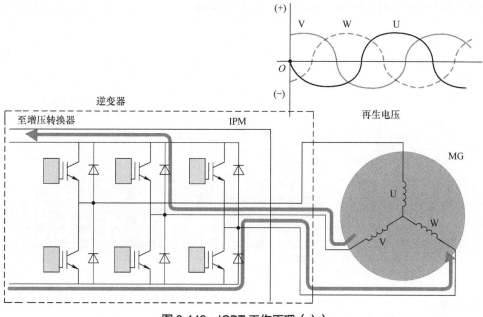

图 3-142 IGBT 工作原理（六）

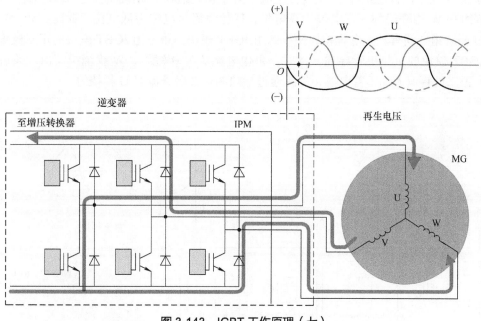

图 3-143 IGBT 工作原理（七）

如图 3-144 所示，当电机产生的再生电压为 W 相绕组为零、V 相绕组为正、U 相绕组为负时，V 相正电位为高电位，U 相负电位为低电位。此时，V 相绕组与 U 相绕组之间有较大电位差，使第二组 IGBT 模块的正二极管和第一组 IGBT 模块的负二极管导通。此时，再生电流从 V 相绕组流出，通过导通的正二极管流入动力蓄电池，然后通过导通的负二极管流回 U 相绕组。

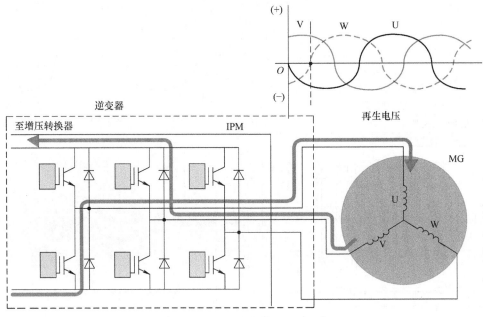

图 3-144　IGBT 工作原理（八）

如图 3-145 所示，当电机产生的再生电压为 V 相绕组和 W 相绕组为正、U 相绕组为负时，V 相绕组和 W 相绕组均为正电位为高电位，U 相绕组负电位为低电位。此时，V、W 相绕组与 U 相绕组之间有较大电位差，使第二组 IGBT 模块、第三组 IGBT 模块的正二极管和第一组 IGBT 模块的负二极管导通。此时，再生电流从 V 相绕组、W 相绕组流出，通过导通的两个正二极管流入动力蓄电池，然后通过导通的负二极管流回 U 相绕组。

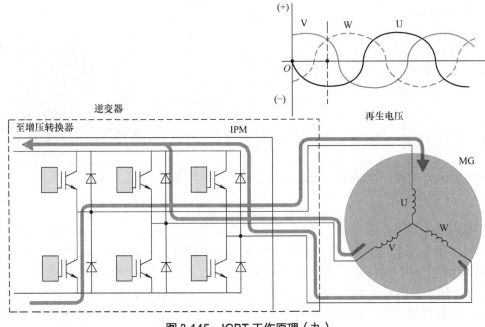

图 3-145　IGBT 工作原理（九）

如图 3-146 所示，当电机产生的再生电压为 V 相绕组为零、W 相绕组为正、U 相绕组为负时，W 相正电位为高电位，U 相负电位为低电位。此时，W 相绕组与 U 相绕组之间有较大电位差，使第三组 IGBT 模块的正二极管和第一组 IGBT 模块的负二极管导通。此时，再生电流从 W 相绕组流出，通过导通的正二极管流入动力蓄电池，然后通过导通的负二极管流回 U 相绕组。

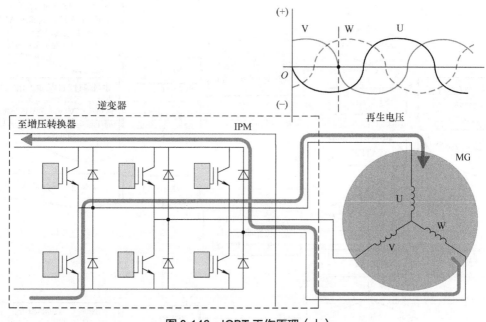

图 3-146 IGBT 工作原理（十）

3.2.2.4 电机控制系统控制策略

1. 驱动电机系统控制策略

新能源汽车驱动电机的控制策略一般是基于 STATE 机制。下面我们以北汽新能源纯电动汽车为例讲述驱动电机控制策略。根据北汽纯电动汽车对 STATE 机制上下电策略的要求，电机系统控制约束了该机制下电机控制器在整车上下电过程、各 STATE 中应执行的动作指令、需要实现的控制逻辑功能及允许及禁止的诊断功能等。图 3-147 所示为驱动电机系统上下电逻辑流程。

图 3-147 中所示，STATE11 为当车辆处于行车状态下即车钥匙置于 ON 档时，整车控制器初始化分别控制电机继电器和空调系统继电器闭合，同时唤醒 BMS。此时为车辆低压供电。

STATE12 为 BMS 及 MCU 初始化及自检完成后，更改标志位信息由 0 变为 1，并发送给整车控制器。此时为纯电动汽车低压自检。

STATE14 为整车控制器控制闭合动力蓄电池总负接触器。BMS 开始执行蓄电池高压检测，确认蓄电池系统内部无故障后完成高压系统预充电。

STATE23 为电机控制器、空调压缩机控制器（HVAC）及 PTC 加热器等高压系统检测，置"高压检测完成"标志位并发给 VCU，该状态下开始判断高压故障。

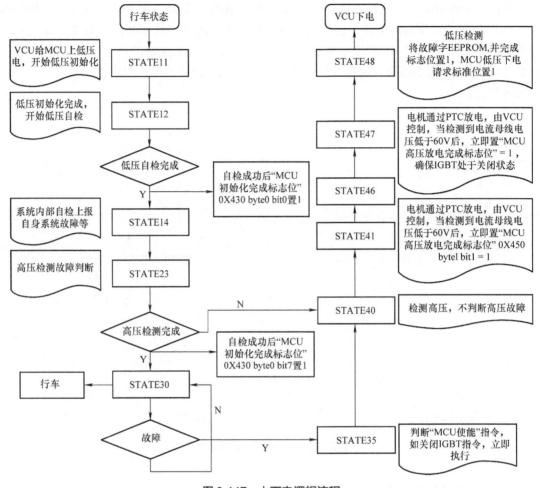

图 3-147 上下电逻辑流程

注：本图为北汽新能源汽车原始资料。

高压检测完成后，进行 STATE30，为行车模式，进行电机功率控制、DC/DC 变换器控制及空调系统控制等。

行车状态时，如果出现故障进入 STATE35，执行零功率输出模式，例如电机过热时电机控制器接收关闭 IGBT 指令。

之后进入 STATE40，BMS 控制动力蓄电池总正接触器断开，自检计数器置"2"并发给 VCU；各高压电器检测高压，不判断故障，零功率输出。

然后进入 STATE41~STATE44，由整车控制器控制驱动电机通过 PTC 进行高压回路放电，电机控制器检测高压回路电压低于 60V，说明高压回路放电完成，总正接触器触点没有粘连，表示高压放电系统正常，置"放电完成"标志位并发送给整车控制器。然后整车控制器 VCU 控制动力蓄电池总负接触器断开，此项控制机制为 STATE44。

然后进行 STATE46，BMS 进行动力蓄电池总负接触器粘连检测，动力蓄电池绝缘检测，BMS 自检计数器置"1"并发送给 VCU。

最后 STATE47 将 BMS 故障信息写入 EEPROM，自检计数器置"0"并发给整车控制器，电机控制器将故障写入 EEPROM 后完成标志位。

STATE48 为整车控制器依次给 BMS、MCU、HVAC 及 PTC 下电，散热系统延时下电。最终完成 VCU 下电，整车下电结束。

驱动电机系统上电流程如图 3-148 所示。

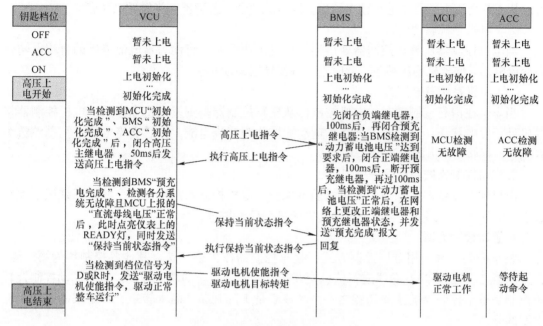

图 3-148　驱动电机系统上电流程

驱动电机系统下电流程如图 3-149 所示。

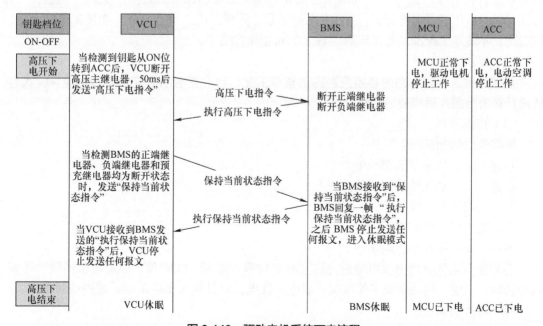

图 3-149　驱动电机系统下电流程

2. 驱动电机系统驱动模式

整车控制器根据车辆运行状态的不同情况，包括车速、档位、动力蓄电池 SOC 值来决定电机输出的转矩和功率。

当电机控制器从整车控制器处得到转矩输出命令时，将动力蓄电池提供的直流电转化为三相正弦交流电，驱动电机输出转矩，通过减速器、差速器、半轴驱动车辆。

（1）电机系统驱动模式

当电机控制器从整车控制器处得到转矩输出命令时，将动力蓄电池提供的直流电转化为交流电，以使电机输出转矩，此时电机输出转矩驱动车辆。

（2）电机系统发电模式

当车辆在滑行或制动时，电机控制器从整车控制器得到发电机命令后，电机控制器将电机处于发电状态。此时电机会将车辆动能转化为交流电能，然后交流电通过控制整流为直流电，存储到动力蓄电池中。

3. 电机控制系统温度保护控制策略

电机控制系统温度保护包括电机温度保护、电机控制器温度保护、冷却系统风扇控制过程三部分。此三部分内容在电机冷却系统部分已经做过介绍。

4. 整车控制方案

整车控制方案采用分层控制方式，整车控制器作为第一层，其他各控制器为第二层，各控制器之间通过 CAN 总线进行信息交互，共同实现整车的功能控制。整车驱动控制及转矩控制是整车控制器的主要功能之一，其核心是工况判断、需求转矩、转矩限制及转矩输出四部分。

（1）工况判断

工况判断反应驾驶人的驾驶意图，通过整车状态信息（加速/制动踏板位置、当前车速和整车是否有故障信息等）来判断当前需要的整车驾驶需求（如起步、加速、减速、匀速行驶、跛行、限速及紧急断高压）。工况包括紧急故障工况、怠速工况、加速工况、能量回收工况、零转矩工况及跛行工况等，各工况间互斥且唯一。

（2）需求转矩

根据驾驶人驾驶意图的转换判断得出整车工况、动力蓄电池系统和电机驱动系统状态，从而计算出当前车辆需要的转矩。

（3）转矩限制

零转矩后切断高压。

怠速工况：目标车速 7km/h。

加速工况：加速踏板的跟随。

能量回收工况：发电。

零转矩工况：零转矩。

跛行工况：限功率、限车速。

转矩限制因素有动力蓄电池的允许充放电功率、温度、SOC 值，驱动电机的驱动转矩、制动转矩、温度，辅助系统工作情况、放电、发电，以及最大车速限制（前进档和倒档）。

（4）转矩输出

根据整车当前的参数和状态及前一段时间的参数及状态，计算出当前车辆的转矩能力，根据当前车辆需要的转矩，最终计算出合理的最需要实现的转矩。

【实践技能】

3.2.3 新能源汽车电机控制系统的检修

3.2.3.1 电机控制系统的检测

1. 驱动电机系统常见故障诊断

（1）MCU 直流母线故障

故障原因：电机系统突然大功率充电；高压回路非正常断开。

解决方法：分析整车数据流，如果总线电压报文与实际电压不相符，则需要检查高压供电回路及高压主继电器、高压插接件有无故障。

（2）MCU 相电流过电流故障

故障原因：负载突然变化、旋变信号故障等导致电流畸变，比如动力蓄电池或主继电器频繁通断、控制器损坏、控制器采集电压与实际电压不一致。

解决方法：检查高压回路；更换控制器；标定电压，刷写控制器程序。

（3）电机超速故障

故障原因：整车负载突然降低，电机转矩控制失效；电机低压信号线插头连接松动或退针；控制器损坏。

解决方法：如果重新上电后，故障消失，故障不出现可以不用处理；检查信号线插头；更换控制器。

（4）电机过热故障或电机控制器过热故障

故障原因：电机低压信号线插头连接松动或退针；冷却系统工作异常；电机本体损坏。

解决方法：检查信号线插头；检查冷却液是否充足，水泵是否正常工作，冷却液管道是否堵塞或堵气。

（5）MCU 低电压欠电压故障

故障原因：低压蓄电池电压过低或电机控制器低压线束有问题，控制器低压接口电压过低。

解决方法：检查低压蓄电池电压，给低压蓄电池充电；检查控制器低压接口，测量控制器低压供电是否正常或搭铁是否正常。

（6）与 VCU 通信丢失故障

故障原因：未收到整车控制器信号；网络干扰严重；线束问题。

解决方法：检查电机控制器低压线束连接是否正常；检查 CAN 网络；更换控制器。

（7）电机系统高压暴露故障

故障原因：MCU 电源模块硬件损坏；软件与硬件不匹配；网络上有部件报出高低压互锁故障。

解决方法：刷写电机控制器程序；更换电机控制器。

（8）电机异响

故障原因：电磁噪声（高频较尖锐）；机械噪声。

解决方法：电磁噪声属正常；排查电机本身故障，更换电机。

2. 使用诊断仪读取故障码和数据流

电机控制系统故障一般有电机温度过高、电机控制器温度过高、旋转变压器故障、CAN 网络通信故障、电机控制器内部故障及电机故障等。在出现以上故障时，仪表会点亮电机过热故障灯、系统故障灯等，同时还会伴随相应的文字提示。此时可以使用诊断仪读取故障码和数据流来判断故障点。

1）车钥匙置于 LOCK 档位，连接诊断仪至诊断接口，将车钥匙置于 ON 档位，进入诊断系统界面。单击系统选择，进入功能模块诊断界面，如图 3-150 所示。

图 3-150　系统选择界面

2）单击进入"驱动电机系统（MCU）"，如图 3-151 所示。

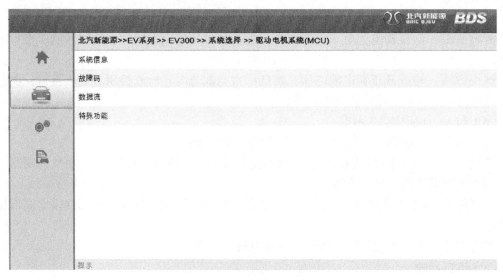

图 3-151　驱动电机系统界面

3）单击"故障码"进入故障码功能界面，如图3-152所示。

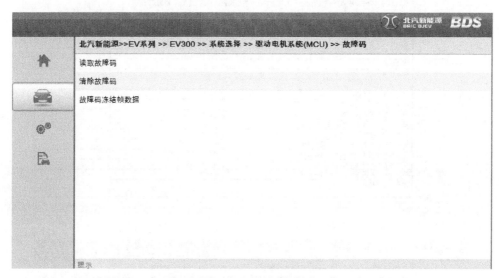

图3-152　故障码功能界面

4）单击"读取故障码"查看故障码信息，如图3-153所示。

图3-153　驱动电机系统故障码界面

5）返回"驱动电机系统（MCU）"界面，单击"数据流"，可以进入数据流界面读取电机系统数据流，如图3-154所示。

3. 使用万用表测量

（1）旋转变压器检测

1）励磁绕组测量：将车钥匙置于LOCK档位，断开电机控制器低压插头，根据电路图找出旋转变压器励磁绕组端子定义，例如北汽EV200纯电动汽车电机控制器低压插头的11和12针脚是励磁绕组接线针脚，使用万用表测量其两端电阻为22Ω，如图3-155所示。

北汽新能源 BAIC BJEV BDS

北汽新能源>>EV系列 >> EV300 >> 系统选择 >> 驱动电机系统(MCU) >> 数据流

名称	当前值	单位
MCU使能命令	使能关(Disable)	
驱动电机工作模式命令	转矩模式	
驱动电机转矩、转速指令方向命令	保留	
档位信号	N档	
制动信号	未踩下	
MCU初始化状态	已完成	
驱动电机当前状态	待机状态	
驱动电机当前工作模式	待机模式	
驱动电机当前旋转方向	待机状态	
驱动电机控制器高压检测完成标志	未完成	
EEPROM写数据完成标志位	已完成	
驱动电机控制器高压放电完成标志位	未完成	
驱动电机控制器低压下电请求标志位	未完成	
驱动电机系统降功率请求标志位	降功率运行	
驱动电机控制器关闭使能请求标志位	关使能	
整车状态机编码	12	

提示

a)

北汽新能源 BAIC BJEV BDS

北汽新能源>>EV系列 >> EV300 >> 系统选择 >> 驱动电机系统(MCU) >> 数据流

名称	当前值	单位
直流母线电压	7.12	V
直流母线电流	0.00	A
驱动电机目标转矩命令	0.00	Nm
驱动电机目标转速命令	0.8	rpm
驱动电机当前转矩	0.00	Nm
驱动电机当前转速	-0.4	rpm
A相IGBT模块当前内部温度	25	deg C
B相IGBT模块当前内部温度	26	deg C
C相IGBT模块当前内部温度	26	deg C
MCU当前散热底板温度	40	deg C
驱动电机当前温度	26	deg C
D轴电流给定值	0.00	A
D轴电流反馈值	0.04	A
Q轴电流给定值	0.00	A
Q轴电流反馈值	-0.60	A
D轴电压	0.00	V

提示

b)

北汽新能源 BAIC BJEV BDS

北汽新能源>>EV系列 >> EV300 >> 系统选择 >> 驱动电机系统(MCU) >> 数据流

名称	当前值	单位
Q轴电压	0.00	V
转子位置电角度	259.5	deg
转子位置初始角度	339.0	deg
MCU低压供电电源电压	12.96	V

提示

c)

图 3-154　驱动电机数据流界面

2）正弦绕组测量：使用万用表测量 EV200 纯电动汽车电机控制器低压插头 22 和 23 针脚，其电阻为 53Ω，如图 3-156 所示。

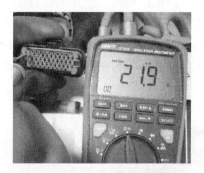

图 3-155　旋转变压器励磁绕组电阻值

图 3-156　旋转变压器正弦绕组电阻值

3）余弦绕组测量：使用万用表测量 EV200 纯电动汽车电机控制器低压插头 34 和 35 针脚，其电阻为 52Ω，如图 3-157 所示。

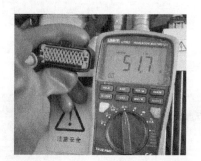

图 3-157　旋转变压器余弦绕组电阻值

（2）温度传感器测量

1）电机温度传感器测量：使用万用表测量 EV200 纯电动汽车电机控制器低压插头 9 和 10 针脚，在温度 25℃左右时其电阻为 1117Ω，如图 3-158 所示。

2）电机控制器温度传感器测量：使用万用表测量 EV200 纯电动汽车电机控制器端 20 和 21 针脚，在温度 25℃左右时其电阻为 1727Ω，如图 3-159 所示。

图 3-158　电机温度传感器电阻值

图 3-159　电机控制器温度传感器电阻值

（3）CAN 网络通信检测

1）终端电阻检测：根据北汽新能源汽车 CAN 总线拓扑图，可以了解到新能源 CAN 总线的终端电阻安装在 BMS 和 VCU 之中，将车钥匙置于 LOCK 档位，断开电机控制器低压线束插头，使用万用表测量新能源 CAN 总线终端电阻值应为 60Ω 左右，如图 3-160 所示。

2）CAN 总线电压检测：将车钥匙置于 LOCK 档位，断开电机控制器低压线束插头，将车钥匙置于 ON 档位，用万用表测量 32 针脚 CAN-H 对地电压和 31 针脚 CAN-L 对地电压，均应在 2.5V 左右，如图 3-161 和图 3-162 所示。

图 3-160　终端电阻值

图 3-161　CAN-H 电压

图 3-162　CAN-L 电压

3.2.3.2　电机控制器的更换

1. 电机控制器拆卸过程

1）安全注意事项：在进行拆卸操作之前，按照规定进行操作场地、安全工装、工具设备检查。安装车辆"三件套"，打开发动机舱盖，安装翼子板布、前格栅布。

2）严格按照规范进行高压下电操作。

3）断开电机控制器低压插接件，如图 3-163 所示。注意：可以使用翘板，翘起锁扣后在拔出插头。不要使用金属或尖锐部件插拔锁止机构，以免伤害插头。

4）断开电机控制器直流输入正、负高压电缆，如图 3-164 所示。注意：拆卸直流输入高压电缆时，要逆时针旋转航空插头端部螺母，待旋松后再均匀用力拔出插头。

图3-163 拆卸电机控制器低压插接件

图3-164 拆卸直流输入高压电缆

5)断开电机控制器上UVW三相动力线,如图3-165所示。注意:先将绿色锁舌轻轻向后拉出,然后反向推压锁扣拉手,待侧向锁片完全退出后,即可拔出。

6)释放冷却液,打开储液罐密封罐,举升车辆,在车辆底部放置废液收集盘,拧开散热器冷却液排放螺栓,如图3-166所示。待冷却液释放完毕后,降下车辆。

图3-165 断开三相动力线

图3-166 释放冷却液

7)拔下电机控制器进、出水管,如图3-167所示。注意:冷却液管中仍有残余冷却液。

8)拆卸电机控制器,按对角顺序拆卸固定螺栓,如图3-168所示。取下电机控制器,注意:电机控制器内仍有残余冷却液。

图3-167 拔下电机控制器进、出水管

图3-168 拆卸电机控制器

2. 安装电机控制器

1）安装电机控制器，注意螺栓安装顺序，并按照规定力矩拧紧螺栓。

2）安装高压三相动力线、高压电缆和低压线束插头。

3）安装电机控制器进、出水管，并安装好水管卡子。安装冷却液管后，加注冷却液，加注冷却液后需要开启电动水泵，然后根据膨胀水箱中冷却液液位重复添加冷却液，直至冷却液液位达到标准要求。

3.2.3.3 电机控制器拆装

1. 电机控制器的分解

1）拆下电机控制器上盖紧固螺栓，如图 3-169 所示。

2）拆下控制板上连接低压线束的插座，如图 3-170 所示。

图 3-169 拆卸电机控制器上盖紧固螺栓

图 3-170 拆卸低压线束插座

3）拔下控制板上连接驱动板的线束插头，如图 3-171 所示。

4）拔下电流传感器线束插头，如图 3-172 所示。

5）拆下屏蔽板固定螺栓，取下屏蔽板和控制板，如图 3-173 和图 3-174 所示。

图 3-171 拔下驱动板线束插头

图 3-172 拔下电流传感器插头

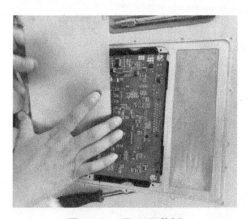

图 3-173　取下屏蔽板

图 3-174　取下控制板

6）拆下高压电容器，如图 3-175 所示。

7）断开盒盖开关插头，如图 3-176 所示。

图 3-175　拆下高压电容器

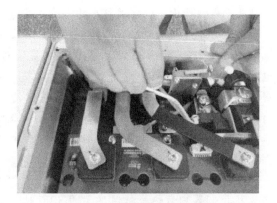

图 3-176　断开盒盖开关插头

8）拆下 U、V、W 三相汇流排，如图 3-177 所示。

9）拆下带有散热底座的 IGBT 驱动板，如图 3-178 所示。

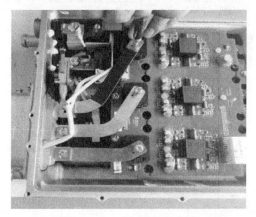

图 3-177　拆下 U、V、W 三相汇流排

图 3-178　拆卸带有 IGBT 的驱动板

2. 电机控制器安装

1）涂抹密封胶，安装带有散热基座的 IGBT 驱动板。
2）安装 U、V、W 三相汇流排。
3）安装高压电容器。
4）安装盒盖开关插头。
5）安装控制板和屏蔽板。
6）安装电流传感器插头。
7）安装驱动板线束插头。
8）安装电机控制器低压线束插头。
9）按照规定力矩安装电机控制器上盖。

情境小结

1. 驱动电机控制系统主要由整车控制器（VCU）、电机控制器（MCU）、驱动电机和冷却系统等组成。整车控制器根据驾驶人意图发出各种指令，电机控制器响应并反馈，实时调整驱动电机输出，以实现整车的怠速、前进、倒车、停车、能量回收及驻坡等功能。

2. 电机控制器的功能是接收整车控制器的指令，将动力蓄电池的高压直流电逆变成电压、频率、相序可调的三相交流电，实现对驱动电机的转速、转矩和旋转方向的控制。电机控制器内部由若干电路板和组件构成。主要由驱动板组件（其上装有 IGBT 模块）、屏蔽板组件、控制板组件、传感器支架组件、三相插接件和直流插接件组成。外部主要有高压直流输入接口、UVW 三相输出接口及低压插接件接口。

3. 冷却系统由水泵、电机控制器内的冷却液管道、驱动电机内的冷却液管道、散热器、冷却风扇、膨胀水箱及冷却液管等组成。

4. 当电机控制器内散热基板温度大于75℃时，整车控制器控制冷却风扇低速旋转。当电机控制器内散热基板温度大于80℃时，整车控制器控制冷却风扇高速旋转；当电机控制器散热基板温度降至75℃时，冷却风扇停止工作。

5. 电机控制器中的控制板对所有的输入信号进行处理，并将驱动电机控制系统运行状态的信息通过 CAN 网络发送给整车控制器。驱动电机控制器内含有故障诊断电路，当诊断出异常时，它将会激活一个故障码，发送给整车控制器，同时也会存储该故障码和数据。

6. 电机控制器中的驱动板主要是将输入的直流电逆变成幅值、频率可调的三相交流电，驱动配套的三相永磁同步电机工作。在能量回收时，将交流电整流成直流电给动力蓄电池充电。

学习情境 3　新能源汽车驱动电机及控制系统结构原理与检修

维修工单 3.2

任务名称	3.2　新能源汽车驱动电机结构原理与检修	时间		班级	
学生姓名		学生学号		成绩	
实训设备	纯电动汽车 2 辆、绝缘工具 2 套、防护用具 2 套、车间安全防护用具 2 套、工具车和绝缘工具 2 套、检测仪器（绝缘万用表、放电工装、电流钳、电桥测量仪等）2 套、电机举升机 2 台	实训场地		日期	
任务描述	修理工在某新能源汽车 4S 店工作，一天接了一辆纯电动汽车，车主反映打开启动开关后仪表上有多个故障灯点亮；车辆不显示"READY"，挂入 D 位，车辆无法行驶。你知道如何安全、规范地检修和拆装电机控制系统吗？				
任务目的	能够准确识别、检修电机控制器，能够正确更换电机控制器和拆装电机控制器。				

1. 验证故障现象
车钥匙位置：□START　□ON　□ACC　□LOCK
车辆仪表板显示：□无故障灯　□有故障灯　故障灯类型：_____
车辆仪表板有无文字提示：□无　□有　文字提示内容：_____
电机是否有异响：□无　□有
2. 使用诊断仪检查
有无故障码：□无　□有　故障码：_____
读取数据流：□数据流正常　□数据流异常　异常数据流：_____
3. 检测传感器及相关线路
（1）使用绝缘万用表测量旋变传感器
① 励磁绕组电阻值：_____Ω　□正常　□有故障
励磁绕组信号线：□导通　□断路　□短路
检测结论：_____
② 正弦绕组电阻值：_____Ω　□正常　□有故障
正弦绕组信号线：□导通　□断路　□短路
检测结论：_____
③ 余弦绕组电阻值：_____Ω　□正常　□有故障
余弦绕组信号线：□导通　□断路　□短路
检测结论：_____
（2）测量温度传感器电阻值
① 电机温度传感器：_____Ω　□正常　□有故障
电机温度传感器信号线：□导通　□断路　□短路
检测结论：_____
② 电机控制器温度传感器：_____Ω　□正常　□有故障
（3）电机控制其 CAN 总线检测
① CAN-H 对地电压：_____V　□正常　□有故障
② CAN-L 对地电压：_____V　□正常　□有故障
③ 终端电阻值：_____Ω　□正常　□有故障
4. 拆卸电机控制器步骤：_____
_____
_____
_____

5. 恢复车辆，检查故障是否消失
_____
_____

自我评价	组长评价	教师评价	总分

课后习题

一、选择题

1. 对于整车控制器，说法正确的是（   ）。
   A. 实现对支路用电器的保护及切断
   B. 通过化学反应把化学能直接转变成低压直流电能的装置
   C. 使用的是 340V 的直流高压电
   D. 使用的是 12V 的直流低压电

2. 以下选项中不属于电机控制器主要功能的是（   ）。
   A. 怠速控制（爬行）   B. 控制电机正转（前进）
   C. 控制电机反转（倒车）   D. 根据驾驶人意图发出各种指令

3. 纯电动汽车驱动电机控制系统的冷却水泵一般使用哪种动力源驱动（   ）。
   A. 由纯电动汽车驱动电机直接驱动   B. 通过专用的高压电机驱动
   C. 由低压无刷直流电机驱动   D. 由纯电动汽车驱动电机通过传动带驱动

4. 北汽新能源汽车驱动电机控制系统主要由三相交流永磁同步电机、电机控制器和冷却系统组成。当电机温度 T 升至（   ）时，电机将降功率至 0，即停止工作。
   A. >170℃   B. >160℃   C. >150℃   D. >140℃

5. 电机控制器由以（   ）为核心的智能功率模块组成。
   A. GTO 门极可关断晶闸管   B. GTR 大功率晶体管
   C. IGBT 绝缘栅双极型晶体管   D. MOSFET 电力场效应晶体管

6. 以下选项中，（   ）属于不可控型元器件。
   A. 晶闸管   B. 晶体管   C. 二极管   D. 场效应晶体管

7. 电机温度达到（   ），电机降功率运行。
   A. 120~140℃   B. 100~120℃   C. 120~130℃   D. 90~110℃

8. 驱动电机温度在（   ）时，冷却风扇低速旋转。
   A. 45~50℃   B. 大于 50℃   C. 大于 75℃   D. 60~75℃

二、简答题

1. 驱动电机系统的组成及各部件的作用是什么？
2. 驱动电机系统中冷却路径是什么？
3. 电机控制器的组成是什么？

参 考 文 献

[1] 崔胜民. 新能源汽车技术 [M]. 2版. 北京：北京大学出版社，2014.
[2] 张之超，邹德伟. 新能源汽车驱动电机与控制技术 [M]. 北京：北京理工大学出版社，2016.
[3] 陈全世. 先进电动汽车技术 [M]. 北京：化学工业出版社，2007.
[4] 麻友良，严运兵. 电动汽车概论 [M]. 北京：机械工业出版社，2012.
[5] 臧杰. 新能源汽车 [M]. 北京：机械工业出版社，2013.
[6] 赵胜全. 新能源汽车运用技术 [M]. 天津：天津科学技术出版社，2013.
[7] 费丽东，闫力. 电动汽车储能系统原理与维修 [M]. 北京：机械工业出版社，2018.
[8] 周毅. 纯电动汽车电机及传动系统拆装与检测 [M]. 北京：机械工业出版社，2018.